马志明评传

MAZHIMING PINGZHUAN

启贺 / 著

百花文艺出版社
天津出版传媒集团

图书在版编目（CIP）数据

马志明评传 / 启贺著. -- 天津 : 百花文艺出版社,
2020.7
ISBN 978-7-5306-7658-5

Ⅰ. ①马… Ⅱ. ①启… Ⅲ. ①马志明-评传 Ⅳ.
①K825.78

中国版本图书馆 CIP 数据核字(2018)第 278213 号

马志明评传
MAZHIMING PINGZHUAN
启贺著

出 版 人: 薛印胜　　选题策划: 刘　勇
装帧设计: 张振洪　　责任编辑: 马　畅
出版发行: 百花文艺出版社
地址: 天津市和平区西康路 35 号　邮编: 300051
电话传真: +86-22-23332651（发行部）
+86-22-23332656（总编室）
+86-22-23332478（邮购部）
网址: http://www.baihuawenyi.com
印刷: 天津新华印务有限公司
开本: 880×1230 毫米　1/32
字数: 200 千字
印张: 8.875
版次: 2020 年 7 月第 1 版
印次: 2020 年 7 月第 1 次印刷
定价: 49.80元

如有印装质量问题，请与天津新华印务有限公司联系调换
地址: 天津东丽开发区五经路 23 号
电话:(022)58160306
邮编:300300

同气相求　深入底里

——《马志明评传》小序

薛宝琨

马志明先生的相声随着日精月华的汰炼，已然成为天津传统相声的“正品”了。“品”之所以为“正”，其源有自：一是乃正宗祖上传统相声的嫡传。其父马三立大师系近世相声成长期“相声八德”之一、有“相声公司”美誉的马德禄之子。而后者又系相声发轫初兴期讲究语言文字游戏——“文哏”一脉名家恩绪（俗名“相声恩子”）的门婿。恩绪乃清门相声代表人物阿彦涛（阿剑涛）的高足。清晰可辨的谱系和雅俗交替的风格，伴随着市民化、世俗化的过程，几乎浓缩着一部近世“津门相声史略”。世家的传承嬗递和马氏家族中规中矩的门风，使得马派相声无不文有所本、变有所据，纤毫毕现地传达了积累积久的原汁原味。二是马志明本人生于乱世，长于动荡，铸就了他淡泊名利、宠辱不惊、大勇若怯、无可无不可的“凡夫”性格。历史、家庭、个人的命运，都决定了他“必须”“只好”“不能不”说相声，谋生也好，苟活也好，寄寓情志也好，相声成了他安身立命无可选择的唯一生路。“大勇若怯”是说他一切都“怯生生”，既不是“大怖生狂”的迷乱，也不是怯而无章的“真怯”——而只是“若怯”“似怯”，是一种如履如临的敬畏之心，一种如“狮子搏兔——务用全力”的拼搏精神。而人生的一切屈辱和无奈都同时化作他的“文学眼”和“包袱点”，使他在继承乃父全部衣钵的同时，不由自主地依时依性依理依心地增饰更新着马派的传统段子，使它们成为经典的范本。而他的一切新作也都是按照马派的世袭风格——在人物性格上开掘，在社会心理上寻因，在历史逻辑上把握，在诸多“非文化”的深处寻根究底。如此也就为他的新作提供了更多的文学意识和生活底蕴。如此等等。

为马志明先生书写评传是我的夙愿，奈何因拱木之年已然拿不动了。邂逅年轻学子赵鹏君深谙相声三昧，尤对马派相声深入底里如数家珍，不仅会说善演有舞台经验，而且于马派段子有精到理解感悟，时有创见发表于报章。其载入《笑匠杂笈——马志明表演相声选集》的专论《门外谈——论相声名家马志明的相声艺术》一文，更是触发我建议他承当撰写“评传”重任的起因。赵鹏君果然不辱使命，文如行云之迅，识若清泉之澈，提拎归纳承上启下，史论结合品鉴交加，洋洋洒洒十余万言，马氏专论应命辄成。其对马派相声的美学阐释，对传统相声的认知，以及对津门相声的品评立论，都是充实而富有光华的。感谢赵鹏君补我之夙愿，建理论之新功，诠马派之神韵。

2009年12月10日

目 录

第一章　艺海神游五十载

2007年11月24日，在天津大剧院，“艺海神游五十载——马志明从艺五十周年庆典”拉开了序幕。环顾整个剧院，台上灯火辉煌，台下座无虚席。一阵喜庆的锣鼓后，在“四击头”的鼓点下，若干名小猴簇拥着齐天大圣隆重登场。就在观众们猜想美猴王的扮演者为何人之时，一句“头戴着紫金冠”之后的亮相着实让观众们眼前一亮，这不是相声名家马志明那熟悉的声音吗？这个开场确实出乎意料。在短暂的停顿后，观众们这才反应过来，并以雷鸣般的掌声向美猴王——少马爷表示欢迎。此时的笑匠心中百感交集，回想起自己五十年的坎坷从艺经历，一时间仿佛打翻了五味瓶，可谓“酸甜苦辣咸，五味俱全”。

这次开场的猴戏对于少马爷来说可谓寓意深刻：五十年前，十二岁的马志明满怀着对戏曲的狂热痴迷，报考了天津戏校，进入了河北梆子剧团，成为一名专业的戏曲演员。在命运的安排下，他最终没能成为自己梦想中的戏曲大角，却认祖归宗重操起祖父、大爷、父亲传承了上百年的相声衣钵，成为马氏相声的集大成者。五十年后的这场猴戏，寄寓了马志明对自己少年时代兴趣爱好、从艺经历的怀念，同时也是献给喜爱并推崇他相声艺术的听众们的一件礼物。

从小耳濡目染

马志明祖籍甘肃永昌，1945年生于天津，回族。他出生于曲艺世家，曾祖马诚方擅说评书，祖父马德禄被誉为“相声公司”，是“相声八德”之一，大爷马桂元是“万人迷”李德钖的高足，父亲就是开创马氏相声的一代宗师马三立，堂兄马敬伯也是相声名家，具有深厚的家学渊源。马志明在五十年的从艺历程中，吸纳各家之长，真正做到了兼收并蓄，但对其艺术上的成长影响最深的还是乃父马三立。

马三立在自己的回忆录中曾这样谈到其子马志明学相声时的情况：

> 我的名下有八个孩子，五女三男……说相声的是老大马志明……尽管这哥仨都喜欢相声，小时候都嗲声嗲气地说“我姓马，长大了跟我爷、我爹一样说相声”，可是，我总觉得他们虽然是马德禄的孙子、马三立的儿子，却并不一定都能说相声。我认为说相声要有一定的条件，有一定的天赋。如果说话口齿不清，脑子反应不灵，学什么都是“陕西胳膊直隶腿”，只会胡逗乱哄，那就不能说相声。我不愿意让自己的儿子糟蹋相声这门艺术。

马志明就是被父亲认为口齿清、反应灵的那一个，是马三立经过严格筛选后，脱颖而出的马氏相声继承人。这既说明了马志明具有很高的禀赋，更体现出马三立对于艺术一丝不苟、认真负责的态度，对于马家传承了百年的相声老字号的珍爱。

1950年，父亲马三立已经有了相当的艺术声望，虽然时常要到东北、唐山、北京等地跑码头，但更多的时候是在天津表演。天津南市、鸟市的露天场地上，是马三立赖以行艺、谋生的大本营。马志明从小就生活在南市，他对这块畸形的土地是非常熟悉的。南市是旧中国半封建半殖民地社会文化在天津的缩影。这里商户林立，娱乐场所蔓生，吃喝嫖赌的营生满眼皆是，更是各种民间艺人撂地谋生的处所。说书的、唱戏的、练把式卖大力丸的、相面算卦的、变戏法的随处可见，说相声的就是其中的行当之一。相声在这市民生活的底层诞生、繁荣，也与这块藏污纳垢畸形发展的"地上"分不开。马三立的很多相声段子就是直接取材于这里的生活，而马氏相声所取得的艺术成就也正好与马氏诸艺人对这种生活的熟悉、认识以及表现的深度相关。那时的马志明只有五岁。

由于前面的是三个姐姐，马志明的出生给马家带来了更大的喜悦。那时候父亲马三立总是乐于带着顽皮的马志明奔走于各大曲艺园子、电台，以此来炫耀一下自己也有儿子了。也就是这种机缘，马志明每天从下午两点到晚上十点都泡在南市。那个时候相声表演没有报幕环节，说完一段接着说下一段，这个人说完了那个人说。马志明就坐在园子里一个换一个地听，一坐就是八个小时，一连两年天天如此。他在回想起那段生活时说："你想想，一个七八岁的小孩，家里靠着相声吃饭，天天接触的都是相声，能不喜欢相声吗？耳濡目染，习惯成自然。"当时，天津的相声名家张宝茹、冯立铎、赵心敏、阎笑儒、刘奎珍等人的精湛表演给他留下了很深的印象。每一位前辈都身怀绝技，都是天津相声界的元老级大将。他们在表演上各有其独到的地方，即便是上演同一段节目，也各有侧重，绝不雷同。这无疑让年少的马志明眼界大开，增长了自身的艺术鉴赏力，从他们身上学到了很多艺术精华。

那个年代没有方便的录音设备，年少的马志明要想记住台词就必须用心听，往往刚把上一句台词默记下来，下一句台词就不知窜到哪儿去了。就这样，马志明竟将这些段子烂熟于胸，多难背的贯口都能滚瓜烂熟。遇到不明白的地方他就去请教父亲马三立，相声技巧、社会杂学无一不问，问完以后就去思考，把想好的背下来，上台时就用上，如果失败了，下来再问。1954年，马志明已经开始在天津电台表演相声了。那时他常把自己说的相声和父亲说的进行对比，哪儿说得和父亲不一样，然后试着写出来，拿给父亲看。父亲马三立总是很认真地给他修改，把落下的补上。这样，十几岁的时候，马志明几乎把父亲说过的段子都掌握了。当时相声界的名家与马三立的切磋、讨论，马志明也都用心记下，并时常求教于这些高人。出于马三立的人缘，这些老艺人都倾囊相授，毫不保守。如此下来，马志明更是如鱼得水，在相声艺术的海洋中纵情驰骋。那时他的精力也格外旺盛，除了学习相声，一有空就去听评书，听大鼓，看变戏法，这些都成了他日后成为相声巨擘的财富。幼年的马志明正赶上天津相声的鼎盛时期，那个时代名家辈出，各领风骚，这些都成为他日后取之不尽用之不竭的艺术源泉。

尤其值得一提的是，那个时候的马志明痴迷京剧，对小盛春、刘汉臣的戏非常着迷。

小盛春（1919—1966），原名董红雁，京剧武生演员，河北大城旺村镇小李四岳村人。八岁投师董巨川学唱河北梆子，后被京剧艺人董玉山发现，改学京剧武生。八年满师，在天津演出《挑滑车》《杀四门》等剧目。后往来于唐山、保定、石家庄等地搭班，经常演出的剧目有《狮子楼》《三气周瑜》《战马超》《火烧红莲寺》《铁公鸡》《水帘洞》《闹天宫》等，在河北一带颇有名气。二十世纪五十年代初定居天津，拜赵松樵为师，向其学《白马坡·斩颜良》《走麦城》等关公戏；同时加入扶新剧社，担任主演。1953年首次赴沪献艺，连演半年上座不衰。

小盛春融京海两派表演于一身，兼收并蓄。在悟空脸谱的塑造上，他结合自身面部骨骼特征，依据悟空活泼顽皮的个性，选用了桃形脸、元宝嘴，这种脸谱的笑容能给人以美感。他还创造了一种“三平棍”——两头为银色，中段是黄色，直径比通常所用的金箍棒粗二至三倍，以此来表现悟空之神力。除西游剧目外，小盛春演出的猴戏还有《八仙斗白猴》《黄风岭》《棒打十二蛟》等，均受到观众们的欢迎。二十世纪六十年代，小盛春随团加入天津市塘沽区京剧团，演出剧目主要为猴戏。他曾是天津市第二、三届政协委员。“文化大革命”期间受迫害致死。

刘汉臣①(1897—1972)，原名松泉，河北任丘人，出身梨园世家。幼年从父刘玉堂(艺名金达子，河北梆子演员中最负盛名的“四达子”之一)学艺，以艺名“八岁红”登台演出，崭露头角。1928 年与梅兰芳合演《九更天》，轰动菊坛。后鬻艺上海，常与周信芳搭档演出。演技不受流派宗门约束，能融会众家之长，武技精湛，功架矫健，做戏细腻、逼真、火炽、洒脱，有独到之功。代表剧目有《艳阳楼》《贤孝子》《麒麟山》等。来津后曾先后在扶新、建华等京剧团组班演出，深受津门观众欢迎。中华人民共和国成立后加入天津市京剧团。

刘汉臣扮演的关羽形象给马志明留下了非常深刻的印象。马志明认为刘汉臣把关羽这个人物演活了，也许历史上的关羽就是刘汉臣塑造的那个样子，威武神勇。每当刘汉臣坐着包月车经过马家门前时，马志明就跟在后头跑，一直追到庆云戏院，能瞅见刘汉臣的半张脸，哪怕仅仅是一个后脑勺，心里也是非常美的。

马志明所有的零花钱都被用来买了戏票。能看到刘汉臣、小盛春的戏就是马志明当时最大的享受，他们在舞台上的一招一式是那么的迷人，每一个亮相博得的喝彩声和掌声，都能让马志明心驰神往。少年时期的马志明梦想着自己将来也能成为这样的角儿。

---

① 他与二十世纪二十年代受军阀褚玉璞迫害的京剧演员刘汉臣同名同姓，但并非同一人。

天津卫历来是曲艺、戏曲等艺术争奇斗艳的地方，同时也是检验演员艺术才能的大考场。来此献艺的名家高手始终不敢掉以轻心，生怕怠慢了见多识广的天津老少爷们儿，他们争相使出看家的本领，以博得天津观众的认可为荣。在这种浓厚的艺术氛围中，马志明耳濡目染，他就像一块海绵，尽情地吸收着各个艺术门类的精华，充实着自己。而他对戏曲曲艺的广泛爱好也滋养着他的艺术细胞——他那开阔的艺术眼界，他对民族民间艺术“戏味儿”“曲核儿”“书胆”“诗境”等的理解。他确是在这个得天独厚的环境中经过“熏浸刺提”而“泡出来”的。

报考天津戏校

1957年，马志明报考了天津戏校，如愿以偿地进入了自己梦寐以求的戏曲殿堂。阴错阳差，由于当时没有京剧班，马志明只能加入河北梆子班。又由于是马三立的儿子，他很自然地被分到了丑行组，学习文丑。陶顺义、赵连祥、王斌珍三位先生是马志明的开蒙老师，传授给他《定计化缘》《阎王乐》《教学》《作文》《女起解》等几出戏。少年马志明一心想好好学戏，希望将来能够成为梅兰芳、马连良、裘盛戎那样的角儿。可是在一次彩排《女起解》的时候，指导老师指着饰演崇公道的他说：“你往后站点，别挡着角儿。”这一句话让马志明好似凉水泼头一般从明星梦中惊醒。崇公道可以算是丑行中的头牌角色了，但仍然算不上真正的角儿。从此，马志明不再用心学丑行的戏了，甚至还在《陈三两爬堂》这出戏中扮演店家时，故意压低了嗓子捣乱，被观众轰下台去。也许，这是他唯一一次被观众轰下台去，但这场少年的恶作剧却促成了马志明改学以武打为主的武二花。那时候，他在武工上下了狠功夫，不为别的，只为将来能够成角儿。年少的马志明身段干净利索、出手迅猛凌厉，经常成为老师夸奖的对象:“你们瞧他翻的跟头,高、飘(此处读piào)。”他自己最得意的就是在双刀上面下的功夫。在已步入天命之年时,马志明在河北省电视台录制了一段双刀下场花的表演,从中仍能看出其不凡的功力。在戏校里,马志明曾主演过《黄一刀》《白水滩》《艳阳楼》等以武花脸应工的剧目。虽然武二花也只是傍角儿的,不是真正的角儿,但是年少的马志明认为,起码饰演的人物在上场时的气派能让自己过上角儿的瘾,他对此已经心满意足了。

1958年以前,父亲马三立任天津广播曲艺团副团长,社会地位相当的高,所以马志明备受重视。一有外事活动,到车站迎接外宾,学校都会叫上马志明戴着红领巾去献花。在学校联欢会上,他经常为师生表演单口相声,受到大家的欢迎。那时他觉得自己很得志,真可以说是一帆风顺。无奈造化弄人,这样的生活刚刚持续了一年多,风云变幻,反右斗争开始了。父亲马三立莫名其妙地被定为右派分子,这一点马志明至今也没弄明白,父亲虽然成名于中华人民共和国成立以前,可是一直受到旧社会的欺负和凌辱,直到1949年以后才过上了好日子,社会地位和生活质量直线攀升,父亲再没有政治头脑,新旧社会谁好谁坏还能分不清?怎么会反对解放自己的共产党呢?那个扭曲的时代不会告诉马志明正确的答案,而是给了他一次又一次沉重的打击。

一天,在戏校的文化课上,班主任兼文化课的老师在课堂上讲吐字发音,用“山清水秀”这个成语中的四个字对应“阴阳上去”四声(阴平、阳平、上声、去声)。所有学员都跟着一起大声念:“山、清(念晴音)、水、秀。”从小爱翻字典的马志明养成了勤于思考的习惯,他觉得把阴平的“清”字念成阳平的“晴”字不妥当,不如改成“花红柳绿”这个成语,正好能完全对应不同的四声。年少的马志明举手示意后讲出了自己的想法,而这位老师听到他的意见后,立刻勃然大怒,将八竿子打不着的政治口号喊得震天响:“你是什么东西?！这个地方是你说话的场合?！同学们，你们大家注意了，他是谁？他是大右派、反党反社会主义的马三立的后代。他对党怀有刻骨仇恨，他利用这个破坏我们的文化课。你们以后要对他进行监督，不许他胡说八道，不许他乱说乱动……”在老师这番话的影响下，全班几乎所有的孩子都将异样的眼神投向了年少的马志明。马志明觉得自己冤枉，本来是单纯的学术性探讨，怎么会扯到破坏文化课上了呢？从那时开始，他渐渐明白了，自己不再春风得意了。那个时代不允许他出风头，“大右派”的儿子甭想当角儿。

再后来，学校准备排《金钱豹》，里面有一段金钱豹要叉的表演，马志明与天津市曲艺团的老演员张涛关系很好，从他那里学习到了杂技中要叉的表演技巧，马志明想着如果自己能扮演金钱豹这个角色，把杂技中的要叉借鉴到这出戏里面，肯定能锦上添花。可是由于父亲马三立的右派身份，他这个美梦难以成真。右派分子子女就是“黑五类”，理所当然不能成为主演。后来由于马志明技艺超群，也偶尔在《雁荡山》等一些繁难的武打戏中小露一手，但这只是“利用”和“限制”，目的依然是“改造”。

在此期间，马志明并没有放弃对其他艺术形式的学习。一有时间他就带着饭到相声场子里去听，反复听，听腻了也还要听，几乎所有的传统段子他都烂熟于心。他还抽时间去看戏、看话剧，欣赏其他曲艺表演形式，这些都成为他日后相声表演的艺术营养。那时候马志明与河北梆子班的老师王庆林①关系特别好。王老师孤身一人，马志明作为学生就承担起照顾老师的任务。在那个粮食紧缺的年代，马志明经常到食堂，把馒头偷偷地塞进练功的裤管里，为的是带给王老师。师生二人情同父子。师生闲谈当然离不开戏曲，戏曲知识丰富的王庆林老师为马志明订正了相声《戏迷药方》中的很

① 与著名河北梆子演员“银达子”王庆林同名同姓，但并非同一人。

多戏名。当时，马志明出于兴趣使然，对《戏迷药方》中的每一个戏名的来龙去脉都十分好奇，不仅向王庆林老师请教，还经常求教于京剧老演员陈志华。陈志华可谓文武昆乱不挡、六场通透的“戏篓子”，连马三立都尊称陈先生为“师父”，足见陈先生的艺术造诣之高。陈先生非常喜欢年少好学的马志明，他倾囊而授，为马志明详细讲解了《戏迷药方》中那些鲜见于舞台的情节，让马志明受益匪浅。正是这极强的求知欲，让马志明在艺术上不断进步。

电影《霸王别姬》中，小癞子见到角儿被人们前呼后拥，联想到自己练功的艰辛，不禁流下眼泪，道出其中的辛酸：“这得挨多少打呀！”马志明每次提起这段情节总是心有戚戚焉，也许这句话正道出了他在戏校生活时的心声。

戏校的学习使马志明在吐字发音、形体表演等方面都得到了专业性的训练，看似与相声没有直接关系，实际上是对相声艺术认知和理解的一种补充。戏曲和曲艺本来就是姊妹艺术，戏曲的丑行还与相声有着直接的承继关系——如果说“打猛诨入”是人物扮演的丑儿，“打猛诨出”便是以演员面目和观众直接交流的相声了。而武行的苦学苦修不仅塑造了日后马志明表演的“身段”，更是形成与乃父风格不同的“帅派”的由头，为其在相声表演上形成“文戏武唱”的艺术风格奠定了坚实的基础。京剧始终是马志明的最爱，戏校生活也使马志明终生难忘，这里有春风得意，也有失落彷徨，这种种磨砺让马志明从小就历尽风霜，造就了他坚忍顽强的个性。

转行曲艺团体

1962 年，天津市京剧团的龙套人手不够，到戏曲学校借演员。马志明幸运地被借调到京剧团，也就有机会结识了武生大家厉慧良，当初正是厉慧良的一句金玉良言，改变了马志明的一生。

厉慧良闻知马志明是马三立的儿子，对他格外亲近，日子长了也就无话不说：“你再唱这个武行，能有什么发展？你听我的，干脆别干了，回家学相声去，你为什么放着你爸爸那相声不拿呢？”这一番语重心长的话让马志明如醍醐灌顶。是呀，为什么放着自己祖传几代的相声事业以及父亲那精湛的相声艺术不去继承，非要在这里跑龙套呢？为什么不在相声艺术中得心应手地施展自己的拳脚呢？此时，冥冥之中，马志明仿佛感受到了那从小就耳濡目染的相声艺术对他的强烈召唤。

坚定了从事相声事业的信念，马志明就开始到张寿臣、刘奎珍、阎笑儒、张宝茹等老先生家问艺：

> 我小时候就跟着周蛤蟆，周德山，周爷爷，那是我们师爷。跟着他一天到晚在一起。在我小的时候周老就不上台了，就在我们家吃饭，他是我爸爸的师父。我呢，一天就跟着他。有时候他就给我说个笑话呀，他给别人说段子，别人谁说得好、坏，他评论。我多少受到了熏陶。另外呢，我跟和我爸爸不是平辈，但是是同年，岁数差不多的演员都有关系，都很好。比如说刘宝瑞、耿宝林、冯立铎、张宝茹，再比我长一辈的，张寿臣，张大爷，对我都很喜欢。我也爱上别人家里串门，别人说呢，我耳朵长，多听，多记。①

《封建婚姻》是刘奎珍创作表演的拿手段子，人物刻画细腻，语言生动，具有浓郁的天津地方特色，堪称相声经典之作。刘奎珍与

---

① 出自中央人民广播电台《马氏相声回眸》采访录音。节目原名为《马派相声回眸》，马志明认为称“马氏相声”更为合适，因此将节目名称定为《马氏相声回眸》。

马三立关系非常好，互相敬重对方的为人和艺术，刘奎珍也因此对马志明格外喜欢。虽然刘奎珍比马三立还年长两岁，但在相声行内他与马志明是同辈，可是马志明一向对刘先生执弟子礼，尊称“刘大爷”。这段《封建婚姻》就是刘奎珍一字一句教授给马志明的。他让马志明用笔记录下来，然后再念给他听，在段子的筋劲儿、尺寸上对马志明进行具体指导。相声行内素有“宁舍一锭金，不传一句春”的行话，刘奎珍将自己的拿手节目倾囊相授，足见老先生的胸怀和与马家的这份深厚情谊。马志明非常珍爱这段节目，他后来创作的新相声《戒烟》就有对《封建婚姻》的借鉴。

1962 年，第一届津门曲荟在天津举行，众多曲艺艺术家纷纷登台献艺，男女老少各显其能，俨然是一场曲艺界的大比武。马志明置身其中，大开眼界，获益匪浅。在传统相声大会中，父亲马三立更是拿出了十分费力不讨好，以至于一般演员不愿表演的《窝头论》来攒底。

《窝头论》是一般相声演员不敢轻易动的一段节目，其中有大段的文言文独白（改编自《窝窝赋》），需要演员具有一定的文学功底，否则驾驭不了这样的节目。若单单是文言文叙述，不能制造笑料，便不能保证演出效果，相声术语将这种演出称为“尼了”。所以这段节目是检验相声演员驾驭语言能力和表演功力的试金石。马三立凭借自身的文化修养，将文言文特有的内在韵律表现得淋漓尽致，他在段子中给各种吃窝头的方法冠以风趣幽默的名称，并对这个名称加以妙解释义，使得整个段子演来具有浓浓的文化韵味，大俗大雅，博得内外行的一致好评。马三立也成为相声大会中用《窝头论》攒底的第一人。

当时，马三立与赵佩如、白全福上演的群口相声《酒令》，赵佩如、朱相臣合说的《托妻献子》，都给马志明留下了深刻的印象。

1962 年到 1963 年初，马志明在天津河北鸟市等演出场所进行了频繁的舞台实践,在天津相声舞台上摸爬滚打。那时候他有若干个合作伙伴,那段时间他上演的节目有《夸住宅》、《八扇屏》、《戏迷药方》、《洋药方》、《讲卫生》、《精打细算》、《孩子问题》、《数来宝》、《汾河湾》、《地理图》(垫话用的是《庙游子》,后面的贯口是张寿臣创作的老版本)、《黄鹤楼》、《捉放曹》、《打灯谜》、《开粥厂》、《白事会》、《五行诗》、《对春联》、《拴娃娃》、《大上寿》、《报菜名》(老版本)等。其间,他还曾到蚌埠曲艺团找师兄高笑林一起去南方演出。这个时期对于马志明来说是一次大练兵,他将自己从小学习的相声段子都在舞台上进行了一番实践,从中总结经验并加工完善。

马志明的班主任刘海坤是"鲁艺"的老干部,资格老,人品好。当马志明找到他,说明自己想继承家学,重返相声舞台的心愿时,刘海坤当即打电话联系天津市曲艺团。也正是由于这位贵人的相助,在将近一年的多方奔走之下,1963 年,马志明被正式转调到了天津市曲艺团,如愿以偿地从事了家传的相声表演。

那时候马志明掌握的相声节目差不多已经超过了团内同龄相声演员的两倍。当时,曲艺团分配给他的捧哏演员是李寿增的孙子李孝生。从 1963 年到 1965 年,马志明天天参加演出,在相声舞台上继续摔打磨炼。尤其是他表演的《汾河湾》让人津津乐道。马志明充分发挥自身戏曲武功特长,在表演中加入了京剧《铁公鸡》中马童的翻扑动作,使演出效果火爆炽烈,看过他当年演出的人至今仍记忆犹新。转业曲艺团使马志明返璞归真, 不仅找到了糊口的饭碗,还找到了一种归属感——看来,只有老老实实地做人、规规矩矩地从艺,才能借着父亲的荫庇,带着感恩的心,享受那"一盆一钵、一粥一饭"。

当时,年轻幼稚的马志明认为也许换了一个环境,自己的境遇会好些, 可在那个扭曲的年代里, 在以阶级斗争为纲的政治环境下,他又怎能逃过命运的捉弄呢?曲艺团的业务演出确实让马志明在艺术上突飞猛进，但是那个时代的大环境，是不会让他这个“右派子女”成为“角儿”的。

“文革”开始了

马志明非常喜爱王凤山的快板艺术，又与王先生同在一个团，一有时间他就向王先生请教，把王派快板作为锻炼口齿的基本功训练。虽然马志明与王先生相差三十岁，但在相声门户中他们却是平辈的（马志明后来由侯宝林代拉师弟，与王凤山成为同门师兄弟），二人的私人感情非常好。马志明珍藏至今并在舞台上使用的节子板，就是王凤山最好的那一副。

1965 年开展“四清”运动，由于受到父亲马三立的牵连，马志明被列为斗争对象，被取消了演出资格，这一年马志明只有二十岁。转过年来，他依然还在懵懂之中，迅如滚雷的“文化大革命”开始了，马志明和父亲都被关进了牛棚。白天批斗，晚上汇报，日复一日。铺天盖地的政治斗争并没有让年轻的马志明彻底消沉，他在一次偶然中发现了一段快板的文本：

> 《百鸟朝凤》这个快板段子，是大作家姚惜云创作的，由王凤山首演于二十世纪六十年代初。当“文化大革命”来临的时候，我被停止演出，白天批斗，晚上汇报，无聊乏味得很。我在一次“劳动改造”——为团里做卫生时，偶然地发现了《百鸟朝凤》这段节目的本子，如获至宝，收藏起来。当团里组织学习的时候，我就偷偷地把这本子夹在语录中，把它作为消遣打发时间（要知道，那时候我的这种行为绝对可以“诛灭九族”）。当我看了这个本子以后，觉得这个段子还有很多可发挥的地方，长期对于艺术的执着追求使我养成了精益求精的“惯性”，也就

自然而然地想完善一下这段节目。

这段节目主要是以百鸟与老鸱鸮的斗争展开情节的。以百鸟在凤凰的带领下消灭为非作歹称霸一方的老鸱鸮为主题，将若干鸟名巧妙地安排到段子中。我发现其中鸟名很少，不太全。那时候，有时到周日我们这些"牛鬼蛇神"还可以放假一天，我就拿着笔和本子到水上公园、人民公园收集查证鸟名，分门别类进行归纳整理，比如把凶恶的鸟、喜庆的鸟、水鸟、两栖的鸟详细记录，以便丰富段子内容。并且增加百鸟勇斗老鸱鸮的打斗情节以突出主题，合理安排"垛字句"等王派快板技巧，提高节目本身的艺术性。由于这段节目是采取拟人化的手法写作的，我也就更加注意其中的词句要贴近鸟类本身特点，以尽量避免词句重复为原则，调整句式，理顺语法，并且在修辞的使用上力求符合节目整体风格。

那时，我作为"牛鬼蛇神"根本没有权利使用稿纸。我的姐夫在邢台工业局革委会，他到我家来，我发现他的书包里面有革委会的稿纸，就拿了一本，用来修改段子。很多段子包括相声和快板，都是我那个时候修改整理的。当时修改这些段子，根本没有想到今后还能有机会演出，也许我们全家都会被遣送到大西北"终身改造"，当时的目的很单纯，就是打发乏味无聊的时间……等到恢复我演出以后，电台要录快板《百鸟朝凤》时，我是手到擒来，丝毫不感生疏，也得益于那时候的勤奋。①

随着阶级斗争的不断升级，"文斗"上升到"武斗"了。1968年8月底，血性犹存的马志明不堪忍受造反派鞭打，在团里一个老资格的"胡风分子"的鼓励支持下（给了他五块钱和两个窝头）逃

---

① 出自《笑匠杂笈——马志明表演相声选集》，《百鸟朝凤》解说部分。

走了。出逃的那天夜里，他不知道自己要到哪里去，自己的前途生路在哪里，只穿着背心、短裤，赤着一双脚到了塘沽。凌晨，面向茫茫大海，他想到自己年纪轻轻就成了“阶级敌人”，不禁万念俱灰，动了轻生的念头。最现成的方式自然是跳海，可是他会游泳，在水中一难受，难免决心动摇回头上岸，于是想用手中仅有的那五元钱买一瓶烈性老白干，喝下去再跳。但当时天太早了，商店都没有开门，马志明逛了一圈又累又饿，只得先吃下两个窝头，暂时把自杀的事放在一边。他转奔北京，找到一位父亲的老友和早年的伙伴——相声演员刘宝瑞。

刘宝瑞虽然在年龄上只比马三立小一岁，但在辈分上却和马志明同辈，他们的感情深厚。“文革”初期，刘宝瑞一到周末就坐火车来天津看望三叔马三立，晚上就和马志明彻夜长叙，无话不谈。刘宝瑞对马桂元的相声艺术推崇备至，他自己坦言，从小就跟着马桂元在一个园子里面演出，观摩学习了很多桂元先生的艺术，并借鉴到自己的单口相声当中，从而形成了自己独具特色的表演风格。刘宝瑞对于逸闻掌故知道得很多，尤其对清朝宫廷的趣闻更是如数家珍。马志明总是虚心请教这些杂学知识，有的还认真做了笔记。马志明的性格就是这样，不放过任何学习的机会，对知识的浓厚兴趣让他博闻强记，不断丰富自己，也许正是这种性格才使其日后能成为一代相声大家。

此时的刘宝瑞也在挨整，他拉着马志明一起喝闷酒，对马志明由情及理地耐心劝慰：“人生在世，最穷是要饭，最糟是死，这两样都看透了，还有什么可怕的事？”说着说着便提起当年与马三立坐小火轮出海跑码头，饿得偷锅饼吃，以及在天津撂地受青洪帮欺压的往事，讲到悲喜交加处不由得借着酒劲儿又哭又乐。马志明这才悟出自己受的这点委屈比起父辈的坎坷一生，不过是九牛一毛而已。他听从刘宝瑞的劝说，接过八元钱，买车票奔了邢台，在姐姐家暂住了几天,坦然回来了……

1968年冬,噩耗传来,刘宝瑞遭迫害不幸去世,这个消息让马志明心如刀绞,没想到8月底那个深夜与刘宝瑞的相见竟成诀别!马志明痛失了一位师友,相声界陨落了一个角儿。这些打击让马志明深刻体会到要想成为角儿是多么的不容易,同时也让他的个性更加坚忍顽强。

刘宝瑞的劝说给了他生的转机,但其本人却在转眼之间死于非命,生和死有时只是瞬息而已。而马志明却历经涅槃重获新生,这或许正是他日后勤勉奋进、耕而不辍并孜孜以求的动力。

下放南郊七年

1970年,由于战备疏散城市人口,马三立全家离开天津市区,到南郊北闸口落户,在这里一待就是整整七年。七年里,马三立没有表演过一次相声,成了一个农民。对于马三立而言,这是真正的虎落平阳,而对于马志明来说,却是天赐的学艺良机。对此,马志明本人有精彩的回忆:"晚上就在屋里,又没有电,就点一根洋蜡,或者点一个嘎石灯,就这四口人愣着,难免就提相声。在这种情况下,我是他唯一的知音。我那时要是有录音机,那我就阔了。"

在这七年里,马志明跟随父亲系统温习了马氏相声的文本和表演,将以前自己泛泛而学的相声进行了细致的梳理,在这七年的"相声大学"中,马志明由"本科"而获"博士"学位。父亲马三立详细讲述了自己艺术风格的形成,比如他是如何继承以往随性赋形的特征并进行发展变化,怎样结合自身条件避高亢为婉转、变明快为蕴藉、倚"怪坏"显睿智,所开创的马氏相声风格与其他相声演员表演的区别在哪里,都一一道来。五十六岁的马三立把自己半生的艺术经验悉数传授给儿子马志明,马三立讲得投入,马志明听得入神。父子俩谈论最多的还是传统段子，马志明逐渐认识到只有传统段子才是相声的根，那里面凝聚了父辈乃至祖辈的老艺人们毕生的精华，那里面储存着相声的魂魄，他要找到那精华，找到那魂魄，那精华、那魂魄也正在等待他的到来。

一谈起相声，爷儿俩便兴致勃勃，徜徉在只有他们父子俩的世外桃源中乐不思蜀——“不知有汉，无论魏晋”。相声在此时此刻发挥了神奇的功效，心灵上的创伤竟可以用它来镇痛。马三立有句名言：“非学不可，非会不可，非好不可，非精不可。”马志明在这七年的专修生活中，由“会”到“好”，从而走向了“会通精化”。他后来在“马志明从艺五十周年传统相声月”中表演的马氏相声《卖布头》，就是当年在“相声大学”深造的成果。

马志明的性格内向，曾经有一次父亲陪着母亲到市区去看病，兄弟上河工不在家，他一个人住在村子的最南头，晚上连电都没有，就靠着一本字典独自度过了一个礼拜。这是他的性格使然，也是多年身处逆境磨炼出来的坚韧。正所谓静极而思，思而可虑，虑而可得。也是在这下放期间，马志明利用三个月的时间仔细查阅地理资料，对传统相声《地理图》中依据中华人民共和国成立前甚至是清末民初的行政区划编写的地名趟子进行修改整理，确定路线，更正地名，使整理后的段子比早先的版本多出四分之一的篇幅。当恢复舞台演出的时候，马志明拿出来的第一段贯口节目就是这段拆旧改新的《地理图》。如今，这段“文革”期间的产物成为相声《地理图》的一个范本广为流传。

1977 年，马志明全家返城。那时候还没有给马志明落实政策。天津市曲艺团领导安排他干后勤，也就是在演出后台负责检场工作。在此期间，马志明并没有放弃钻研艺术，反而搜罗学习了不少东西。他开始有意识地观摩天津市曲艺团众多曲艺名家的演出，尤其是对阎秋霞的白派京韵大鼓情有独钟。他把学唱鼓曲视为一种享受，日积月累的耳濡目染，使他掌握了京韵、梅花、天津时调、单弦等若干鼓曲段子，并能跟着乐队伴奏有板有眼、字正腔圆地演唱。他还别出心裁，把一段白派京韵大鼓《哭祖庙》改编成王派快板。这些成果后来都被马志明运用到《听曲艺》这段节目当中，以相声的形式展示了他全面的艺术造诣。无论是高潮还是低谷，马志明始终未曾放弃过艺术，艺术已经成为他血液中的一部分，成为他在逆境之中的精神支柱。

1979年4月的一天中午，京东大鼓演员郝德宝为三十四岁的马志明介绍了一个女孩，名叫张秀琴，二十八岁，是刚刚下乡归来的知青。那天，因为刚刚安装完锅炉，马志明的衣服上蹭了一大块铁锈，为了强调他所谓的“本色”，还故意拿着烟袋抽烟。他还向张秀琴列举了自己的种种劣势：出身不好，身体不好，挣钱少，岁数大。尽管这样，姻缘天定，张秀琴还是全不在乎。其实，马志明的种种“恶劣表现”都是他提前策划好的，为的就是把自己最不好的一面全部展示出来，如果女方仍然没有意见，那以后的婚姻肯定稳定。

第一次见面，马志明如实地告诉女方自己的现状，而张秀琴也被他的真诚所打动，二人一见钟情。经过八个月的热恋后，二人于当年12月26日举行了婚礼。他们的婚礼非常简朴，马志明在结婚前买了不少大块劈柴，找了个木匠简单地打了几件家具，就算是全部家当了。整个婚礼只花了几百块钱。

婚后，他们夫妻相濡以沫，历经风雨，携手走过了人生中的许多坎坷。妻子看到马志明受到不公正待遇时，便劝他：“干脆别干相声这行了，咱们租个门脸卖家常饼吧，就凭我这手艺，没问题。”这真诚的心、执着的情、不动摇的信念和一番番淳朴的话语，凝聚了妻子对丈夫的无限关爱，铸就了温馨的家庭，成为马志明一生坚强刚韧的精神堡垒。

谁说受苦受难只是人生的不幸？有时它也是成长中的独特财富。这些年受苦受难的日子，也正是他蓄势待发之时。而人们常说的“贫贱夫妻百事哀”，到了马志明的人生道路上却变成了“安身立命壮志情”。

重返相声舞台

1980 年前后，改革开放刚刚发轫，曲艺团里演出队如雨后春笋般陆续成立，演员数量顿时显得有限，不敷应用。在这种情况下，干了差不多两年后勤的马志明有时也会被领导临时分配一个捧哏演员，上台表演相声。

没过多久，马志明被正式平反了。此后，杨少华主动找到马志明，表示要为他捧哏，随后杨少华从轧钢一厂被调入天津市曲艺团，二人以《戒烟》《地理图》两段相声参加了 1980 年的第二届津门曲荟。此时距离 1962 年的第一届津门曲荟已经整整过去了十八个年头。

1981 年，马志明的爱子马六甲出生了。这个名字是马三立给起的，含义在于——后来者居上。六甲的出生给全家生活增添了无限的乐趣。那时虽然经济条件很差，一家三口却也其乐融融。马六甲从小就跟着不时到外地演出的马志明东奔西走，这种天然的优势和无形的熏陶让六甲对相声产生了浓厚的兴趣，而后在父亲马志明的调教下，他学习了不少相声和鼓曲节目，在天津曲艺圈小有名气。

1982 年，马志明不再与杨少华合作，由于没有了搭档，就转而为赵伟洲、苏文茂、于宝林等人捧哏。这几位演员年龄不同、风格迥异，捧哏其实只是一个配搭，俗称“打补丁”，表演时很难实现个性发挥和艺术创造，在有些人眼里只是一个“加之不多，减之不少”的

“小数”。

到了1984年，组织上安排谢天顺与马志明搭档，他们改编整理演出了对口相声《论拳》，并带着这段相声参加了第四届津门曲荟。这段节目借鉴了传统相声《大保镖》的一些元素，马志明在段子中安排了很多戏曲动作，演来干净利落、潇洒帅气，从而开辟了他“文戏武唱”的风格。其后，他们又陆续上演了《报菜名》《开粥厂》等传统相声，受到观众的热烈欢迎，在同行中也得到了赞许。但马志明依旧蛰伏着，只在自己的位置上担当主角。

1986年5月，“马氏相声专场”在天津长城影剧院举办，马志明与谢天顺表演了《文章会》《卖五器》等段子，传统基本功大显光彩。侯宝林历来看重的“相声味儿”时常流溢于段子内外。其间，应马三立之托，由侯宝林代拉，在天津食品街恩义成饭店，马志明拜已故相声老艺人朱阔泉为师。这既确定了与相声大师侯宝林的师兄弟地位，又表现了侯马两家相互交融、彼此尊重的风度。相声界历来有一个不成文的规定，即便是父子家传的相声，儿子也不能拜父亲为师。这一次马志明也是遵循传统拜师入门，并且是和相声大师侯宝林、快板大师王凤山同门，为朱门一脉增色十分。参加这次拜师大会的都是天津知名的老艺术家，可谓是曲艺界的一场盛会，也是相声界的一段佳话。

同年，由天津市曲艺团编导组拟选题，石世昌执笔，马志明利用二十天时间加工并排练的对口相声《五味俱全》，参加了中央电视台举办的第一届电视相声邀请赛。这个节目直面生活，针砭时弊，情感丰富，复归了相声的现实主义传统，在复赛期间反响强烈，可以视作马志明重燃艺术激情、大胆进取创新的一个成果。这场表演得到了马三立的称赞，与会的专家评委也给予了这个段子充分的肯定。孰料结果令人遗憾，《五味俱全》只获得了一个鼓励性奖项——荧屏奖。

这次比赛结束后，马志明并没有灰心丧气，毕竟他经历过太多的人间百味，此事或许也在意料之中。这年的年底，他开始创作相声《纠纷》。

段子成形以后，正赶上在天津市政协礼堂举办的一场联欢会，马志明拿出这个节目试演了一次。表演过程中引发了多次哄堂大笑，演出结束后观众们给予了高度的肯定。这次演出给了马志明很大的信心，这毕竟是他第一次独立创作，他坚信相声还是要贴近生活、敢于讽刺，并且一定要写好人物。

《纠纷》成功出炉后，马志明报名参加了 1987 年的第五届津门曲荟。但几经波折，这段作品只能作为返场小段演出，不算正式节目。无奈，马志明又创作了一段对口相声《我是患者》，返场表演《纠纷》。果不其然，《纠纷》赢得了观众的强烈反响。

开办个人专场

《纠纷》的诞生没有使马志明的艺术生涯步入佳境，反而给他制造了很多麻烦。

1987 年，马志明带着《纠纷》，以对口相声的形式参加了中央电视台“星海杯”全国相声大赛，无奈中找了一位山东快书演员为其捧哏。为天津老少爷们儿津津乐道的《纠纷》在多种因素的影响下，只获得了此次比赛的创作和表演两项三等奖。

1988 年，《纠纷》被诉以损害了天津拖拉机厂的形象，从此不能在公开场合上演。命运就是这样捉弄人，本来是想促进社会团结的相声却引起了法律纠纷，这么一段天津百姓喜闻乐见的作品却意外遭到了“封杀”。

一系列的事件并没有让饱经风雨的马志明消沉下去，反而使他刚毅的性格更加富有韧性。转眼间，1989 年第六届津门曲荟就要拉开帷幕了。马志明又拿出了一段以学唱为主的节目《听曲艺》。这段节目也是马志明与黄族民合作的第一段新作品。提起这个作品，还有一段小插曲：早在 1986 年，马志明举行完拜师仪式后，送侯宝林回京的时候，侯宝林语重心长地对他说："不要听你父亲的，光说不唱，你嗓子不是太好，但有韵味，可以练着唱唱京剧麒派、曲艺白派……"这番话对马志明启发很大，从此他便山后练鞭，暗下苦功，并得到"金嗓歌后"骆玉笙、同门师兄快板大师王凤山的亲自点拨，艺业精进。这一段《听曲艺》集中展示了马志明对其他曲艺门类的掌握程度，发挥并拓展了相声的柳儿活风范，展示了演员的学唱功力，满足了曲艺迷们的欣赏需求。同时，这段作品也是对其他曲艺形式的宣传普及，成为继《纠纷》之后马志明在另一技艺层面的探索和尝试。

在此之后，1991 年，马志明改编并演出了对口相声《犹豫症》，又在 1992 年成功举办了个人曲艺专场。如果说相声《听曲艺》是马志明展露其曲艺才艺的小试牛刀，那么这场个人专场表演就是马志明曲艺才能的全面展示。马志明在这场演出中不仅表演了单口相声《拔牙》、对口相声《白事会》（由于那场诉讼，马志明未能在这场演出中表演自己心爱的《纠纷》，确实是一种遗憾），还配合着鼓板丝弦，一板一眼地演出了王派快板《双锁山》、谢派单弦《戏叔别兄》、白派京韵大鼓《黛玉焚稿》，一展其深厚的艺术功力，赢得了观众、专家的一致好评。这可以说是对津门曲艺风范的重塑和复归。

此后，马志明与黄族民相继又推出了很多新作品，如《扔狗》《买猫》《车中人》等。

1993 年，马志明改编并演出了对口相声《夜来麻将声》（原建邦原作），并到北京参加了中央人民广播电台新节目的录制。

1995 年，五十岁的马志明改编整理了传统相声《拴娃娃》，并在第九届津门曲荟上攒底演出。这次表演可以用"挥洒自如"四个字来形容，知天命之年的马志明，艺术进入了成熟期，相声已经与他融为一体。

对于《拴娃娃》这段相声，马志明在马三立的版本基础上进行了修改：

> 对于《拴娃娃》《白事会》这类我父亲使过的活，我在父亲整理后的版本基础上，没有做过多的大改动，只是尽量改，尽量让它更趋于合理、完善。比如《拴娃娃》，我记得我父亲使的时候，在说到捧哏的他父亲在家里头难过，有这么句台词："坐那儿闷闷不乐，对天长叹，唉！我这一辈子没做过缺德事儿啊，没做伤天害理的事儿啊，怎么就没儿没女了呢？不孝有三，无后为大，难道说我就乏嗣无后了吗？"听到这里，我感觉：不好。不好在哪儿呢？难道说没儿没女就是因为做过缺德事儿吗？"……没做伤天害理的事儿啊，怎么就没儿没女了呢？"这是招人忌讳的，任何一个没儿没女的听众，如果听了，就会反感。这句词纯属是过去的那种习惯说法："嗨！为什么这家养活闺女？因为他缺德了。"实际上，这是否生养儿女跟缺德不缺德没关系，老百姓中可以有这种错误认识，但咱们在舞台上不能有。
>
> 因此，在我使这个活的时候，我做了这样的修改："想我黄某人，这一辈子修桥补路，吃斋念佛，净是善举呀。"——"我"净干好事了，为什么没儿没女了呢？这样一改，让人听了以后觉得，虽说没儿没女，这人可不坏，"修桥补路，吃斋念佛"，类似这样的话，让人家观众听了舒服。[①]

---

① 出自《笑匠杂笈——马志明表演相声选集》，《拴娃娃》解说部分。

这一年，马志明本来打算再次举办个人专场演出，彩唱武生、武花脸两门抱，颇见戏曲武打功力的京剧《艳阳楼》。这段节目是他幼年在戏曲学校学习并上演过的，1962年又与京剧武生泰斗厉慧良同台了一段时间，酷爱京剧的马志明当然不会放过这难得的学习机会。这次重新排练《艳阳楼》，他借鉴了很多厉慧良的技巧和动作，也打算展示一下自己的戏曲功底。可是由于身体原因，未能如愿。

风格即人，马志明的艺术正在走向成熟。早年播下的种子开始收获，四面八方的力量都促使他的艺术之树更加劲健挺拔地向上生长，一棵参天大树已然拔地而起。

港台演出获赞誉

1996年，马志明随团到中国台湾进行教学演出，在那里表演了相声《大保镖》，引起了台湾相声界的轰动。素有"台湾相声之父"之称的魏龙豪亲临现场观摩，盛赞马志明的表演："这才是真正的相声。"台湾的媒体也给予了马志明高度的评价。时至今日，台湾版《大保镖》依然是遵循马志明的路数进行表演的。

不久，马志明又接到了文化部的任务——赴香港演出。在这次赴港庆祝香港回归的演出中，马志明根据在场观众多是旅游业人士的情况，表演了自己的拿手节目《地理图》。

1998年，经天津市文化局领导批示，黄族民被调入天津市曲艺团。

俗谓："不经沧海难为水，除却巫山不是云。"人生的俯仰沉浮，只能是一时一地的乖舛，不会经久不变，在大苦大难之后往往是大智大勇。马志明在逆境中对艺术的追求，为他赢得了更加广泛的赞誉，更为他的继续前进打下了更加坚实的基础。

一场北大演出

2000年,马志明整理改编的传统相声《大保镖》在第十一届津门曲荟上隆重上演,一时间成为专业及业余演员争相上演的范本,影响遍及海内外。马氏相声,尤其是被马志明承继和发展的“现代版的传统相声”,逐渐被更多的年轻观众奉为经典,争相模仿。

2002年初,马三立在天津市人民体育馆举办了告别舞台演出,这场演出盛况空前,体育馆内座无虚席,一票难求,足见天津的老少爷们儿以及全国各地的相声迷对马氏相声和马三立的敬重与热爱之情。在这场演出中,马志明与搭档黄族民作为家属代表,开场演出了对口相声《论拳》,并在观众们的强烈要求下返场表演了小段《雇三轮》。其中马志明塑造的丁文元和王德成两个人物以其特有的嗓音和津味儿方言博得了观众们的一片叫好声,大家对马志明的下场也是恋恋不舍。

在几段精彩的节目过后,马三立缓缓地走上舞台,开口一句“我是马三立”,便博得了全场观众经久不息的热烈掌声。是呀,这就是马三立,这就是观众心目中的相声大师。他从不矫揉造作,从不趾高气扬,始终对观众充满谦和虔诚。马三立自谦此次告别舞台演出太兴师动众,有点小题大做了:“我值吗?”没想到,所有在场的观众异口同声地回答:“值——”这就是观众对马三立、马氏相声的认可。这一幕深深地印在了马志明的脑海里,成为他永不磨灭的记忆。只有老百姓喜爱的人,才真正称得上角儿。

伴随着网络的兴起,越来越多的网友喜欢上了马氏相声。2002年5月5日,在天津市北辰区,喜爱马氏相声,尤其是马志明相声的网友、相声迷举行了见面会,从此马氏相声通过网络传遍了世界各地,在民间得到了空前的宣传和普及。同时,网络上还建立了第一个民间非功利性质的、以宣传马氏相声为主的“马派相声网”。

同年11月15日,马志明接到中央电视台《艺苑风景线》栏目组的邀请,在北京大学百年讲堂演出了《对对子》《太平歌词》《报菜名》《核桃酥》等四段对口相声,赢得了北京大学师生们的阵阵掌声。《对对子》是继承马氏相声传统又经过马志明细致加工的一段精品节目,《太平歌词》是在继承马氏相声基础之上的丰富完善,《报菜名》区别于其他任何版本,按照马氏相声的艺术规律改编完善,《核桃酥》是一段原创的对口相声。这四段也是马志明自己非常喜欢的节目,展示了他从继承走向发展的艺术道路。

马志明作为马氏相声的集大成者,走进高等学府,对马氏相声的精湛艺术进行了全面展示。演出当中,凡是小包袱、节骨眼儿的地方都收到了极好的效果,当代北大莘莘学子对相声尤其是马氏相声的欣赏水平可见一斑,同时这也印证了马氏相声雅俗共赏的特点。至今,很多当初现场观看过此次演出的北大学子,对当年的盛况仍记忆犹新。

这场演出扩大了马氏相声和马志明的影响力,使很多年轻人,尤其是受过高等教育的年轻观众对于马氏相声和马志明有了进一步的了解,同时也吸引了一大批观众成为铁杆的马氏相声迷。

2003年,一代相声宗师、马氏相声艺术风格的开创者马三立不幸去世。在那一刻,全国的马氏相声迷都沉浸在悲痛之中,网上发帖悼念的网友不计其数。与自己的严父,同时也是恩师的生死离别,让马志明久久地沉浸在悲痛之中。

2004年2月8日,天津、北京两地的民间马氏相声爱好者,在天津人民广播电台《每日相声》栏目组的支持下,在天津市少年宫自发组织了纪念马三立去世一周年的活动。马志明得知消息后,亲自赶往活动现场,向大家致感谢词,并在全场相声爱好者的盛情要求下,为大家清唱了白(云鹏)派京韵大鼓名段《探晴雯》的片段。

2005 年,马志明从天津市曲艺团退休。

马志明走进北大并得到莘莘学子的认可与支持，对于他的艺术道路具有重大意义:一是曾一度被否定性放大的传统,经过整理加工和个性处理,在今天还是富有生命力的,而且传统的文化精神始终是一脉相承的,传统性里也总是深蓄着现代性。二是“相声味儿”其实就是文化魅力,就是语言的言外之意、味外之旨——言有尽而意无穷，要贫嘴是不行的。三是相声的最高境界就是雅俗共赏——能让大学教授和普通百姓都爱听。

艺海神游五十载

2006 年 2 月 11 日，马志明在中国大戏院举办了纪念父亲马三立逝世三周年相声大会。

2006 年 8 月 15 日，马志明将其深受公安系统干警和广大相声爱好者喜爱的名段《纠纷》的原创手稿捐献给天津市公安局公安保卫文物征集办公室。

同年 9 月 28 日晚,在中国大戏院的舞台上,人们又看到了马志明的身影,依然是那么的神采奕奕、谦恭平和。马志明走上舞台,台下掌声雷动,久久不能平息。这是观众们对久未露面的马志明的一种特殊问候,这掌声里饱含着观众们的关心和期盼。马志明也向观众们表示了诚挚的感谢,最后只好来了个单腿跪,才使观众们笑着停下了鼓掌。

“首先感谢各位观众花这么些钱来看演出。现在不同于以前的计划经济,是市场经济,买方市场了,观众是演员的上帝,是演员的衣食父母。今天咱们来的都是家达子。为什么今天唱京韵呢?因为我有这个‘虫子’。在这儿给各位学唱一段京韵,我也是一美。我唱得要是荒腔走板忘了词，就只当是在父母面前撒个娇了。”

噔咯里咯楞咯里咯楞——“冷雨凄风不可听……”头一句就是一个满堂好。那韵味醇厚的白派大鼓又回响在观众们的耳畔，晴雯那娇小孱弱的身形、倔强刚强的神态仿佛就在人们眼前，痴公子宝玉的百般呵护历历在目。一曲《探晴雯》唱得人柔肠百转，无不伤情。接下来，马志明在观众们几次热烈掌声的要求下，又返场学唱了《黛玉焚稿》《愚公移山》《太虚幻境》的片段。尤其值得一提的是《太虚幻境》，马志明完全宗老白派白云鹏的唱法，学唱了即使在当今京韵舞台上也鲜见的一二三落（段），观众们听着解渴，马志明唱得也尽兴，台上台下融为一体，中国大戏院内余音绕梁。

《卖五器》是马志明很长时间都没有表演的段子了，今日一见尤胜当年。前面的垫话包袱不断，入活自然水到渠成，整段相声一气呵成，堪称精品节目。段子中很多语言都经过了细致的修订。如马谢版《卖五器》中这句“光调羹脑袋，我要心疼，我是黄瓜”，在这次马黄版中被改为“破羹匙啊，它要是素白的，我要心疼我是黄瓜”，语言铺垫更为细致合理了。再比如马谢版中“义和团反清灭洋”，在这次马黄版中被改为“义和团扶清灭洋”。对于细节进行了考证，调整了台词，足见马志明对艺术的严谨态度。此时的马志明虽然年过花甲，但那大段贯口说来轻松流畅、丝丝入扣，以一种韵律美吸引着观众，令人百听不厌。应观众们的强烈要求，他们又返场表演了《纠纷》的片段和相声小段《泼水节》。整场演出可谓高潮迭起、精彩异常，绝对称得上是一场十分难得的高水平相声大会。

2007 年 2 月 10 日上午 10 点 30 分，马志明携子马六甲，在天津图书大厦举行《笑匠杂笈——马志明表演相声选集》一书的签名售书活动。千余册图书顷刻间被抢购一空，等候签名的人群排成长龙，足见马志明的号召力。活动中还发生了一段小插曲：签名结束后，马志明得知，因供不应求，参加活动的一位小相声爱好者未能买到书，便立即登报寻找小读者，并于2月18日将图书和光盘送到了这位小读者的手中，足见马志明对于观众的热忱。

与此同时，纪念马志明从艺五十周年的活动也在其子马六甲的周密计划下紧锣密鼓地筹备着。经过多方联系、筹措策划，马志明携子马六甲，于2007年11月9日在天津日报大厦举行了"艺海神游五十载——马志明从艺五十周年庆典"活动的媒体见面会。

2007年11月24日，在天津大剧院，庆典活动在由马志明彩唱的京剧《安天会》(饰孙悟空)中拉开了帷幕。接下来便是：

1.歌曲：《我的2008》

20088乐队

2.相声剧：《我来逗你玩儿》

青年影视演员刘威(马敬伯之徒)、青年喜剧演员牟洋、马六甲、相声演员李嘉存

3.对口相声：《打灯谜》

著名相声演员刘伟、赵伟洲

4.相声小段：《长寿秘诀》

著名相声表演艺术家苏文茂

5.小品：《婚纱照》

著名小品演员巩汉林、金珠

6.对口相声：《赴宴斗鸠山》

著名相声演员刘洪沂、李嘉存

7.京剧联唱

著名京剧演员孟广禄、吴凡、张艳玲

8.评书小段：《张作霖逸事》

著名评书表演艺术家单田芳

马志明和黄族民在这场演出中表演了《扔狗》《报菜名》两段相声，并且在著名书法家田蕴章的四胡伴奏下，马志明演唱了一段白派京韵大鼓《探晴雯》。

站在舞台上，伴着观众们热情的掌声，也许只有田蕴章特地撰写的那副对联才能道出马志明此时此刻的心声："说学逗唱一花甲，荣辱悲欢五十年。"

笔者的一位天津朋友曾经讲述过自己的一段经历：当时他非常想去观看这场庆典，但不巧的是他事先约好要去南京参加一位关系非常好的同事的婚礼。为了不失约，他恋恋不舍地登上了去往南京的火车。24日晚上，南京同事的婚礼在一家五星级酒店举行，这位来自天津的朋友在婚礼上以一段单口相声《家传秘方》助兴，并向婚礼现场的所有来宾说明了自己表演这段相声的心意："今晚七点半在天津大剧院，是少马爷从艺五十周年的纪念庆典演出，我去不了了，在此说一个马氏相声的经典小段，来表达我对少马爷的敬重之情。"节目结束，现场的所有来宾都开怀大笑，这位天津朋友的眼圈却红了。虽然他与马志明素未谋面，但是在他心中却充满了对这位艺术家的爱戴和崇敬。当今能受到观众这样推崇的艺术家也真是凤毛麟角了。

这场演出之后，马志明在中国大戏院举办了传统相声月活动，经过悉心排练，一连五个周末先后上演了马氏经典相声《太平歌词》《大保镖》《数来宝》《拴娃娃》《反七口》《卖挂票》《拉洋片》《白事会》《卖布头》《夸住宅》，为天津的老少爷们儿献上了一份马氏相声的饕餮大餐。

如今，年过古稀的马志明每天与书为伴，上至四书五经文学名著，下至野史逸闻民间笑话，无不涉猎。抽上一支"恒大"烟，喝上一杯茶，手捧一本书，便是马志明最喜欢的休闲方式了。闲来时，看一看北京人艺老艺术家的话剧光盘，听一听京剧唱段，便是享受。每周跟着乐队唱几段鼓曲，便是他最为得意的“健身运动”了。这就是宁静以致远的马志明，他的身上没有喧哗浮躁，没有张扬跋扈，有的只是淡泊悠然。

也许此时的他，才是真正意义上的角儿。

这正是：从艺不逾矩，天命晚来知；一生唯低调，沉浮也逢时。

附：

马志明大事记

1945 年　出生。

1950 年　开始跟随父亲马三立奔走于各大相声园子。

1954 年　开始到天津人民广播电台表演相声节目。

1957 年　小学毕业后报考天津戏曲学校，学习丑行，后改学武二花，其间在戏校联欢会上经常表演单口相声。

1958 年　父亲马三立被错划成右派，马志明在戏校受到排挤。

1962 年　借调天津市京剧团。受到厉慧良点拨，认祖归宗从事相声表演，到张寿臣、刘奎珍、阎笑儒、张宝茹等老先生家问艺。后又到蚌埠曲艺团找师兄高笑林一起去南方演出。

1963 年　正式转入天津市曲艺团并参加演出。

1965 年　受父亲马三立右派身份牵连，不能登台演出，开始整理快板《百鸟朝凤》。

1966 年　“文革”开始，与父亲马三立被关进牛棚。

1968年　因不堪忍受造反派鞭打，逃往北京投奔刘宝瑞。

1970年　下放天津南郊北闸口劳动改造，跟随父亲马三立系统温习马氏相声，整理相声《地理图》趟子。

1977年　回天津市曲艺团做后勤工作。

1979年4月　经介绍与张秀琴相识，经过八个月的恋爱，于12月26日结婚。

1980年　恢复舞台演出，开始与杨少华搭档。二人合作表演了对口相声《戒烟》《地理图》，并携这两段相声参加了第二届津门曲荟。

1981年　儿子马六甲出生。

1983年　为赵伟洲、苏文茂、于宝林捧哏。

1984年　经组织安排与谢天顺搭档，改编整理演出对口相声《论拳》，参加第四届津门曲荟，其后陆续上演传统相声《报菜名》《开粥厂》等。母亲去世。

1986年5月　在天津长城影剧院举办"马氏相声专场"，与谢天顺表演《文章会》《卖五器》等。其间由侯宝林代拉，拜已故相声老艺人朱阔泉为师。携《五味俱全》参加中央电视台举办的第一届电视相声邀请赛，反响强烈，获得荧屏奖。年底创作相声《纠纷》。

1987年　在第五届津门曲荟上创作表演对口相声《我是患者》，返场表演《纠纷》，轰动津城；以《纠纷》参加中央电视台"星海杯"全国相声大赛，获得创作和表演两项三等奖。开始与黄族民合作。

1988年　相声《纠纷》被以损害天津拖拉机厂形象为由遭到诉讼，从此不能在公开场合上演。

1989年　创作对口相声《听曲艺》，并参加第六届津门曲荟。

1991年　改编并演出了对口相声《犹豫症》。

1992年　举办个人曲艺专场，演出王派快板《双锁山》、谢派单弦《戏叔别兄》、单口相声《拔牙》、白派京韵大鼓《黛玉焚稿》、对口相声《白事会》。

1993年　改编并演出了对口相声《夜来麻将声》，到北京参加中央人民广播电台新节目的录制。

1995年　改编整理传统相声《拴娃娃》，并在第九届津门曲荟上表演。

1996年　随团到中国台湾演出。

2000年　整理改编传统相声《大保镖》，并在第十一届津门曲荟上表演。

2002年5月5日　参加在天津市北辰区举办的“马派相声网”相声迷见面会。年底，在北京大学百年讲堂演出《对对子》《太平歌词》《报菜名》《核桃酥》。

2003年　父亲马三立去世。

2004年2月8日　参加民间自发举行的纪念马三立去世一周年活动，在活动上致谢词。

2005年　从天津市曲艺团退休。

2006年2月11日　在中国大戏院举办纪念马三立逝世三周年相声大会。8月15日将深受公安系统干警和广大相声爱好者喜爱的名段《纠纷》的原创手稿捐献给天津市公安局公安保卫文物征集办公室。9月28日在中国大戏院举办相声大会。

2007年2月10日　在天津图书大厦举行《笑匠杂笈——马志明表演相声选集》签名售书仪式。11月9日在天津日报大厦举行“艺海神游五十载——马志明从艺五十周年庆典”媒体见面会。11月24日在天津大剧院举行“艺海神游五十载——马志明从艺五十周年庆典”演出。又在中国大戏院举办传统相声月活动，连续五个周末上演马氏经典相声。

马老惜别黄鹤楼　票友重开文章会

这是一个值得纪念、令人难以忘记的日子。2004年2月8日下午2点，在天津市少年宫内，由天津相声票友自行组织，天津人民广播电台文艺台主办，今晚报社协办的“纪念马三立大师津京票友相声大会”隆重举行。

这次活动是一次民间自发的纪念活动，不带有丝毫的功利性，完全是津京两地相声票友乃至所有曲艺迷对于马三立大师的怀念之情的表达，一片诚心所至。从最初发起到组织调度，一直到最后活动圆满成功，大家出于对马三立大师的崇敬之情，毫不计较个人得失。在缺乏经费的情况下，献力献策，多方奔走，认真排练，充分展示了年轻曲艺迷们的热情与真诚！这场活动背后的一些鲜为人知的小故事也是感人至深。

天津人民广播电台文艺台是这场演出的主办方之一。电台编辑梁文逸老师在得知这次票友纪念活动的消息后，对此次活动十分支持，文艺台的各级领导也同样给予了大力支持。同时，今晚报社提供了马三立的巨幅照片，天津市少年宫无偿提供了活动场地。他们都是广大相声票友乃至所有曲艺迷的坚强后盾、良师诤友！

这次活动还得到了北京“笑海”网络论坛几位朋友的鼎力支持。北京相声票友白洋（网名“小b”）、武立坤（网名“有理”）、栾京翔（网名“开口笑”）、程世卿（网名“007”）等人，自费来津参加此次活动后又连夜赶回北京，令众多天津的曲艺迷感动不已。远路来的朋友不顾辛劳，一片赤诚，不仅带来了精彩的节目，更带来了北京曲艺迷的无限情谊。这是津京两地曲艺迷的一次心灵的碰撞，加深了两地票友之间的真挚友谊！

会场的布置工作由文艺台论坛网友唐文权（网名“承月秋”）、

史雯(网名“之上慕卿”)、杜力(网名“咖啡”)三位帮忙。他们为会场布置绞尽脑汁,制作布标、照片,维持会场秩序,每个环节都凝聚了他们的辛劳。天津网友秦学斌(网名“大耍”)、陈明(网名“东皇太一”)忙前忙后,热情照顾远道而来的朋友。李彬(网名“起飞”)精心设计了此次演出的赠票样式。网友孙泉(网名“真水无香”)在百忙当中送来两个花篮,为喜庆的舞台增添了一道亮丽的色彩。

开演之前,一百多张赠票在十分钟之内就被全部领走的消息,使每一个参加演出活动的演员既兴奋又紧张。兴奋的是这次活动能有这么多曲艺迷到场参加,紧张的是不知道自己的演出水平是否能发挥到最佳状态来报答热情的观众。每个人都暗自用功,争取最佳的表演效果。

8 日上午,各位演员都提前来到天津市少年宫内走台,一丝不苟地对待这次演出。中午,又进一步商定各方面事宜。

当天下午,天津市少年宫的礼堂内座无虚席,在座的有年轻的相声爱好者,也有年逾古稀的老观众。一位老先生在女儿的搀扶下,缓缓走进会场,这一幕深深感动了在场的每一个人。是什么吸引老先生不顾自己年事已高,欣然来此参加活动呢? 是演员? 是相声段子? 归根到底是马三立大师的人格魅力,是曲艺的无限魅力!

下午 2 点,演出准时开始。主持人路一、李根的开场词是笔者所撰的一副对联,上联:马三立惜别黄鹤楼,一代宗师难舍听众;下联:票友重开文章会,津京两地情系相声。上下联隐藏了马三立的两个经典名段,并暗隐“故人昔辞黄鹤楼”,对马三立驾鹤西游的悼念之意。

第一个节目是崔凯的快板《十八愁》。这段快板经过了马三立的改编,内容更加丰富,寓意深刻。这是一段颇见功力的王派快板精品,崔凯唱来轻松自如,如行云流水,沁人心脾。

接下来是北京相声票友白洋、武立坤的对口相声《打灯谜》。前面的垫话自然生动,加上他们传神的表演,赢得了在场观众的阵阵掌声,充分显示了北京票友的深厚功力。他们的配合相得益彰,一个活泼但不失幽默,一个憨厚却不失机警,将这段《打灯谜》表演出了自己的风格。

天津市曲艺团青年快板演员郑屹特地赶来助兴演出，为活动增添了一道夺目的光彩。他表演的也是一段王派经典快板——《大闹天宫》,齐天大圣桀骜不驯的形象被活灵活现地展现在观众们面前。他的演唱颇具功力,惟妙惟肖,充分展示了王派快板轻盈跳跃的风格特点,博得了满堂喝彩。

笔者与高峰表演的《卖五器》中规中矩。虽然是票友模仿,但演起来态度很认真,不敢懈怠。

张博、侣童强原是鼓曲票友中的佼佼者,此次参加纪念马三立的活动,特意精心准备了一段拿手的相声《卖挂票》。二人将自吹自擂的自称京剧行家的“烤山芋”老板表演得活灵活现,展示了他们二人多才多艺的一面。

北京票友栾京翔、程世卿为观众奉献的是马氏经典——《白事会》。二人演来挥洒自如,让天津观众眼前一亮,可见马氏相声不仅在天津久负盛名,在北京也有很多仰慕者。栾京翔嗓音甜脆,“放焰口”时,更是得心应手,字正腔圆,富有极强的音乐性,且韵味颇浓。程世卿的捧哏与他配合默契,二人的表演将演出推向高潮。

主持人李根是曲校评书专业的优秀毕业生，他和文艺台主持人路一的配合幽默风趣,将一个个节目衔接得天衣无缝。这次来参加活动岂能不让他登台献艺?他为大家表演的是拿手节目——评书《斩华雄》。李根的表演丝丝入扣,塑造人物栩栩如生:刚愎自用、不可一世的袁术,慧眼识才、老谋深算的曹操,性格张狂、目中无人的华雄,胆识过人、气宇轩昂的关羽。他那清晰的口齿和潇洒的身段赢得了观众们的阵阵掌声。

马志明先生得知此次活动的消息后，也特意赶来表示感谢。在观众们的盛情要求下，为大家清唱了白派京韵大鼓名段——《探晴雯》的片段。他的演唱形神兼备，一句赢得一个“好”，充分显示了观众们对这样一位深得人心的艺术家的爱戴。

高峰和笔者的对口相声《拴娃娃》是最后一个节目。马志明先生就坐在观众席中观看我们的表演。高峰和笔者都很紧张，面对着自己一直仰慕的相声表演艺术家，我们像一对接受考试的学生，有些不知所措了。虽然表演很稚嫩，但还是得到了马先生的鼓励。

整场演出结束后，大家争相要求和马志明先生合影留念，马先生欣然同意，这位平易近人的艺术家的人格魅力深深地感染着大家。据笔者所知，这是民间自发组织的最早的一次纪念马三立老先生的活动，由此足见马氏相声在观众心目中的地位。

第二章　精雕细刻的创作

马志明的相声深得乃父马三立开创的马氏相声的三昧，具有一脉相承的艺术血缘关系。就其文本来说，无不是经过他精雕细刻地创作和整理的结晶。通过敏锐的观察力捕捉人们司空见惯的生活素材，经过缜密精巧的艺术构思剪裁嫁接，运用意蕴丰富的潜台词，为我们塑造了一个个鲜活生动的人物形象。自觉的文学意识、小说家的笔法，都使马志明的相声具有了很高的文学价值，体现了他在相声创作、改编上的卓越水平。

敏锐的观察力

明朝冯梦龙在《笑府》序中说过："古今世界，一大笑府，我与若皆在其中，供人话柄。不话不成人，不笑不成话，不笑不话不成世界。"马氏相声就善于在这个人们司空见惯的"笑府"中发现喜剧因素，再经过其妙笔生花的提炼加工，那一个个令人忍俊不禁的相声便从此诞生了。

1972 年的一天，马志明正在家中逗自己刚刚两三岁的外甥女，他故意当着孩子的面，把孩子手中的苹果咬了一大口，小女孩一见这少了一多半、连核儿都没了的苹果,就哭了起来。一直在旁边观察的马三立却被逗得哈哈大笑。事隔十余年,马三立将这个生活小插曲用在了相声《练气功》中,将其改编成一个脍炙人口的包袱,至今仍为人称道。由此可见马三立对现实生活敏锐的观察力和精湛的创作技巧。

在相声小段《买鸡蛋》中,马三立问那位小贩,为什么把小个儿鸡蛋都特意收起来不卖, 得到的回答是:“那都是给摊煎饼馃子的留的。”这里未必是小贩真的肯于自曝秘密,而是马三立对于现实生活中煎饼馃子摊的鸡蛋都非常小的背后原因的揣测和善意讽刺。正因为其对现实生活的反映达到了极其真实的程度,所以引起了观众的强烈共鸣。

马志明也是如此。他根据朋友的真实经历加工创作的精品相声小段《核桃酥》,与马三立在积累生活素材上的敏锐与洞悉如出一辙。十年动乱期间,马志明与朋友在郊区一个副食店中买了一些蛋糕。当朋友咬蛋糕时,发现蛋糕奇硬无比,牙齿在蛋糕上留下了两道刮痕。这事在旁人那里也许笑过之后就会忘记,可到了具有敏锐创作思维的马志明那里就被牢牢地捕捉到了, 成为相声素材被积累下来。经过马志明的设计铺垫,一段精巧别致的相声小段就这样问世了。马氏相声对于现实生活敏锐、细致的观察以及精巧的剪裁功夫,可以说是其成功的重要原因。

马志明曾经创编过一个小垫话,说某早点部卫生条件很差,刷碗水比锅巴菜的卤子还要稠, 每次刷碗都刷不干净。对一般人来说,这事实在没有办法,而在相声主人公那里却有高招。他每次来到这家早点部时,都在一个漂亮的年轻女顾客旁边等候,等这位女顾客吃完以后,直接拿起人家用过的碗盛早点,甚至还专挑刚才那个漂亮女顾客的嘴沾过的地方吃东西。这段描写让笔者不禁想起了法国短篇小说大师莫泊桑的《羊脂球》里面那个“偏偏把嘴唇去接触羊脂球的酒杯上吮过还没有干的地方”的戈尔孥兑。这两个人物是何其的相似呀。马志明未必读过《羊脂球》，却能与莫翁暗合，足见其具有小说家的敏锐观察力。

马志明在相声《纠纷》中塑造的丁文元这个人物的声音同样来自他的敏锐观察：

> 有一天呢，我到北京电视台录像去，回来呢在火车上，火车上有这么几位在王府井做买卖的，每天早上去摆摊，下午六七点钟回天津，在那儿给人打工的，这车上有这么几个人。其中有一个小子认识我，就跑我这儿来了：“你是那说相声的马志明吗?”我一听这声音怪，我说：“你在哪儿住?”“我住某某里……”我们那儿怎么来，怎么去，跟我聊起来了，对相声还挺懂，跟我聊了一道儿。他聊的东西我没记住，但是他那声音我可记住了。哎，我一听这味儿好哇，就像一个女的声音，有人乍一听以为我这刻画一个女的呢，其实不是，他是天津单有这么一路人，小细嗓，满口齿音字，但很有股冲劲。①

这段相声的创作始终围绕着马志明对于生活的敏锐观察：

> 我经常爱到派出所串门。我们团的剧场叫中华曲苑，在和平路南市口，斜对过儿，有一个治安派出所，我爱在那儿串门，跟这些干警们也都很熟。目的呢，一是解解闷儿，另一个呢，可以见到形形色色的人，了解社会，观察动态，收集资料，有助于塑造相声的人物，搞创作。
>
> 有一天，我正在那儿坐着呢，就看见两个人揪着就进来

① 出自中央人民广播电台《马氏相声回眸》采访录音。

了，抓着胸脯附近的衣服，不依不饶，骂骂咧咧，进来找警察评理。什么事呢？这个人啐痰，随地吐痰本身就不对……崩一个点儿，崩那个人袖子上了。那个不饶："赔衣服！"到了派出所一看呢，那个点儿都找不着了，都干了。民警一问这情况，也摇头："这怎么办？你们俩先上那屋待着去，现在没工夫问……"就把旁边小屋的门打开了。就是我创作的《纠纷》里说的那小屋。里边有两条长凳子，两个人坐下了。他们俩进去以后，我就问这民警，叫陈健，我说："小陈，像这种问题你们怎么解决？"“这个没法解决，这俩人素质太低，这叫没事找事，吃饱了撑的，只能是冷处理，降降温，让他们自己消化了。你看一会儿，他们俩自己就解决了……"果不其然，不到一个钟头，俩人就出来了。"同志，我们跟您说说……""一会儿再说，一会儿再说……"他故意地不理他们。"我跟您说说……"两个人直求，"我跟您说说，我们俩就算完了，都解决了，给您添麻烦了……"两个人都走了。[1]

这一事件激起了马志明的创作灵感：

　　这件小事使我联想到父亲说过的二人幻想拾到现钱，为如何分配而打架，后找到巡警的小段。二者虽然发生在不同的新旧社会，但都属于无事生非，从而说明此类无聊之事的普遍性。究其原因，都是不值得一提的事，蹭鞋、踩袜子了……无非是这种事……一句话不爱听了就吵。应该互相谦让，得有这种精神呀，把精力都放在"四化"建设上，这多好。当时，正提倡安定团结，抓住机遇，深化改革，扩大开放，促进发展，保持稳定。"就要这'稳定'！"当时，我就萌发了创作的想法。用《纠纷》这个喜

① 出自中央人民广播电台《马氏相声回眸》采访录音。

剧去提醒人们，起到一点“防微杜渐”之效，是我的写作初衷。晚上……用了差不多一宿……天快亮了，我实在困了，才睡。就把这段子的轮廓、梁子写出来了。我没说啐痰，我就说拿自行车轧那个人脚了。其中，这三个人物，民警，这两个人，一个丁文元，一个王德成，互相的那些话，都是我编的。是我观察街上的人爱吵架呀，爱拌嘴呀，这个档次的人的语言，跟民警的语言，把它们糅合在一块儿。用了不到半年的时间吧，搞了这么一个段子。①

马志明用了半年的时间，体验生活、观察人物、收集素材、提炼加工，正是这些积累，最终铸就了《纠纷》这段相声的成功。

马氏相声注重对现实生活的体验和积累，这使其塑造的艺术形象都饱含着丰富深刻的生活底蕴。正如薛宝琨在《侯宝林评传》中说的那样：“在生活和艺术之间，生活必实——必须有生活和历史的根据，不是已然的定是或然或必然的。在故事情节和人物之间——情节可以虚拟假定，但人物性格必有时代或社会生活的依据，同样，在细节和形象描写之间——形象可以是拼凑组合的，而任何细节必由生活中积淀发觉而来。”马氏相声正是遵循了这一虚实辩证的原则，将生活真实转化为艺术真实。《开粥厂》中“赛过叫驴的蛤蟆秧子”“五里地没接子的牛皮”“丈八象牙条案”“能容纳轮船的养鱼缸”等吹嘘，《卖挂票》中那个“把人都挂起来听戏”的近乎离奇的情节设计，虽是汪洋恣肆几近荒诞的艺术夸张，却正是对用瞒和骗来为自己寻找精神慰藉的马善人、马喜藻那一类人的真实概括。

马氏相声中塑造的小人物都是创作者观察生活，“对社会生活的形形色色的形象、事件、人物能够有长期的、经常的、反复的、是非得失的推究、考虑和判断（尽管这种推究和考虑不一定每次

① 出自中央人民广播电台《马氏相声回眸》采访录音。

都能提到很高或很明确的理论高度）……对这些对象、事物的性质、价值和意义有胸有成竹的了解、熟悉和评价……在这基础上，艺术家……十分敏锐地（有时是似乎根本未经考虑灵感式的'一味妙悟'）观察、感受、体验、选择、提炼和集中，去进行……形象思维的本质化的运动过程（捕捉有意义的形象和使形象的意义步步加深）"①。

观察生活需要有"生活眼""文化眼"和"喜剧眼"。"生活眼"是指见微知著、以小见大的洞悉能力；"文化眼"是指"历史感"和"现实感"的来回掂量，在文化时空背景下的思辨和判识能力；"喜剧眼"是指艺术的夸张和显微——想象、联想的创造能力。

幽默语境的设置

一般而言，语境就是语言运用的环境，是人们运用语言的基础和出发点。相声演员总是利用垫话试探出自己与观众能够畅通交流的语境（相声术语即"把点开活"），在铺垫包袱的过程中制造幽默语境，利用语境达到喜剧效果。

马氏相声不追求只言片语的滑稽可笑，而是将十分平常的语言放置在与之反差极大的语境当中，来凸显其喜剧性。这种处理能够使整段相声给人以浑然一体的感觉，绝非支离破碎的笑料拼凑所能及。幽默不是简单的语言游戏，而是饱含智慧的语言，它所追求的是审美层次、心理层次上的愉悦，使人们在体验欢乐的同时，还能得到美的享受，而善意的调侃更能让人感受到智慧的火花。马氏相声始终追求的都是在幽默语境的映衬下凸显出语言的幽默可笑。

① 出自李泽厚《美学论集》，《试论形象思维》一文。

在创作《纠纷》时，马志明为丁文元和王德成安排的台词都是极普通也是极具特点的天津市民语言。极普通是指这两个人物使用的语言都是天津市民生活中常见的语言，没有华丽的辞藻，没有一丝一毫的刻意；极具特点是指这两个人物所用的都是天津市民语汇中极具特色的语言。“拿拿龙”本来是修理自行车的术语，意思是矫正自行车瓦圈的圆度，在这里被形象地用作王德成要管教丁文元，给他立规矩的代指。这些富有天津地区生活气息的语言被搬上舞台，在具有相同语言背景的天津观众听来，自然会感到亲切、生动，别有情趣。而这句话如果被单纯地拿来听，未必会有很强的喜剧效果，而马志明巧妙地把这句“拿拿龙”放到了派出所里，这里本来是民警的办公场所，在这样严肃的语境当中，“拿拿龙”就显得极不和谐，反差极大，这种失衡让观众越发感觉到了这两个人的可笑，也就产生了喜剧性。

马氏相声善于驾驭语言，往往通过绵密的语言，进行层层铺垫和渲染，达到缩小外延、廓清形象的目的，使观众逐步认清人物的性格本质。正如列宁在他的《哲学笔记》里引用费尔巴哈的话说：“俏皮的写作方法还在于：它预计到读者也有智能，它不把一切都说出来，而让读者自己去说出这样一些关系、条件和界限……只有在这些关系、条件和界限都具备时说出来的那句话，才是真实的和有意义的。”这也可以看作是对语境的运用，马氏相声的语言总是含蓄的，从不直白地点破，而是事先铺垫好所有关系、条件和界限，在这样的语境中借助画龙点睛的语言凸显喜剧性。马三立的《练气功》中，张二伯的那句“你这半儿多好，没核儿”放在其一贯欺负小孩的行为，以及“俩大牙像车间的台钳子，大颏嘞嗦跟大鸭梨似的”这般尊容的语境中，让观众联想到张二伯咬苹果的情景，越发地可笑。这一句既交代了张二伯一口吃掉了大半个苹果，又勾勒出张二伯这个人物的性格——得便宜卖乖还强词夺理，从而以洗练的语言传递出丰富的意蕴。

马氏相声不仅善于将极普通的语言放置在与之反差极大的语境中，以此凸显其喜剧性，还具有"情理之中，意料之外"的特点。相声中情节的发生、发展、高潮都受到预设语境的限制，所有因素都隐含在这个语境之中，也都符合这个语境的内在逻辑，在这样的预设语境中抖响包袱，便能够通过语境叠加后的跌落制造出强烈的喜剧效果。

马志明很好地继承了马氏相声的这一特点。在《车中人》中，他讲述了这样一个故事：一个游手好闲的人看到工地盘条疏于看管，便生出偷盗的念头，他让开货车的邻居帮忙，又到劳务市场雇了三个老乡，趁晚上来到工地，把汽车停好，开始偷盘条，结果被巡警发现，几个人被带到派出所盘问，被雇来的老乡对汽车倒车的提示音不了解，闹出了笑话。这个预设的语境隐含了故事发生的所有因素。单纯地看，"请注意，倒车"并不具备喜剧性，而放置在巡警盘问嫌疑人的严肃语境中，揭示出老乡错以为汽车上另外还有一个女人，就显得是那样的不合时宜和可笑至极。在马志明的层层渲染中，观众们始终期待的是"另一个人"身份的揭示，却万万没想到结果是老乡不了解倒车提示音而闹出笑话，观众的心理期待在这一刹那落空，紧张的气氛化为轻松好笑，也就产生了"情理之中，意料之外"的强烈喜剧效果。

马氏相声所选择的语言也折射出了一定的时代背景，这同样是通过语境表现出来的。比如马三立的《追》中那句"调完级了，不请客"，放在胖子追瘦子这一巨大反差的语境中便显得滑稽可笑，同时也是那个时代工人上调工资不容易的真实写照。

马氏相声的捧逗哏利用语境的关联性、歧义性制造笑料，他们时而互相补位，时而又针锋相对。捧哏时而为逗哏的叙述添砖加瓦、渲染气氛，时而揭示矛盾、代表观众提出疑问，这样就在设立了一个语境的同时，又叠加进了另外一个语境。逗哏利用语境的歧义埋下伏笔，捧哏利用语境的歧义迷惑观众，最后抖响的包袱又确实具有语境的关联性。当逗哏抖响包袱的时候，观众才真正明白他要传达的信息，捧逗哏在对语境的一破一立中使观众的心理跌宕失衡、期待落空，喜剧性就此产生。马志明在表演《文章会》时使用的“刨着使”的技法就是一个鲜明的例子。逗哏与捧哏始终在文人和小商贩这两个语境中跳进跳出，频繁转换，从而制造出反差，收到了极强的喜剧效果。

马氏相声不仅善于设置单个段子的幽默语境，使观众的身份、地位、经历、知识背景都成为语境场的一部分，与马氏相声的语言产生共鸣，而且所有的马氏相声又形成了一个独具特色的幽默语境场，观众们认可马氏相声一贯睿智、冷幽默的语言风格，相信只要是马氏相声就肯定能够给自己带来出乎意料的笑料。在马氏相声的整体幽默语境场中，观众有了笑的期待，便会主动打开笑神经，随时准备接收演员传递的笑的信息。往往演员一个细小的眼神或动作，就能被观众敏锐地接收，迅速地反应，于是观众与演员达到了高度的默契。在这种长期的互动过程中，马氏相声培养了自己的观众，观众也滋养着马氏相声，使其逐渐树立起自身鲜明的艺术特色。

马氏相声不仅善于制造幽默语境场，而且随着这些作品的深入人心，还将所塑造的人物形象和使用的语言打造成一个个幽默符号。在马志明的《雇三轮》和《听曲艺》中出现的丁文元形象已经被符号化，人们只要一听到满嘴齿音字的小细嗓，便会联想到丁文元这个名字，继而联想到《纠纷》事件的全过程，就会产生笑的欲望，而《纠纷》这段相声也被浓缩凝聚为丁文元的小细嗓，成为一个喜剧符号。与此相似的还有《开粥厂》中的马善人、《似曾相识的人》中的“黄书包”、《卖挂票》中的马喜藻等，其背后都凝聚了丰富的意蕴，成为人们日常交流中的喜剧符号。这种由语言到意境再到语言符号的不断提升，正是马氏相声的过人之处。

缜密精巧的构思

马氏相声对于相声的构思缜密精巧，追求“情理之中，意料之外”。薛宝琨在《侯宝林评传》中是这样论述“情理之中，意料之外”的：

> “意料之外”和“情理之中”这一对喜剧性矛盾已经完全脱离了一般戏剧矛盾和冲突的干系，它既不是内容也不是形式，而只是演员或作家借助包袱抒发情感评价生活的一种手段。它们之间没有是非胜负之分，也不采取斗争较量的方式。
>
> …………
>
> 笑，是一种集体的抒情，由作者播下的笑料种子，只有得到观众的默契，才能迸发雷鸣般的笑声。于是，在笑声里我们将更能理解作者的创作意图，更易摸清作者或演员思想跳动变化的脉搏，更易明白艺术家如何运用夸张对比和对立统一的手段，发现生活中的种种不和谐并用和谐的方法把它们生动有趣地阐释出来。包袱的“意料之外”就是发现和突出这种不和谐，并把它们有意推演至几近荒唐的地步，让它们在强烈的对比下在抒发感情极致的同时，显示对象与生活的参差。其差别拉得越大，与生活常情常理的对比越厉，矛盾荒谬悖理的程度越深，包袱的效果于是也越强烈。

马氏相声也是如此，非常讲究“铺得平、垫得稳、抖得响”。“铺得平”指演员的叙述过程流畅自然，不给人以硬山搁檩、牵强附会的感觉;“垫得稳”指演员的叙述丝丝入扣、不急不躁、娓娓道来;“抖得响”是铺平垫稳后的必然结果,在包袱抖响的一刹那,整个笑料犹如多米诺骨牌,使观众沿着笑的链条将此前的伏笔一览无余,顿时生发出一连串酣畅的笑声。

传统相声《黄鹤楼》是一段以歪唱戏曲片段为主,并且注重表演的腿子活,演员在舞台上有大幅度的舞台调度和夸张的表演。在马三立之前,相声界的通行版本比较侧重于追求闹剧效果(相声术语称之为“洋闹”)。前面的垫话是捧逗二人比赛谁会的唱段多(相声术语叫“追柳”),两位演员演唱多个唱段,演出效果十分热烈。但马三立没有片面地追求演出效果, 而是从情节是否合理的角度出发:既然逗哏演员在前面展示了自己掌握很多唱段,那么后面他与捧哏演唱《黄鹤楼》时又为什么突然都不会了,这不符合逻辑。虽然效果好,但不能自圆其说。所以马三立就删除了这段垫话,改为以塑造不懂装懂的人物性格为重点。他在原始版本的基础上独具匠心地展开艺术加工,一切笑料都为突出人物性格而服务,从而将这段节目提高了层次,使其上升为文学性非常强的经典相声段子,为我们塑造了一个个性鲜明的小人物——不懂装懂的“马嚼官”。

马三立还一改以往《文章会》平铺直叙的使法,结合自身特点,运用传统相声技巧“刨着使”,将其改编成以“门外煮烤”“抄等雇问”为底的独具特色的版本。

“刨着使”就是事先设计明暗两条线,以两条线的内在联系或相似之处为契合点组织笑料,有意识地使逗哏的语言前后矛盾、漏洞百出,从而造成难堪的局面,制造喜剧冲突。观众们一直关注着甲在圆谎过程中因自相矛盾而造成的喜剧效果。

具体来说,马三立版的《文章会》以“卖烤山芋的小贩”“拉洋车的车夫”为暗线,以“中文大学生”为明线,制造强烈对比,组织笑料,这精巧缜密的构思值得我们反复玩味。

马志明的相声继承了马氏相声的一贯追求，构思精巧缜密，既在情理之中，又在意料之外。

比如《核桃酥》中对土产商店内部陈设的交代，之所以介绍农具、马具，是为了给后面甲差点被铁锹把绊倒做铺垫。

甲　日用百货，呢绒布匹；靠西边这边啊，马具，什么笼头啊，嚼子啊，马鞍子啊，套包子啊，挂着。

乙　这是农村啊。

甲　挨着马具是农具。

乙　哦哦。

甲　三齿啊，四齿啊，划拉子啊，镰刀啊，什么乱七八糟都有。[1]

段子中对核桃酥的交代也很细致：当售货员把蛋糕放到秤盘里的时候，当啷当啷山响，说明蛋糕质量差，要是把很硬的核桃酥也放到秤盘里去称，当然也会当当作响，这样就会提前把“轧到地里面没碎”这个包袱给刨（泄露）了。马志明在这里采取了迂回的方式——“不用使秤，（核桃酥）六块儿一斤”，这样既合理地解释了核桃酥的买卖过程，又没泄露精心设计的包袱，可谓用心良苦。用纸包核桃酥又为后面核桃酥掉到地上埋下了伏笔。

后面模拟冰糕棍儿和树枝断裂的声音，也是相当精细的：冰糕棍儿很脆，它的断裂声用拟声词——嘎巴；而刚折下来的树枝含有一定的水分，所以它的断裂声用拟声词——咔嚓。既区别了冰糕棍儿和树枝的不同，又符合常识。马志明对于物品名称称谓这样的小

① 本书引用的所有马志明相声作品文本均出自《笑匠杂笈——马志明表演相声选集》。

地方的重视也达到了精细的程度，设计了“吃完了冰糕，剩点子棍儿”——“冰糕棍儿”的称谓，有意地避免了“冰棍儿棍”这样因同音字罗列而造成的观众听觉上的雷同感，可谓独具匠心。

这样细密的铺垫一方面能加深观众的听觉印象，为抖响包袱铺平垫稳，另一方面又能起到迷惑观众的作用，如古彩戏法中的声东击西，看似漫无目的的交代，实则是经过了精心的设计安排，丝丝入扣，娓娓道来。当包袱抖响后，我们再回味前面的铺垫，就会深深地体会到这些包袱完全是在“情理之中，意料之外”，禁得起反复推敲。

马志明在《自食其果》的垫话中的铺垫也是如此：

甲　最爱看的知道是什么吗？

乙　什么呀？

甲　交通事故。

乙　交……

甲　车祸。大汽车“咔”，轧着人了。（强调车祸的受害者是人，给观众心理暗示，让观众形成思维定式的惯性。）嗬！你爸爸高兴！

乙　这……我爸爸也爱看？

甲　这他非得看！这要看不着是吃不下饭睡不着觉。

乙　您说至于嘛！

甲　往往一出了交通事故啊，围观的人特别多。

乙　对呀。

甲　围得是里三层外三层，这要咱们咱挤不进去，你父亲有主意。

乙　他有什么主意呀？

甲　跟人对付。

乙　噢。

甲　“借光您了，借光您了，让我进去！我得看看哪！”“挤什么呀！这么多人哪儿挤得进去！这么大岁数……”“不是啊，我孩子！”（铺垫“乙的父亲”的伎俩。）

乙　呀?!

甲　“我孩子轧着了!”咱们人人都有恻隐之心哪!孩子轧着了，能说不让他进去?“啊?是您的小孩儿呀?借光借光！让这大爷进去！”让到里边儿，大伙还劝哪：“大爷！别太难过了！”“难过嘛?跟我那孩子般儿般儿大！”（这里加强暗示，突出受害者还是人，并且在年龄上非常吻合“乙的父亲”的谎言，巩固了观众的思维定式，给观众一个错觉，认为“乙的父亲”屡屡得手。）

乙　呀！好！嘿嘿。

甲　“家大人哪，不看住了哇！看看，完了，多可惜！”看够了，溜达出来，找没人地方儿乐去了。那天又赶上一档子。

乙　这事儿还不少。

甲　车祸。当时围了个风雨不透，你父亲听信儿晚了，来到这儿还是挤不进去呀，就听见人家议论：“看了嘛，这么小，多惨哪！”（这里利用“这么小”三个字的指向歧义，借围观者的议论达到迷惑观众的目的，使观众进一步确认自己的思维定式，相信这次车祸的受害者依然是人，并且通过“这么小”三个字更加明确地认定受害者是与上一次铺垫中一样的小孩子。作为剧中人的“乙的父亲”也被这三个字所迷惑，才更加坚定地使用自己的伎俩。）他还得用这法子：“借光您了！让我进去，我看看哪！”“挤嘛？挤嘛？”“不是，我孩子，孩子轧着了……”

“乙的父亲”走进去一看，轧死的原来是一头“这么小”的驴。观众们对“这么小”的心理期待（“这么小”岁数的人）在现实（“这么小”岁数的驴）面前产生跌落失调，顿时爆发出雷鸣般的笑声。这笑声，是马志明一步步精心铺垫的结果。

马志明不仅按照生活的逻辑构思铺垫，而且还遵循人物性格的逻辑构思情节，突出人物性格。如对传统相声《大保镖》按照人物性格的逻辑重新进行梳理，构思情节。再比如《夜来麻将声》中，“老阚（卡档）”受到腐败官僚“马（麻将）科长”的奴役，由于他生性懦弱，没有反抗恶势力的意识和胆量，只是一味地妥协、忍耐。马志明巧妙地设计了其怕老婆的情节，那惧内的一幕，正是其性格逻辑的反映，意味深长地揭示了其懦弱胆小的性格特点。这一草蛇灰线般的设计显示了“老刘头”老谋深算甚至有些老奸巨猾的性格：

这老刘头一推门进来以后，“谢谢，谢谢，谢谢诸位，谢谢诸位！”捧哏的呢，代表观众心理，不用高声，自言自语地说：“怎么还谢谢？”也不是问，就跟观众说：“哎，这怎么还谢谢呢？”就让你注意了，这里头埋下一伏线，然后后头呢，就开始打牌。没打了三圈牌，结果这点儿钱全让老刘头赢了去了。这时候捧哏的一翻：“我说进门就道谢呢！”①

在《五味俱全》中，马志明设计的是让“我”一上来就打听捧哏挣多少钱，后又以征婚启事充当作品，妄图挤进作协赚取稿费。在

① 出自中央人民广播电台《马氏相声回眸》采访录音。

征婚启事里夸大自己的身高,为后面胡编乱造武侠故事留了伏笔,而“不限年龄”的说明又是其为了金钱不择手段的最好注脚。前面的征婚启事部分,看似“外插花”,实则是“肉中嚎”,都是合乎“我”这个人物性格逻辑的缜密铺垫。

有时候，马志明对铺垫的构思既包含生活的逻辑又符合性格的逻辑,两者相映成趣。比如在《犹豫症》中,他设计了妻子和面犹豫、食堂买饭犹豫、为祝贺父亲和岳父同一天生日左右为难、为预订飞机票还是火车票犹豫不决、为到底签不签合同拿不定主意、为在厕所内是坐马桶还是蹲坑犹豫不定共六个事件，犹如三环套月一般互为铺垫,形成环环相扣的逻辑链条。

妻子和面犹豫的故事作为“得胜头回”,为展示“我”性格上的犹豫做了铺垫。进而通过食堂买饭犹豫直接展示了“我”同妻子一样犹豫。食堂买饭犹豫是人物性格在处理自身事情上犹豫的表现,为后面处理人际关系——为祝贺父亲和岳父同一天生日左右为难的犹豫做了铺垫。处理人际关系上的犹豫,又为最后为到底签不签合同拿不定主意的更为广阔的社会活动上的犹豫做了铺垫。这三个事件由小到大,不断递进,是人物性格逻辑的合理发展,同时也使人物犹豫的性格逐渐突出,更加鲜明。

面对父亲和岳父的生日是同一天，到底去哪里拜寿的两难境地,“我” 采取了听天由命的办法——按照从车间到厂门口走步的单双数来决定最终的选择。这里为后面“我”采取扔硬币的方式来决定是否与外商签字做了铺垫。在这个事件中,本来是由于人物犹豫的性格缺点,拿不定主意而在单位内徘徊,反倒挽救了厂长的生命,并因此得到重用,被提拔为厂办副主任,为后面厂长旧病复发住进医院,由“我”代表厂长和外商洽谈做了铺垫。于是,为祝贺父亲和岳父同一天生日左右为难这个事件，成了整段相声情节推向高潮的关键，蕴藏了为到底签不签合同拿不定主意这个事件中的众多基因。

在为到底签不签合同拿不定主意这个事件中，前面铺垫了“我”为预订飞机票还是火车票犹豫不决，最后飞机票售罄，只能改坐火车，没想到天气突变，飞机停飞，坐火车反倒歪打正着，从而顺利到达目的地，没有耽误时间，让厂长更加信任“我”有先见之明。这里使观众觉得厂长让“我”代替他与外商洽谈有其逻辑依据。当面临和外商签字的时候，为在厕所内是坐马桶还是蹲坑犹豫不定这个小插曲，不仅是其性格合乎逻辑的表现，还巧妙地交代了厕所内的设施布局，为扔硬币决策时硬币掉进厕所蹲坑做了铺垫。前面无意中挽救厂长生命、歪打正着顺利到达目的地、犹豫不定耽误时间没能签字却阴错阳差没受损失等巧合，都为“我”不断受提拔最后成为副厂长做了铺垫。马志明的相声很少有大幅度跳跃性的语言和情节，往往是遵循生活的逻辑、性格的逻辑，通过缜密严谨的情节推演，进而丝丝入扣。这段相声虽然巧合不断，但有其充分的生活基础，符合人物性格的逻辑，给人以真实感。

正如薛宝琨在《侯宝林评传》中说的那样：“观众期待着对荒诞过程和形成原因的破解，荒诞得越强烈解释得越有逻辑和生活依据，则‘情理之中’便能和‘意料之外’形成对立的统一——统一在生活常理上，统一在合理逻辑上，统一在因对撞而失调产生的雷鸣般笑声上。”马志明的相声往往沿着常情常理的逻辑铺陈渲染，整体作品呈现出厚重的现实主义风格，绝少天马行空、汪洋恣肆的“无厘头”，始终饱含着浓郁的真实生活的韵味，结尾处在情理之中突然抖出意料之外的包袱，这笑声禁得住人们反复咀嚼和回味。

总之，马氏相声的包袱多是内在含蓄且耐人寻味的。创作者从不把功夫放在牵强附会的言语词汇上，卖弄唇舌的伶牙俐齿上，或是技艺层面的驰骋语流语速上。马氏相声的杰出之处就是写人，写人的性格，写性格是怎样被社会环境铸就的，又是怎样阐释历史和人生的。因此，它的内在就不是一般的吊诡，而是必然的深刻；它的含蓄也不是谜语般的游戏，而是雄辩的逻辑——正所谓“说破不值半文钱”；而它的耐人寻味其实就是任何艺术所必需的——况味人生。

丰富的潜台词

古人先贤总是推崇“状难写之景如在目前，含不尽之意见于言外”的传统。马氏相声也一直追求含蓄蕴藉的风格，不仅在相声整体上追求言有尽而意无穷的回味，就是在具体的包袱和台词上也从不浅白直露，总是在洗练的语言背后蕴藏着丰富的潜台词。

薛宝琨在《论“马派”相声的传统精神》一文中这样说：

> 人们说“马派”相声禁琢磨，有滋味，他绝不把一切都说出来，而只把其中的关系、条件、界限告诉你，让你自己得出结论，如同谜面和谜底的关系一样，艺术展示给人们的仅是形象，至于形象背后的生活、解剖形象的武器以及作家对形象的评价，他都交给了聪明的观众，相信他们理解、想象和联想生活的能力。而马三立自己又不是自然主义的展览，态度也昭然若揭，只是厚积薄发，深蓄简出而已。这样“马派”就同时获得了含蓄、机智、轻松、幽默的艺术品性。

在包袱设计上，马三立在《谈谈相声》中这样说：

> 我也谈不到有什么特点，都说我好使含蓄回味的包袱，我觉乎着不能都是直捅包袱，得有幽默感，使人琢磨着可乐。

“琢磨着可乐”——这就是马氏相声的特点。“可乐”并非是直白肤浅的噱头，而是人们在思考后，也就是“琢磨”以后，突然发现其中的喜剧性而忍俊不禁。这样的笑是人们思辨后的结果，所以得到的美感也越发地热烈持久。马氏相声总是敢于善于设计看似“皮儿厚”的包袱，给观众留下回味的余地，让他们自己去补充上作者有意省略的部分，在突然发现后恍然大悟，哑然失笑。也许这就是马氏相声深受广大观众欢迎的原因之一。

如马三立对《画扇面》这个小段的底的处理：

> 我演这个小段开始总要谈点书画常识，说明写字、画画有真功夫，得天天练，久久为功，才能画得栩栩如生，光练点皮毛，不下功夫练习，还是入宝山而空手回，得不到要领，也画不出什么来。由此引出：“我有一位朋友，老跟我谈画画，什么米元章的山水、唐伯虎的美人，聊起来没完没了，我就跟他说：‘你要真会画，你给我画个扇面怎么样？’他满口答应，让我去买扇面，交给他以后，也是迟迟不动笔。可是他不断跟我见面，问我喜欢什么，我说：‘你画什么我都喜欢。’他这才说出：‘干枝梅你爱不爱？’我说：‘爱呀！’他说：‘得！我就给你画干枝梅，上边画个喜鹊，这叫喜鹊登枝，就画这个。’这一说我信了，人家讲得挺内行啊！可是没有几天又找我来了：‘干枝梅没意思，你拿出去也不好看，画别的吧！哎，墨菊你爱不爱？……咱就画墨菊啦！’”这样不提画坏了，改什么，显得含蓄些。结尾是：“他把扇面还给我了，拿报纸包着，我挺高兴，刚要问：‘你到底画的什么？’他挺得意地问我：‘黑扇面你爱不爱？’”到此适可而止，不描不翻，让观众自己去琢磨。[①]

---

① 出自《〈画扇面〉及其他》，马三立文。

在这里，马三立没有直接评价“老跟我谈画画，什么米元章的山水、唐伯虎的美人，聊起来没完没了”的这位朋友的画画技艺到底如何，而是从朋友的几次问话——“干枝梅你爱不爱”“墨菊你爱不爱”“黑扇面你爱不爱”——之中，含蓄地暗示给观众，朋友因拙劣的画技而一改再改，最后竟然把白扇面涂黑了事。对比前面的“什么米元章的山水、唐伯虎的美人，聊起来没完没了”的夸夸其谈，这位朋友光说不练的作风凸现，显得尤为可笑。马氏相声经常从反面着笔，让人物言行自然而然地暴露其性格，达到欲盖弥彰的效果，含蓄幽默。

再如马三立在相声《练气功》中描写市井小人物张二伯抢小孩苹果时所设计的包袱：“拿好了，你这半儿多好，没核儿！”演员的台词就到这里，其中的潜台词交给观众自己去想象——没有核儿，哦，张二伯这一口下去，愣把个大苹果生生地咬下来多半个！当观众自己填补上这部分空白，明白了其中隐含的幽默后，一副张二伯咬苹果时的丑态跃然眼前，引得观众们爆发出哄堂大笑。这样通过互动产生的包袱在马氏相声中俯拾皆是，无怪乎观众们都说：“马家相声有嚼头儿。”

马志明深得马氏相声三昧。在《核桃酥》中，他没有浅白直露地点破江米条有多硬，而是在用树枝和冰糕棍儿多次撬动核桃酥失败后，以一句“从里面找出一根儿挺细挺长的江米条来，使劲一撬，‘嘣’，出来了”的台词轻描淡写，让观众自己去回味其中的反常与可笑。

再有在《看不惯》中，马志明始终没有对相声中的人物进行批判，而是通过饱含丰富潜台词的语言让观众自己去体会和领悟。前面故意把“看不惯”说成“羡慕”，从反面着笔，利用这种似乎是下意识的流露，揭示出人物的真实思想。后面逗哏演员说自己“最最看不惯”的时候，那种无限向往的表情，与嘴里的“看不惯”形成鲜明的反差。通过这一精巧的细节，形象生动地暴露了这类人的真实心理，点明了这个作品的主题。正如李泽厚在《美学论集》的《虚实隐显之间》一文中说的那样：“相声里讲究‘抖包袱’那一着……这些不也都是‘彼波起辞间’使‘境界全出’的蒙太奇语言的‘秀’（显）吗？形象直接性的巧妙新鲜，使想象与理解顿时获得迅速紧凑的领会畅通，从而收到炫人耳目、动人心弦的艺术效果，真乃：‘言之秀矣，万虑一交。动心惊耳，逸响笙匏。’”

“琢磨着可乐”——追求潜台词的丰富意味，这是马氏相声的审美特征，也是马氏的模糊美学和模糊语言学。词语的双关、歧义的妙用、手法的掩映以及隐喻的语境都是别具匠心、文思绵密的。“琢磨”的乐趣在于演员和观众的共同创造，在于“琢磨”过程中的上下求索和彼此共鸣。

鲜活的人物形象

几乎每一段马氏相声都塑造了鲜活的人物形象，他们共同组成了马氏相声的人物画廊。那丰满的形象背后始终传达着现实生活的底蕴，使得一个个喜剧形象力透纸背、入木三分。正如薛宝琨在《“包袱”的艺术辩证法》中所论述的那样：“任何精湛的艺术都不是掠取生活的表面现象，任何感人的形象也不是只传达人们一时短暂的某种浮泛情绪，而是深入生活的底蕴，揭示潜藏在艺术形象内部的生活潜流。在有限的时间和空间里，表现无限丰富的社会内容，创造深刻隽永的艺术典型，犹如一枚味道醇厚的橄榄一样，把生活的丰富性寓于单纯的艺术形象之中。”

马三立作为马氏相声风格的开创者，其功绩就在于突出了相声的文学性。他对传统相声情节进行了梳理完善，突出塑造了一个个鲜活的小人物形象。传统相声里原本也有涉及人物的段子，但其中的人物大都处于从属地位，是为相声笑料服务的，个性不十分鲜明，更多时候只是滑稽可笑而已。马三立凭借自己对社会生活的深刻体悟以及自身的文化素养，将这些人物的个性逐一突出，使相声上升到了文学的高度，为我们塑造了若干个性鲜明、意蕴丰富的典型人物形象。

《开粥厂》中吹嘘自己并不曾有的阔绰的马善人，《卖挂票》中吹嘘自己子虚乌有的声誉排场的马喜藻，《黄鹤楼》中不懂装懂的马嚼官，《钓鱼》中吹牛说大话的二子他爸，《老热写信》中自以为是的仇大爷，《文章会》中夸耀自己文章的“马山芋”“拉洋车者”，《十点钟开始》中天桥把式光说不练的“我”，《迎春曲》中的“歌唱家”，《相声的魅力》中不知自己吃几碗干饭的“我”……

更有《大会见闻》中令人生厌的总务科长，《似曾相识的人》中极“左”的曲艺团团长，《吃元宵》中蒙嘴吃的孔夫子，《老头醉酒》中不负责任的医生，《卖黄土》中卖弄风骚的“娘儿们”，浑浑噩噩的《马虎人》，《买猴》中的“马大哈”，官僚主义的《开会迷》，《送人上火车》中好心办错事的街坊二哥，《算卦》中招摇撞骗的“龚大个儿”，《赠票》中的色迷老头，这些鲜活的人物形象给人们留下了深刻印象。

马志明作为马氏相声的集大成者，更是深谙艺术规律。他塑造的人物没有被脸谱化、简单化，他将丰富的内涵寓于单一的形象之中，透过鲜活的人物形象反映生活的潜流，也就使这些人物意蕴深厚、耐人寻味。马志明经常选择若干生活横截面，通过典型环境将“这种矛盾激化起来和发展起来，并在这对立和激化中，将共性——本质——必然这一矛盾的主导方面确立起来”[1]，从多个侧

① 出自李泽厚《美学论集》，《典型初探》一文。

面展示人物性格。

一、《犹豫症》中的“我”

《犹豫症》这段作品把人物放到食堂买饭犹豫、为祝贺父亲和岳父同一天生日左右为难、为到底签不签合同拿不定主意等具体境遇中,展现人物性格,刻画人物形象。

假如说食堂买饭犹豫造成的结果只是自己没能买到饭菜,而为祝贺父亲和岳父同一天生日左右为难造成的结果有可能是被父亲或岳父埋怨,就这两件事来说,人物犹豫的性格缺点带给人们的感觉更多的是轻松滑稽的话,那么,为到底签不签合同拿不定主意,反复犹豫导致最终延误时间没能签订合同的结果,看似皆大欢喜,却让人们在笑过之后陷入了深深的思索。始终犹豫不决的“我”,因为性格缺点被一连串的巧合屡屡掩盖,所以不但没有暴露,反倒不断受到重用和提拔。这段相声的结尾给人们带来了一种莫名的淡淡忧虑,让人们不禁思考,我们在人事选拔上是否存在漏洞?这也是《犹豫症》中“我”这个形象的塑造成功之处。马志明通过若干互有牵连且逐层递进的典型环境,为我们塑造了一个性格鲜明的小人物形象,展示了人类性格缺点在巧合中的喜剧性,同时也暗示了这一缺点的悲剧性,毕竟在现实生活中巧合不是常态。

二、《五味俱全》中的“我”

这段作品中的“我”利欲熏心、唯利是图,是一个极端的拜金主义者,头脑中始终贯穿着一个“钱”字。“我”一上来就打听捧哏挣多少钱,后又以征婚启事充当作品,妄图加入作协赚取稿费。在征婚启事中对自己身高的夸大为其后面胡编乱造武侠故事埋下伏笔,“不限年龄”是其为了金钱不择手段的最好注脚。接下来,马志明又通过催促捧哏购买自己的武侠作品、笔名“卖飞”、索要谈话费、想把小说改成单弦卖给曲艺团再挣一笔稿费等细节,从多个侧面反复皴染“我”的形象,使之呼之欲出。通过这些包袱,马志明栩栩如生地刻画出一个不学无术、到处招摇撞骗、唯利是图的市侩小人形象。

三、《报菜名》中的甲

甲从一开始就“反主为客”，请乙吃饭，却让客人自带酒菜，尤其是让客人买四斤果仁儿。他还用白酒兑水招待客人，用很老的母鸡做菜。通过这些情节的反复渲染，从侧面揭露了甲的虚伪，暴露出甲根本就没打算请乙吃饭，只是想方设法地从乙那里找便宜，甚至骗钱的真正目的。甲先是说坐车没带零钱，要找乙换一百块钱硬币。这显然是故意难为人，根本就没打算换零钱。当遭到乙的拒绝后，就施展出小市民的伎俩，夸赞乙的为人“仗义疏财，挥金如土”，用乙的话说就是把对方“稳住了”再要。当这些伎俩不奏效时，甲干脆直接从乙的口袋里抢钱。整段相声层次分明地将甲说大话使小钱、爱占便宜的丑陋嘴脸揭露得淋漓尽致。

四、《大保镖》中的“我（馅儿的）”

《大保镖》中塑造的“我（馅儿的）”和“我哥哥（白糖的）”，是一对毫无本领的江湖骗子的形象，典型的“天桥的把式——光说不练”。马志明灵活采用去其糟粕、取其精华的手法，按照人物性格的逻辑安排情节，巧妙地将“枪趟子”的贯口保留下来，却不与人物形象矛盾。用“我哥哥（白糖的）”作为陪衬，烘托渲染“我（馅儿的）”的个性，一主一从，相映生辉。二人虽然都是江湖骗子，但性格有所差异，“我哥哥（白糖的）”略显木讷，而“我（馅儿的）”是一个十足的江湖油子，总能在尴尬之时凭借小聪明蒙混过关：打飞脚时将鞋甩上了房，然后借口够鞋，从而顺利地踩梯子上了楼；下楼时借故找厕所，让伙计带路，得以从楼梯下来；借口感冒刚好，让哥哥免于练枪；借口下雨，从而躲过练刀……这屡屡得手的伎俩更加增强了“我（馅儿的）”的侥幸心理，使之一步步发展到最后遇强贼落荒而逃的境地。这段作品设置了种种情境用以展示“我（馅儿的）”和“我哥哥（白糖的）”的性格，给观众们留下了深刻印象。

五、《看不惯》中的“看不惯先生”

《看不惯》这段相声通过家务劳动、饮食、穿着、欣赏歌曲等方面的描写，揭示出“看不惯先生”是一个不能用正确眼光看待新生事物的小人物。改革开放使我们的生活发生了翻天覆地的变化，许多旧有的价值观受到了很大冲击，由原来的“越穷越光荣”到现在的“人人奔小康”，是一个具有划时代意义的转变。那些抱着旧的思想观念的惯性、享受着改革开放带来的实惠的人，不免在主观思想与客观现实之间产生了心理上的矛盾。正如李泽厚在《美学论集》的《关于崇高与滑稽》一文中说的那样：“这种失去存在根据的对象硬要坚持其存在，这样就暴露出它内容的空虚，暴露出它的违反规律性，实质上成了假的可笑形式。”

虽然甲乙两位“看不惯先生”嘴上说着对新生事物看不惯，可他们的个人生活已经非常时尚，甚至有些奢华了。为了“一口米饭”放了虾仁、牛肉、香菇等精配料，为了“一碗底儿醋”买了五斤河螃蟹的辩解，显然是掩耳盗铃式的自圆其说。买高档皮鞋后不舍得走路，坐出租汽车上下班；为了保持艰苦朴素的生活作风，买高档“乞丐服”等一系列生动事例，形象地勾画出两个鲜活的小人物形象。他们的生活已经发生了翻天覆地的变化，他们切身享受着时代的恩惠，但由于他们的头脑中还残存着旧式思想，不能正确对待新生事物，抱着“越穷越光荣”的思想惯性，却过着“人人奔小康”的实际生活，所以他们本身是矛盾的。“看不惯先生”的口是心非，正如车尔尼雪夫斯基在《论崇高与滑稽》一文中指出的那样，“只有当丑力求自炫为美的时候，丑才变成了滑稽”，“那个时候它才以其愚蠢的妄想和失败的企图而引起我们的笑”。这段相声善意地讽刺了这样的小人物，它用一种轻松幽默的形式反映了一个深刻严肃的主题内容，甚至是哲学命题，给我们以启示。

六、《自食其果》垫话中的“乙的父亲”

马志明在《自食其果》的垫话里塑造的爱看热闹的“乙的父亲”

的小市民形象，更是给人们留下了深刻印象。“乙的父亲”喜欢热闹——喜欢看火灾，火着得越大越好，对别人的损失津津乐道，为没有火苗子而不快；喜欢看打架，打得越激烈越好，不但给双方激火，而且还阻拦别人劝架；喜欢看车祸，自作聪明地说车祸发生在自己孩子身上，走进人群一看，才发现汽车轧死的是一头驴，自取其辱。这场闹剧的外在表现是滑稽可笑的，但其背后所隐藏的主题却是异常严肃的，更是发人深省的。关于“乙的父亲”的刻画，虽然没有鲁迅笔下“争相观看同胞被砍头”那样的残酷血腥，但幸灾乐祸的心理却如出一辙。“乙的父亲”谎称车祸发生在自己孩子身上，利用人们的恻隐之心挤进人群，仅仅是为了满足自己的好奇心。得逞之后，他的内心没有一丝愧疚，反倒为自己屡试不爽的卑劣伎俩得意不已——“找没人地方儿乐去了”，将自己的欢乐建立在别人的痛苦之上的这类人的精神世界是何等的冷漠残忍！马志明通过这个鲜活的形象，用笑声对现代国人灵魂中空虚、无聊、麻木、冷漠的看客心理进行了无情的讽刺和批判。

七、《纠纷》中的丁文元、王德成和民警

《纠纷》在人物塑造上对丁文元、王德成这两个人物的性格和心理进行了深刻的开掘，挖掘其性格形成的社会历史原因，运用小说的笔法为这两个人物撰写了小传。

丁文元和王德成的身上集中体现了那个时代小人物的诸多特点，既有古往今来国民劣根性的流毒，又深受“文革”贻害，思想空虚，文化素质不高，是非观念淡薄，但又并非是十恶不赦的坏人。他们身上既有天津人不能在人前栽面、死要面子活受罪的缺点，又有天津人知错就改、豪爽朴实的可爱之处。派出所的民警出于工作经验，深知这类人的心理，将计就计，娴熟地解决了这场“无原则性纠纷”，他的身上集中展现了天津人的幽默机智。这三个人物虽然都是天津人，但是性格互不相同，个性鲜明。

八、《夜来麻将声》中的"马(麻将)科长""小幺(幺鸡)""老阚(卡档)""老刘头"

"马(麻将)科长"是一个嗜赌成性的小官僚,他不但具有赌徒的一般共性——对亲情的冷漠(与妻子离婚),对工作缺乏责任感(挪用公款),而且还具有独特的个性,可以说是一个腐败官僚的标本。他从骨子里对金钱具有贪婪的占有欲,赌博只不过是他利用手中职权捞取金钱的手段,他视手下员工为其任意宰割的牺牲品。对金钱的贪欲已经使他的性格扭曲,为达目的不择手段,他的身上浓缩了腐败官僚的种种特点。

"小幺(幺鸡)"和"老阚(卡档)"同是被腐败官僚"马(麻将)科长"奴役的对象,在强大的恶势力面前,他们都是弱者、受害者,但他们之间又有差异。

"小幺(幺鸡)"在腐败官僚的手下虽然受到奴役,但她自己不觉悟,没有反抗恶势力的意识和胆量,面对"马(麻将)科长"的威逼利诱,沦为了恶势力的帮凶。她由一个受害者变成一个为虎作伥者,既可恨又可怜、可悲。她的形象加深了人们对腐败官僚拉别人下水行径的痛恨。

"老阚(卡档)"同样受到了腐败官僚"马(麻将)科长"的奴役,但他生性懦弱,没有反抗恶势力的意识和胆量,只是一味地妥协、忍耐(但没有沦为帮凶,这是他与"小幺"的区别)。马志明通过描写他怕老婆的情节,揭示了其懦弱胆小的性格特点。

马志明还设计了"老刘头"一进门就道谢的细节,显示了其老谋深算的性格。在他面前,"马(麻将)科长"是那样的无能、可笑(沦落到捡烟头儿抽的地步),使这个腐败官僚色厉内荏的丑陋本质昭然若揭,更加突出了"马(麻将)科长"的个性。

这四个人物的性格相互映衬,使得他们本身的个性更加鲜明突出,给观众们留下了深刻印象。

马志明具有小说家的才情，他的相声总是把人物放置在特定的境遇之中，多角度地揭示人物性格，犹如杨柳青年画，有层次地反复进行着色皴染，使人物形象具有层次感、立体感，性格鲜明，有血有肉。

马志明之所以能够塑造这样鲜活的人物形象，来自于他平时细致入微的敏锐观察，来自于他对马氏相声内在精神的继承，来自于他比先辈们更加自觉的文学意识，当然也来自于他对“相声魂魄”和“相声味儿”的独到理解。总之，他所创作的优秀作品都是有特别设定的情景和境界的，因此也就具有独特的性格，并最终自成一格。

第三章　兼收并蓄的表演

马志明不仅是一名卓越的相声创作者，而且还是一位演技精湛的表演者。他继承了马氏相声的表演风格，又博采众长，对各个门类的表演形式兼收并蓄，融会贯通，别具一格。在他的表演里，既有对传统相声中出神入化善模拟的继承，又有对话剧表演的入内出外细刻画的借鉴。他既能秉承马氏相声抑扬顿挫说贯口的家学渊源，又能将从小在戏校里学习到的戏曲基本功运用到相声中，也文也武出情采。最终从他低调朴拙的性格里生发出内敛睿智的舞台表演风范。

出神入化善模拟

薛宝琨在《侯宝林评传》中是这样论述“模拟”的：

> 相声的“学”即是模拟，它至少包括三方面内容：一是对自然万籁的模拟，二是对社会情态的模拟，三是对艺术现象的模拟。三者都经历了由技艺到艺术、由仿真到写意、由“正学”到“歪学”交错发展的阶段。

马三立的《汽车声音》就属于对于自然万籁的模拟，但又并非单纯的口技表演，而是通过奇思妙想对人们司空见惯的汽车笛声进行传神的喜剧性模拟。救护车的笛声被马三立模拟成病人在车上的呻吟——“哎哟，哎哟”，与救护车救治病患的作用很贴切；救火车的笛声被模拟成报警式的呼喊——“火”；警车的笛声更是别出心裁，模拟了犯罪分子的内心独白——“崴了，崴了”；汽车的刹车声则被模拟成司机对不遵守交通规则行为的抱怨——“呵！”这些对于汽车笛声的模拟不仅形象，而且与被模拟对象的任务、性质非常贴切。更难得的是，在小小的段子中仍然有对犯罪分子、司机等人物的塑造。通过对于声音的模拟，运用有限的语言，准确地揭示了人物的内心世界，将社会情态寄于对自然万籁的模拟当中，可谓上乘之作。这当然得益于马三立对事物的细致观察、勤于思考，才能在司空见惯中发现新意。

再有，马三立在《艺术的魅力》中对于“猫洗脸”的模拟，更显现出他充满童趣的一面。

柳儿活的学唱当属对艺术现象的模拟。马氏相声要求学唱要形神兼备，尤以神似取胜。如马三立学李多奎的那段西皮流水，在神似李多奎的同时又增添了自己的内容，将《四郎探母》里“见娘”一段与相声段子《八大改行》里的卖菜唱词结合、穿插起来唱，很有新意，更见功力。

马志明在柳儿活上曾得到过侯宝林的指点：

> 在1986年我举行拜师仪式后，在送侯宝林师哥回京的时候，侯大师教导我：“不要听你父亲的，光说不唱，你嗓子不是太好，但有韵味，可以练着唱唱京剧麒派、曲艺白派……”一番话对我启发很大，开始留心学唱。①

---

① 出自中央人民广播电台《马氏相声回眸》采访录音。

马志明在天津市曲艺团工作多年，对各曲种耳熟能详，尤其是在京韵大鼓的演唱上，曾得到过骆玉笙的悉心指点，但他并不是刻意模仿骆派，而是根据自身嗓音条件有选择地学唱。他选择低回婉转的白派大鼓加以钻研模仿，能够将白云鹏与其女弟子阎秋霞在唱腔上的不同之处区别开来，尤以模仿阎秋霞为最，得到了观众的赞许。他在“京韵大杂烩”的表演中扬长避短，将骆派的“粉黛多情含冤死”的高腔改为了韵味醇厚的“子期下世暂且莫论”。由于自幼学习戏曲，马志明对于板眼节奏的驾驭更是游刃有余，所以他的学唱都能“上弦”，就是能够在专业乐队的伴奏下演唱。

马志明的学唱并非只是支离破碎的以模拟为能，而是将唱段与相声段子有机地结合在一起，为整段相声服务。在相声《听曲艺》中，他学唱了骆派京韵大鼓《俞伯牙摔琴》，谢派单弦《武松》，白派京韵大鼓《哭黛玉》《愚公移山》，梅花大鼓《昭君出塞》《王二姐思夫》，天津时调《秋景》，王派快板《大实话》，铁片大鼓《刘伶醉酒》，刘派京韵大鼓《游武庙》等曲艺唱段，并以丁文元这个人物贯穿其间，使以模拟艺术形式为主的杂学唱类节目有了人物主线。

马志明在此段模拟中抓住了被模仿者的鲜明特点，廉月儒的鼻音运用、阎秋霞的特殊吐字、王凤山的独特韵味、刘洪源的风趣幽默等，各曲种名家的特色都被模仿得惟妙惟肖，甚至是以假乱真，足见马志明声音化装功力的深厚。

马志明在相声《戒烟》中对于天津纯朴妇女情态口吻的模拟堪称传神。而马志明最为人称道的，也是他使用声音化装最为成功的，就是在《纠纷》中塑造了丁文元、王德成两个声音形象。马志明对于人物声音的设计自然贴切，他巧妙地运用了不同的嗓音口吻来区别人物：小细嗓、满口齿音字、有股冲劲的丁文元，粗嗓子、语速慢、瓮声瓮气的王德成，以及沉着、冷静的民警。这段作品将丁文元的无知蛮横、王德成的憨直粗鲁，以及民警的胸有成竹表现得淋漓尽致，给观众留下了深刻的印象。这显然是借鉴了话剧表演以及独角戏运用声音化装塑造人物的手法。如今丁文元的小细嗓已经成为马志明独具特色的声音形象，脍炙人口，耳熟能详，甚至被人们争相模仿。

马志明的模拟不是技艺层面的形体动作或声音语态的“形而下”，更不是某些艺人的那种逞能卖弄。他是为了塑造人物和展示世态，是作品主题的主旨需要和他个人的形象倾向，有批评有褒贬，有“尽象”胜于“尽言”和“尽意”的自觉，并且它们一定是美的，是有分寸和有节度的。

入内出外细刻画

马氏相声善于揣摩小人物的心理。马三立在《给老热写信》中是这样刻画小人物自视过高的特征的：“这仇大爷比我小几岁，我见面也管他叫‘仇大爷’，他也答应：‘唉。’”通过一个“唉”字，把这个自以为是的小人物的心理表现得淋漓尽致。

马志明对于小人物心理的揣摩更是细致入微。在日常生活中，他非常喜欢看北京人艺的艺术家们所表演的话剧，非常敬佩于是之、林连昆等老艺术家们精湛的表演艺术。马志明将话剧表演借鉴到自己的相声表演当中，将人物心理的细微变化表现得淋漓尽致、纤毫毕现。

比如在《太平歌词》中，马志明将不学无术又爱吹牛的“我”这个人物由吹牛到拉拢，最后气急败坏的心理过程表现得活灵活现。

再比如在《报菜名》中：

甲　咱们来……六瓶……四瓶……来两瓶啤酒！

这句台词形象地暴露了甲说了不算、算了不说，说大话使小钱的虚伪与吝啬。

马志明总是能将人物心理的细微变化准确细腻地外化出来，并清晰地展现在观众眼前，如在《看不惯》中：

甲　我最最看不惯的呀！

乙　您瞧这模样儿！

马志明在这里设计了逗哏演员在说自己“最最看不惯”的时候，脸上却呈现出无限向往的表情，通过这一精巧的细节将人物心理外化，形象生动地暴露了这类人的真实思想。

再有在《卖挂票》中：

甲　头天，《连环套》！《插刀》《盗钩》唱全了。《坐寨》《盗马》《拜山》《插刀》《盗钩》，我，窦尔敦！张君秋让他来这个行吗？

乙　这他来不了，人家是青衣……

甲　噢，噢！完啦！

当乙解释张君秋是青衣行当，不能表演以花脸应工的窦尔敦的时候，甲故意拦阻乙的话，强调片面理由。马志明将甲强词夺理，攻其一点不及其余的小市民心理表现得淋漓尽致。

正是因为有了这样的揣摩人物心理细微变化的本领和精湛的表演功力，马志明所塑造的人物才活灵活现，栩栩如生，呼之欲出。

马三立和马志明不仅善于揣摩作品中的人物心理，对于观众的心理也是了如指掌，从而能够在表演相声时在节奏的掌握上挥洒自如、游刃有余。

马三立善于制造悬念，调动观众的心理期待。在相声小段《追》中，他一上来便设置了胖子追瘦子的悬念，结尾出乎观众的意料，收到了极强的喜剧效果。再有在相声小段《家传秘方》中，穆祥凤浑身奇痒无比，而这时秘方的包装却一层接一层没完没了，这一设计吊足了观众的胃口，再加上马三立传神的表演，使观众似乎也感觉到了痒。最后马三立不紧不慢地抖出了“挠挠”两个字的包袱，使观众心理上积蓄的能量一下子释放出来，爆笑满堂。正如康德所说，“笑是一种从紧张的期待突然转化为虚无的感情”。马三立制造的悬念使观众从心理上产生了紧张的期待，当包袱抖出来之后，观众紧张的期待心理突然转化为虚无的感情，《追》中紧张的追逐和《家传秘方》中迫不及待地打开包装，分别被无聊的理由和哭笑不得的“挠挠”所化解，由此产生了哄堂大笑。

马志明在这方面更是深得马三立的相声三昧。在一次中国大戏院的曲艺专场演出中，马志明故意说道：“黄族民这个人，无论从人品上，还是艺术上，都……”在这里他故意停顿了一下，并轻轻地摇摇头，此时在场的所有观众都以为他要说“不行”，没想到他却不紧不慢地说出了两个字——“不错”，观众顿时哄堂大笑。由此我们不得不佩服马志明掌握观众心理和处理包袱节奏的深厚功力。

古人就艺术创作有“入乎其内，故有生气；出乎其外，故有高致”的说法，马志明在描情绘意刻画人物时往往如此。“入内”是说他贴近甚至与对象融为一体，总是按照人物所处的规定情景、性格逻辑以及语言行为方式由表及里地塑造人物，尤其善于寻找“这一个”的细节特征——特殊的手势和习惯语，特殊的小道具和口吻等，以烛照点亮整个情节。而在鞭辟入里之后又总是由感情而理性地客观退出，“出外”地掂量“这一个”的侧面和整体、个人性格使然或与时代或环境的关系，从而辩证地评价社会与人生。因此，他所表演的人物总是具有着鲜明的时代和地域特征，是天津卫世俗生活的画廊。

低调为人情自敛

马志明为人低调，不喜喧嚣，这种性格使他在相声表演上选择了内敛的风格。在他的相声里，叙述从不声嘶力竭而是娓娓道来，动作从不张牙舞爪而是沉着稳健，一袭长衫、两把扇子、两条手帕、一张场面桌，透着那么的古朴自然。

一袭长衫、两把扇子、两条手帕、一张场面桌，这些都是传统相声表演的固定道具，这与相声初兴时期艺人们的那种颠沛流离的生活状况是分不开的。相声艺人们冲州撞府不必携带复杂繁重的布景道具，只凭一张嘴道尽上下古今，逗得人们前仰后合，挣下米面养家糊口。

一袭长衫、两把扇子、两条手帕、一张场面桌，在相声艺人那里被幻化出千般用途。相声艺术选取虚拟写意性的表演，一方面源于对我国表演艺术传统的借鉴，一方面也是受制于艺人们的现实生存状况。如今，相声演员已经摆脱了当初那种颠沛流离的生活，但相声艺术日积月累的虚拟写意性的表演仍被作为宝贵的艺术经验保留下来。虚拟写意性的表演将驳杂寓于单纯明朗之中，因此其发挥想象的自由度更大，表现力也更强。马志明保留了相声传统之寓丰富于单纯的质朴形式，无论古今故事皆着长衫表演，观众却未感到怪异，反而更觉舒适，这与其自然平实流畅的表演风格相得益彰，显得古朴自然、洗练凝重。

古朴自然既是马志明的性格，也是他的一种修养，他平时喜看古书，尤其是四书五经，古今笑话更是他的挚友。他的爱好始终离不开传统文化，也正是传统文化对他的熏陶使得他在艺术上不断提升自己，使得他的相声总是蕴含着浓浓的文化味道。

中国的传统文化有别于西方文化的张扬热烈，而是以含蓄内敛作为整体风貌，追求内蕴丰厚，排斥浅白直露，在喜剧艺术上表现为幽默隽永、回味无穷。

马氏相声正是遵循了我们民族的传统，始终保持着“乐而不淫，谑而不虐，哀而不伤，怨而不怒”的中庸风格。马氏相声很少追求荒诞离奇的情节，始终走进生活、贴近生活、干预生活，反映生活的潜流，给人以现实主义的真实感和厚重感。

马志明继承了马氏相声的传统，追求稚拙，厌弃纤巧，追求自然，从来不施小技小惠。在包袱处理上，平实中见奇巧，清新中见俏丽，不喊不叫、不急不躁、不瘟不火、内紧外松，进入一种寓繁于简、浓后之淡的境界。这里的“简”与“淡”并非匮乏贫瘠之意，而是反复锤炼后的升华提纯。正如一句广告语所说的——“简约而不简单”。

马志明反感“洒狗血”“洋闹”等炫目刺耳的感观刺激，追求一种稳重劲健的台风。他的相声是韵味醇厚的喜剧，不是浮夸浅薄的闹剧。如今，很多相声演员经常借助现代化的声光电技术，大搞蒙太奇式的相声，偶尔为之可视为具有创新精神，可真要将其视为相声发展的必经之路，那就是买椟还珠了。脱离了语言的载体，一切矫饰都是徒劳。正如薛宝琨在《侯宝林评传》中说的那样：

> 一味矫饰实际是虚伪，而艺术总是真善美的产物。卖弄是一种矫饰，它把自己孤立在艺术之外，不是把自己融在艺术创造的整体中，按照艺术的规定情景，确定自己的表演方式，而是颠倒作品和演员的关系，使作品成为演员技能的标签。或者为显示自己的口齿声音而扩大夸张的幅度，或者为标榜自己的见地，而喧宾夺主枝蔓横生，卖弄的不是艺术而是技术，不是作品形象而是演员本人。

薛宝琨评价马志明："内敛既是一种秉性，也是一种修养，更是志明区别流俗的一种理想。当然也是马派相声的传承，是喜剧中的幽默。"可谓一语中的。

朴拙背后显智慧

马志明的表演总是给人以睿智幽默的印象，这也是马氏相声一贯追求的舞台风范。睿智来自于对生活本质的明晰洞察，表现为智巧敏捷的轻松幽默。马志明在舞台上塑造的人物性格，经常是机智的，甚至是带有一丝狡黠色彩的。但他往往从反面着笔，以愚写智，似愚实智，这正是源自古人大智若愚的辩证思维，如在《拴娃娃》中：

甲　你算吧，你爸爸有你那年他就五十……

乙　哎，不到五十。

甲　不到五十也差……哎，跟我这岁数差不多吧。

乙　哎？有你什么事儿！这里头。

在《自食其果》中：

甲　没你高。

乙　哎。

甲　比你矮。

乙　嗯。

甲　也就到你这儿吧，哎，这么个个儿（比画捧哏的父亲的个头与自己一边高）。

在《卖五器》中：

甲　您就算把我命给救了。常言说得好："救人一命胜造七级浮屠。"您带我找他去，把我这东西给我要回来，我打心眼儿里感谢您。

乙　唉。

甲　您就是我重生的儿女，再造的子孙。

乙　什么词儿这是！

甲　我这是起誓呢。

乙　什么起誓呀？那叫重生父母，再造爹娘。

甲　哦哦！对对。您要带我找他去，把东西要回来，我就是你重生父母，再造爹娘。

乙　起誓这叫？

甲　不是，我一着急我就糊涂。

乙　好，糊涂他也不吃亏。我是你重生父母！

甲　你是我……我是你……算了，咱哪干脆也别起誓了，我也绕不过来。

在《看不惯》中：

甲　你要叫我"马先生"！我就不舒服！

乙　哦，这就不愿意？

甲　比方说你要叫我"马叔叔"！哎！这听着我倒得劲儿。

这些包袱都体现出典型的马氏相声的睿智风格。它们看似近乎伦理哏，却并不直白浅露惹人生厌，反倒给人以智巧敏捷、善意玩笑的轻松感觉。

再有，在对传统相声《反七口》的处理上，马志明不以伦理哏为卖点，而是突出强调了中文的双关趣味。双关，是遣词造句时同时兼指两种事物的修辞方法。双关分为两种，一是谐音双关，二是借义双关。谐音双关是借助词语在语音上的双指而形成的，借义双关是借助词语语义上的双重性而形成的。

传统相声《对春联》以若干与"萝卜"谐音的词汇，如"锣钹""罗布""罗卜"，妙对"羊肉""胡琴""绸缎""岳飞"，便是谐音双关。而《反七口》主要是使用了借义双关，表面上讲说的事物是词汇意义，而暗指的那种事物是临时产生的情景意义。正因为双关这种修辞方法借助了词语在特定语言环境下的词汇意义和情景意义，所以才让人觉得"话里有话，弦外有音"。在《反七口》中，当乙说到"第一口，你爸爸"的时候，甲顺口搭音"哎"，然后故意打扰乙的思路，迫使乙反复说出"第一口，你爸爸"，甲也就能反复占乙的便宜。在这里马志明就是利用了"哎"字的双关，表面上看似顺口搭音，其实是故意占便宜的伎俩。当乙明白了甲的真正目的之后，在甲算人口的时候，甲又利用"算"字的双关性占乙的便宜。"头一口我算你爸爸"，这里的"算"字，词汇意义是"计算"，而甲的目的却是利用"算"字临时产生的情景意义——"算作"，占乙的便宜。这段相声由马志明演来，既突出了语言本身的智巧，又展现了演员的敏捷，摆脱了单纯追求低级趣味的俗套，突出了相声语言的趣味性。

马志明在塑造睿智的相声人物的同时，也把自身睿智幽默的形象展现给了观众，如在对口版本的《纠纷》中：

甲　这俩气气哼哼！到小屋里一看：哟嗬？是也没桌子，也没椅子。（向观众询问）进过派出所的都知道吧？

乙　这儿没有啊。

这里一句“进过派出所的都知道吧”,看似漫不经心,实际上意味深长,隐含着询问台下观众是否也有因为纠纷被派出所民警“蹲蹲性”的人,观众此时已经心领神会,捧哏也不失时机地翻包袱,替甲打圆场——“这儿没有啊”。这个看似不是包袱的细节同样收到了很好的效果。

正是这些小细节,展现了马志明本人睿智幽默的形象。

再比如在《自食其果》的垫话中:“不像就退票,您多少钱买的票,照价退给您。那位说不是买的,人送的。您愿意把钱给人家就给人家,不愿意给,自己买冰棍吃……”这句话捎带一枪,忽然引入对于赠票的退票处理的点评,又是马志明睿智幽默的表现,引起了观众的共鸣。

马志明的睿智幽默来源于对生活的透彻理解,对人性的洞察。它不是“掀掉宴席,撕碎花环”般的“迅雷闪电,飓风狂飙”式的批判,而是化急切为蕴藉的善意讽刺,嬉笑怒骂皆是文章。他对人性的缺点有悲天悯人的关怀,有笑一切可笑之人、可笑之事的智慧。所以他表演的相声在整体上给人一种睿智的感觉, 在亦庄亦谐之间展现了大智慧。也正是有了“世事洞明皆学问,人情练达即文章”的才情,马志明在表演上才能做到睿智机敏、游刃有余。

睿智不是“言不及义,好行小惠”的小聪明,不是“滔滔者天下皆是也”的油嘴滑舌,而是“讷于言而敏于行”的智慧,它建立在对人情世态的深刻思考上和用笔近啬而又准确的表现上。

反熟为生见功力

薛宝琨在《侯宝林评传》里这样描述侯宝林评价马氏相声的反熟为生:

他[1]说人家的段子"反熟为生",无论什么场合口吻不变、尺寸不变、新鲜劲儿不变。因之他感叹地跟我说:"马三立的段子谁拿得动?人家一摸你就躲远远的另请高明去吧。"

艺术表现忌滑腻,大凡驰骋口舌文笔之类,都只是"技术"而绝非"艺术"。马氏相声总是给人以新鲜感,最忌讳演员有舞台腔,让人听出来是在背词。在语言叙述上,如同话剧表演一样,捧逗演员的对话需要有接受、有反应,而不是像对口词一般比赛熟练程度,这样才能给人以真实感,也便于出其不意地抖响包袱。如在《报菜名》中,甲提出请客喝啤酒时:

> 甲说:"咱们来……六瓶……四瓶……来两瓶啤酒。"有的朋友问我,这句台词是不是口误,其实不然。这是我精心设计的一句台词,这一句充分暴露了小市民甲说了不算、算了不说的虚伪与吝啬。从而揭露甲要请客根本就是个谎言。他没有真心请客的意愿,只是想通过这种种的伎俩占乙的便宜。这句台词里面的数目字"六瓶……四瓶……来两瓶啤酒"在表演上有一些讲究,绝不能有舞台腔,将台词说得很笨拙,也不能含混不清地一带而过,尺寸节奏要拿捏好。既要让听众将每一个数目字听得十分清晰,又要让听众觉得这是小市民甲在下意识中说出来的,只有这样的表演才算到位。而这两方面在表演心理上的矛盾,就需要演员在舞台上反复实践才能掌握驾驭。[2]

---

① 指侯宝林。
② 出自中央人民广播电台《马氏相声回眸》采访录音。

马氏相声的台词都是经过精雕细刻的锤炼的，尤其是包袱口的地方，精准到让人叹为观止的地步，但是在表演上却采用了反熟为生的手法。比如马三立的《似曾相识的人》中的那句“谈谈嘛……谈谈无非就是你参加曲艺团，看看我合适不合适，看看你这条件合适不合适”，这个巧妙安排直接揭露了这位曲艺团团长的丑陋嘴脸。同样，《卖挂票》中勾脸儿的包袱与《五味俱全》中珠穆朗玛峰海拔的包袱也采用了这种手法。该手法在马氏相声中表现得最淋漓尽致的便是马志明的《太平歌词》。

反熟为生的技巧对演员要求很高，必须有足够的功力驾驭，保证台词的精准，才能确保观众明白演员是故意“出错”，而不是舞台失误。尤其是在表现人物下意识反应的地方，更要将台词精准地演绎出水到渠成的感觉。反熟为生火候的拿捏是检验相声演员艺术功力的试金石。

这里顺便说一句，马氏相声敢于、善于使用反熟为生的艺术手法，同样得益于演员与观众之间的默契。天津观众对于马氏相声的那些精致的节骨眼儿一丝一毫都不放过，全都能心领神会。这样的观众是马氏相声的知音，也是马氏相声艺术不断提升的促进者。

反熟为生还在于一遍拆洗一遍新，即便是同一段相声，马氏相声都有区别于其他演员的独特使法。如在表演《报菜名》《文章会》《大保镖》《对春联》这些节目时，他们别出心裁，另辟蹊径，将这些耳熟能详的作品烙上自己的风格印记，形成独具马氏相声特色的经典节目，给人以耳目一新的感觉。此外，即便是同一段马氏相声，在不同时期、不同场合的表演中，都能在万变不离其宗的前提下，实现不断的改进，使节目更丰满，艺术性更强，给观众带来持续的新鲜感。比如马三立表演的《十点钟开始》，就是在几十年的舞台实践中不断更新内容，与时俱进的。马志明也是如此，一段《报菜名》，他足足下了二十年的功夫，最终将一段用于启蒙的玩笑类贯口节目改进为不单纯靠卖弄口齿技巧，而是着力塑造鲜明人物形象的经典节目。

在众多的相声作品中，每一段节目都凝聚了相声艺人的心血与才智，你添一砖，我加一瓦，在口头创作中不断提炼升华。不仅是相声，很多优秀作品都是在这种情况下孕育而生的。相声的文本经历了由集体创作、加工、流传、存留，到逐渐因不同流派的个性化处理而具有了相对稳定和独特的范本化倾向的过程，从而更好地展现了中国文化的独特魅力。

反熟为生不仅是一种表演技艺，更是相声贴近生活的必然。“生”不是生涩、做作、故意而为的，而是自然、本真、话如己出的。由“生”到“熟”再到“生”，这是艺术的一个提炼和升华的过程。如果说由“生”到“熟”只是从“会”到“通”，那么由“熟”而“生”就是从“精”到“化”了，其中包括了拆洗和选择、定性和定量，特别是最后到“生”，需要提供充足的新鲜感和语境感，这是尤其需要功力的。

也文也武出情采

相声与戏曲都是表演艺术，它们之间有着千丝万缕的联系。相声表演简洁明快，多是无实物动作，这与戏曲的程式化动作有着异曲同工的效果。戏曲往往通过典型化的动作彰显一个人的内心世界，而相声也往往是用画龙点睛的简洁动作突出人物的可笑性格。戏曲舞台上的布景虚拟抽象，点到即止；相声舞台上的表演一样是移步换景，全凭演员的表演就将观众带入一个个场景之中。京剧《春闺梦》就是凭借女主角凄婉、阴森、幽怨的唱词，将观众带入了充满恐怖血腥场景的古代战场：

一霎时顿觉得身躯寒冷，没来由一阵阵扑鼻风腥。那不是草间人饥乌坐等，还留着一条儿青布衣襟。见残骸尽裹着模糊血印，最可叹他箭穿胸、刀断臂，粉身糜体，临到死全不知为着何因。那不是破头颅目还未瞑，更有那死人须还结坚冰。寡人妻、孤人子谁来存问，冤骷髅几万千全不知名。隔河流有无数鬼声凄警，听啾啾和切切似诉说冤魂惨苦，愿将军罢内战及早休兵。耳边厢又听得刀枪响震。

相声《大保镖》中关于夜景的描述也有类似的效果：

虽说是道路崎岖，所幸有蒙蒙的月色。走到半夜，过一道黄沙岗，前边儿一片密松林。这时候就听“柔——啪！”一声箭响，呛啷啷啷一棒铜锣娇脆，哎呀！原来有了贼了。由打树林里，噌噌噌噌！蹿出二百多名喽啰兵。一人一把鬼头刀，雁别翅排开，灯笼火把是照如白昼。当中有个骑马的黑大个儿，手拿镔铁大棍，口念山歌词。

短短一百多字就渲染出山匪劫镖场景的阴森恐怖。

相声的道具往往一具多用，这也与戏曲的道具的虚拟性相似。京剧《武家坡》中的椅子被用来虚拟窑门，《长坂坡》中的椅子被虚拟为枯井，《法场换子》中的椅子又被用来代表法场上捆绑人犯用的标杆。

而在相声舞台上，单单一把折扇的用处就难述其妙：《学四省》中被演员虚拟为旱烟袋、要饭的破篮子，《改行》中被虚拟为马勺、扁担，《卖布头》中被虚拟为尺子，《大保镖》中被虚拟为花枪、双刀，《捉放曹》中被虚拟为曹操刺杀董卓的宝剑，《树没叶儿》中被虚拟为锄头，《拉洋片》中又被虚拟为掸子等。

在表演相声《汾河湾》时，戏曲用马鞭来借代人物所骑的马匹，而相声演员只用一把折扇就将马鞭虚化得无影无踪，但观众仍能领会这一扬一甩的动作所代表的含义，演员手中的折扇便喻指了戏曲中的马鞭，也就是现实生活中的策马扬鞭。相声演员利用道具延伸了舞台表演，既使自己的表演更加简洁便利，又为观众提供了想象的空间。

再比如其他道具，手绢在《卖布头》中被虚拟为布头，在《卖估衣》中被虚拟为估衣，在《黄鹤楼》中被虚拟为诸葛亮的“帽帽”，在《山东话》中被用来包扎捧哏的腮漏和砍头疮，在《汾河湾》等节目中又被虚拟为头巾、水袖等。醒木在《打牌论》中被虚拟为麻将牌。场面桌有时被虚拟为家门，如《倒叫门》；有时又被虚拟为商家的拦柜，如《数来宝》。演员的大褂有时也能派上用场，在表演京剧动作时，大褂就是蟒袍，如《阳平关》；在表演乞丐时，大褂就是麻袋片，如《山东话》。

京剧界有句艺谚叫：“武戏文唱，文戏武唱。”“武戏文唱”的意思是，针对武戏演员重武轻文的片面艺术思想，强调在不减弱武打成分的同时，通过唱、念、做、打等多种艺术手段的综合运用，鲜明而全面地展现人物的个性特征和精神状态，把武戏的演出从只注重开打的火炽猛烈，提升到凸显人物心态和神采的境界。

马三立便将京剧的这一艺术原则巧妙地运用到相声的表演当中，从而形成了鲜明的马氏相声的艺术风格：讲究书文戏理，做到意料之外、情理之中，以塑造个性鲜明的典型人物为艺术理想，反对单纯追求感官刺激、廉价掌声，拒绝出洋相。

马三立所表演的《黄鹤楼》一改相声腿子活片面追求闹剧效果的传统，为我们塑造了一个个性鲜明的小人物——不懂装懂的“马嚼官”形象。既保留了足够的包袱，又突出了人物性格及节目本身的主题，这段节目被提升为文学性非常强的经典相声段子。可以说马氏相声，尤其是马三立的段子，总体上是一种武戏文唱的艺术风格。

“文戏武唱”的意思是，在文戏演出中，演员通过武功和各种特技的运用，强化了身段动作的节奏感和舞蹈美，构成了强烈、夸张且富于美感的艺术效果，从而使艺术的表现力和愉悦性得到增强。“文戏武唱”是京剧具有高度技艺性艺术特征的突出体现。

当年马志明在戏曲学校学习时尤其酷爱武戏，在武打方面下了苦功。那时候，他所翻的跟头被内行称为“飘(此处读 piào)”，腾空时轻盈见高。他在戏校时曾主演过《黄一刀》《白水滩》《艳阳楼》等以武花脸应工的剧目，还表演过《雁荡山》中的主要对打戏。1995年，已步入天命之年的马志明仍能上演整出的京剧《艳阳楼》，直到年过花甲仍能在《学跳舞》中身穿大褂表演倒立和连续三个侧手翻，足见其早年戏曲功底之深厚。

马志明继承了马氏相声总体上“武戏文唱”的艺术追求，但又另辟蹊径，有所发展。他结合自身戏曲武工的基础，适应观众审美需要的变化，加大了马氏相声中的表演动作，实现了听觉美与视觉美的并重。在马氏相声“武戏文唱”的基础上“文戏武唱”，这就使马氏相声在马志明那里经过了否定之否定的加工过程，其表现力得到了提升和拓展。

早年间马志明曾与李寿增之孙李孝生合作，打炮的节目就是表演繁重的《汾河湾》。由于二人都学过戏曲表演，这段节目演起来自然是得心应手。尤其是捧哏在模拟剧中人薛仁贵上场时，在后台叫板“马来”，此时马志明做马童带马的戏曲身段，在相声舞台上表演了京剧《铁公鸡》中张嘉祥那高难度的翻扑动作——侧手翻落地加前空翻，一展了他的戏曲表演功底。每次这段表演一结束，观众席都会爆发出雷鸣般经久不息的掌声，马志明必以原地后空翻和拱手作揖频频向观众致谢，这时人们才意犹未尽地停止了鼓掌。马志明接下来会继续表演相声，丝毫没有吃力的迹象，足见其功力了得。

在《听曲艺》中，他用右腿模拟三弦，左手扳右腿，直到将脚扳至头左侧。于是全身在左腿的支撑下呈金鸡独立状，膀不摇身不晃，稳如泰山，博得了观众们的一片叫好声。

在《大保镖》中，他身穿大褂，将拉云手、双飞燕、旋风脚等动作组成的一套“飞天十三响”完成得干净利索、轻松流畅，大褂前襟不乱，足见其当年在戏曲武功上所下的心血。

他在《论拳》中表演武术架势——蹲裆骑马式、由金鸡独立腿不落地变为夜叉探海等，表演得轻盈利落。尤其是铁门槛的表演，更是让观众们眼前一亮。

马志明善于将戏曲动作和相声表演很好地结合在一起，既展现了演员的身段功夫，又烘托了现场气氛。他将自身的京剧武功基础运用到相声当中，在马氏相声塑造典型人物性格的总体追求下，加入了大量舞蹈表演元素，形成了独具特色的“文戏武唱”风格。

抑扬顿挫说贯口

相声中的贯口是指演员将大段独白一气呵成地表演下来，在听觉上给人以一泻千里的美感，是一种展现演员口齿基本功和语言韵律美的表演形式，最典型的要数相声《地理图》《报菜名》《八扇屏》中的大段独白了。

金代院本里的“百果爨”“百花爨”“百禽爨”等艺术形式，可能就是以极其流利的语言，一气呵成地数说百果、百花、百药之名，类似相声艺术里的贯口。

马氏相声对于贯口的表演有自己的独特理解。最关键的就是要让听众“听着美”，将听的过程视为一种享受，而不是单纯地展现演员嘴皮子技术，一味地追求语速。

马志明曾经这样描述过乃父马三立的贯口特色：

老爷子[1]的趟子，是抒情，是美，“二百斤白菜、二百斤酸菜、十把菠菜、两捆韭菜、二斤胡萝卜、一捆香菜”，给你感觉，嗬，他不累，他说得轻巧，特别美，特别俏皮，这就跟王凤山的快板一样，王凤山的快板特色就是听着不累，难度很大（的作品），到他嘴里怎么这么清楚，他就不是那种……满腔的热情，哎呀我给你们唱啊，你们高兴啊，你们给我鼓掌吧，他不是那个劲儿。[2]

马氏相声在表演大段贯口时，最忌讳演员掼气，这一方面说明演员的功力不足，另一方面给观众一种累的感觉。观众听的时候不仅不会得到艺术上的享受，反而会有一种为演员气力担心的压抑感，也就是“听着累”，这是马氏相声所极力避免的。马氏相声的贯口表演追求的是高品位的艺术层次，不以卖弄嘴上功夫为能事，注重迟疾顿挫的变化，要表演出贯口的韵律感，力争让观众“听着美”。这就要求演员在贯口表演上做到举重若轻，只有下狠功才能达到这样的艺术境界。

这里试以《报菜名》中的贯口为例，具体分析其中的节奏变化：

蒸羊羔、蒸熊掌、蒸鹿尾儿

——这三道菜名由于是此段贯口的开头，所以语速要慢，让观众听清楚，拢住观众的耳音。

烧花鸭、烧雏鸡、烧子鹅

——此处语速稍快于前，然后稍微一顿，留好气口。

炉猪、炉鸭、酱鸡、腊肉、松花、小肚儿、晾肉、香肠儿

——这一段语速适当加快，但不能过快，给观众以流畅自然的听觉享受。

---

① 指马三立。

② 出自中央人民广播电台《马氏相声回眸》采访录音。

什锦苏盘、熏鸡白肚儿

——由于上一段比较流畅，到这里为了避免一味图快给人以油滑的感觉，所以这两道菜名后面各自都要有小的停顿，也是给演员换气的机会。

清蒸八宝猪、江米酿鸭子

——这两道菜名中间不换气，之后换一口气。

罐儿野鸡、罐儿鹌鹑、卤什件儿、卤子鹅

——这四道菜名中间不换气，之后换一口气。

山鸡、兔脯、菜蟒、银鱼、清蒸哈什蚂

——这五道菜名中间不换气，之后换一口气。

从“什锦苏盘”到此，由一道菜名一换气到五道菜名一换气，使得节奏参差错落，没有雷同之感。

烩腰丝、烩鸭腰、烩鸭条

——这三道菜中间不换气，之后换一口气。

清拌鸭丝、黄心管儿、焖白鳝、焖黄鳝

——这四道菜名只在中间换一口气，为后面留好气口，蓄势待发。

豆豉鲇鱼、锅烧鲤鱼、锅烧鲇鱼、清蒸甲鱼、抓炒鲤鱼、抓炒对虾、软炸里脊、软炸鸡

——这一段菜名中几乎都是“一七辙”结尾，在前面几个短句子之后，需要用这个长句子来渲染贯口的流畅度。

什锦套肠儿、麻酥油卷儿、卤煮寒鸦儿

——这三道菜名后面各自都有小的停顿，演员借此机会也要换气，调整好自己的呼吸。

熘鲜蘑、熘鱼脯、熘鱼肚、熘鱼骨、熘鱼片儿、醋熘肉片儿

——此段虽然要求流畅，但是在“熘鲜蘑”后也要有小的停顿，留好气口。

烩三鲜、烩白蘑、烩全丁儿、烩鸽子蛋

——四道以“烩”字开头的菜名要连贯流畅。

炒虾仁儿、烩虾仁儿、烩腰花儿、烩海参、炒蹄筋儿

——此段首尾以“炒”字开头的两道菜名中间夹以“烩”字开头的菜名，既区别于上一段的四道菜名，又给人以错落有致的听觉享受。

锅烧海参、锅烧白菜、炸开耳、炒田鸡

——从“熘鲜蘑”到此处比较流畅，这四道菜名顺势以较快的语速做一停顿，以便让演员换气，调整好呼吸。

桂花翅子、清蒸翅子、炒飞禽、炸什件儿、清蒸江瑶柱、糖熘芡仁米

——此六道菜名为一小段，承接前面的语势，之后换气。

拌鸡丝、拌肚丝、什锦豆腐、什锦丁儿

——这四道菜名有跳跃感，给人以清新俏皮的听觉享受。

糟鸭、糟蟹、糟鱼、糟熘鱼片儿、熘蟹肉、炒蟹肉、清拌蟹肉、蒸南瓜、酿倭瓜、炒丝瓜、酿冬瓜、焖鸡掌儿、焖鸭掌儿、焖笋、烩茭白、茄干晒炉肉、鸭羹、蟹肉羹、三鲜木樨汤

——这一段整体上要求连贯流畅，在“糟熘鱼片儿”“清拌蟹肉”后面偷气，尽量让观众感觉不到。

还有红丸子、白丸子、熘丸子、炸丸子、南煎丸子、木樨丸子、三鲜丸子、四喜丸子、鲜虾丸子、鱼脯丸子、饹馇丸子、豆腐丸子、氽丸子、一品肉、樱桃肉、马牙肉、红焖肉、黄焖肉、坛子肉、糊肉、扣肉、松肉、罐儿肉、烧肉、烤肉、大肉、白肉、酱豆腐肉、红肘子、白肘子、水晶肘子、蜜蜡肘子、酱豆腐肘子、扒肘子、炖羊肉、烧羊肉、烤羊肉、煨羊肉、涮羊肉、五香羊肉、爆羊肉、氽三样儿、爆三样儿、烩银丝儿、烩散旦、油白杂碎、三鲜鱼翅、栗子鸡、煎氽活鲤鱼、板鸭、筒子鸡

——这一段菜名中重复的字比较多，而且以两三个字的菜名为

主，在菜名声调的安排上基本上是一扬一抑，平仄协调便于朗读，是整段贯口的高潮，具有流畅连贯、一泻千里的气势。其中“红丸子”“白丸子”是高潮的起始，要有所停顿，以便做好气口。“一品肉”“坛子肉”“酱豆腐肉”“炖羊肉”“爆羊肉”后面均要偷气。结尾处要放慢语速，每一道菜名都要加大力度，给人以煞尾之感。

只有合理地安排了气口，有意识地使节奏错落有致，讲究韵味，才能让观众“听着美”。

贯口虽然是相声艺术最基本的艺术手段，也是一种基本功要求，但若想显出功夫，演出新意，抓住观众的心理，那就不是一件简单的事了。马三立在古稀之年还能上演《开粥厂》中的大段贯口“年单子”，演来还能举重若轻，可见其基本功的扎实，至今未有能出其右者。马三立的文学功底深厚，相声《夸住宅》中大段描述景致的贯口被他演来，音韵铿锵，跌宕起伏，抒情婉转，具有一种特殊的韵律美，让人百听不厌。他的拿手节目《西江月》更是将现实内容巧妙地镶嵌到词牌《西江月》那“六六七六”的格式韵律当中，演来清新俏皮，深得内外行称道。

马志明很好地继承了马氏相声的贯口表演特色，讲究咬字归音，特点是咬字清，归音准，声音打远，耐听。表演起大段的叙述或贯口来，语言洗练，抑扬顿挫，丝丝入扣，娓娓道来，举重若轻。

《地理图》是马志明通过三个月的时间仔细查阅地理资料，重新修改整理地名趟子，确定路线，更正地名而来的。这段作品成为“文革”结束后，在二十世纪八十年代恢复演出的第一个传统节目。马志明在表演这段节目时是以这样的思路处理地名贯口的：

> 这段相声的背景是说逗哏要带着捧哏出国旅游，边走边记录一些旅游资料。在这个大前提下，我表演这段地名贯口时，在国内地名部分，要表现出边走边想的情绪，一边想着旅游路线，

> 一边说着这一行所路过的地名，只有这样才能合情合理。当表演到国外地名的时候，在语速上要有所变化，略快于国内地名，在地名上表现出外语译音的特点，直白地说，就是要说出“外国味儿”。当然，这“外国味儿”只是点到即可，给听众听觉上一种隐约的感觉，千万不可做作甚至刻意夸张以致哗众取宠。那样，就完全破坏了整段相声的艺术性。当从国外回到中国的时候，这里又要适当放慢速度。这从客观上也使整段地名贯口的表演有抑扬顿挫、起伏跌宕的节奏变化，具有抒情性。①

马志明在香港表演《地理图》的时候，根据当时演出的地理位置，选择从香港出发直接出国，“过了香港到越南河内”，然后再回国，“过了解放桥、滨江道、和平路、南市、东南角、东门、官银号”等地，再回到香港。演出后得到了观众的热烈欢迎，舞台效果强烈。现在，由马志明整理的这段地名贯口已经广为流传，为绝大多数相声演员和爱好者在演出《地理图》时所使用。

在谈到相声《八扇屏》中的贯口如何处理时，马志明这样说：

> 像《地理图》《报菜名》这一类的贯口都属于罗列型的贯口，都是相同的事物罗列堆砌，它和《八扇屏》那一类的有人物的贯口不同。《八扇屏》的每一扇都带人物、故事情节，所以在表演上就要带进一些评书的技巧。在表演上更要使情节跌宕起伏，扣人心弦，不能单纯卖弄嘴快，要具有感情。②

马志明的“莽撞人”的贯口，文辞也很讲究，有别于其他版本。“张飞立于桥头大喝三声”一段，他一改其他版本“张飞大喊三声，

---

① 出自《笑匠杂笈——马志明表演相声选集》，《地理图》解说部分。
② 出自中央人民广播电台《马氏相声回眸》采访录音。

将当阳桥喝断”的夸张描写，而是忠于原文，描述张飞的三声断喝将曹军大将夏侯杰惊得肝胆碎裂，倒撞于马下。虽然是小小的改动，但足见马志明对艺术的严谨。

在相声《卖五器》中，马志明巧妙地运用贯口作为包袱的铺垫。他对乃父马三立版本的《卖五器》进行了加工提炼，尤其对介绍“五器”来历的语言进行了反复锤炼，力避重复，如“瓦德西带着兵进了院子，这屋瞧，那屋看，这屋搜，那屋找”，“瞧”“看”“搜”“找”这四个动词各不相同。这得益于马志明熟读《三国演义》，书中第四十三回“诸葛亮舌战群儒　鲁子敬力排众议”，张昭诘难孔明有这么几句话：“乃弃新野，走樊城，败当阳，奔夏口。”这“弃”“走”“败”“奔”四个字的巧妙运用被马志明借鉴到相声的语言当中，平添了许多色彩。这也与《白事会》中“由东城奔南城，由南城走西城，由西城到北城”，“奔”“走”“到”这三个动词的运用如出一辙。

在具体介绍“铜、铁、瓷、锡、木”五器的来历时，他融会贯口的表演技巧，外松内紧，起承转合，抑扬顿挫，由慢到快，引人入胜，耐人寻味，又适时地加入包袱，使观众在不知不觉中进入了埋伏，包袱抖得干净响脆。

下面粗略地说说这五段叙述：

铜器作为开头第一段介绍，长度要适中，太短不能吸引观众注意，太长则显得拖沓，易使观众反感，语速不宜过快。

铁器和瓷器的介绍要与铜器的篇幅形成对比，不宜过长，在短、平、快中抖响包袱，以短小精悍取胜。

锡器的介绍难度相对较大，因为前面铜器、铁器、瓷器的三段介绍之间有相似之处，观众在此时极易散神，这会直接影响相声的底——木器的表演效果。所以马志明在这里采用洗练的语言，加快语速，并在这段的结尾处采用“楼上楼”的包袱，将效果推向一个高潮：

乙　什么锡器？

甲　一张烟卷儿纸！

乙　哎好！锡璃纸！

甲　要光锡纸我要心疼我是萝卜！

乙　还有什么？

甲　还一烟卷儿头哪！

乙　烟头儿哇？

甲　多半截儿！

乙　多半截儿也是烟头儿。

甲　前门的！

乙　走！我说你贫不贫哪你？

这里采用修辞格中顶真的手法，将"烟卷儿纸""烟卷儿头""前门的"这几个包袱连续地抖出来，前一个包袱是后一个包袱的铺垫，在包袱中翻包袱，反复渲染喜剧效果，连珠炮似的笑料此起彼伏，给观众以一泻千里的听觉冲击，从而制造出强烈的喜剧效果。这里也为后面的木器叙述做了铺垫，使观众眼前一亮，提高了欣赏兴趣。

最后一段对木器的叙述，丝丝入扣，不急不躁，故意以清末重大事件为背景，甚至以惊人之语故弄玄虚——"要提起我们家这木器来……它显过圣，吓死过人"来调动观众的好奇心，在亦真亦幻的叙述中引人入胜，制造悬念。结尾处是这样处理的：

甲　嗬！记者采访照相，各国家报纸登在了第一版，轰动了全世界。巴拿马赛会上得头等奖章，这才归还中国，送回我们家，存了这么些年。就我们家这木器，真称得上是千金难买，万金不换的宝贝哟！

乙　什么木器呀？

甲　半拉锅盖。

乙　嗐！

一“贯”到底，将观众的情绪推向高潮，然后戛然而止，收到了极好的表演效果。

作为马氏相声嫡传的马志明，在这方面功力独到，融会贯通，极具创新精神。为了增强相声独有的艺术性，他有意识地在台词里合理地安排贯口内容，如《自食其果》中的“你走大胡同，小胡同，长胡同，短胡同，宽胡同，窄胡同”，《五味俱全》中的“要使那青山常在，绿水长流，大气不污染，地面不下陷，人人住高楼，家家有电扇，坐着大沙发，看着大彩电，穿着小西服儿，吃着炸酱面”。这些大段叙述突出了相声自身的艺术特点，相声技巧被巧妙地安排其中，却又不以单纯的卖弄技巧哗众取宠，从而将技术上升为艺术。高超的艺术来自于熟练的技巧，马志明已经远远超越了单纯展示技艺手段的层次，而是将技艺的纯熟升华为浑然一体的艺术。这得益于他幼年学习戏曲时练就的念白功力，再加上出于对王派快板的喜爱将其作为增强功力的训练，才使马志明的贯口达到了炉火纯青的境界。

咸淡见义融捧逗

在唐代，我国传统喜剧艺术参军戏便孕育了对口相声的形式。参军戏一般只有两个角色，“参军”之外还有一个“苍鹘”。二人以一主一从、一问一答的方式进行滑稽调笑的表演。这种形式被许多学者认为是我国戏剧的雏形。但他们表现的只是角色的轮廓，并以即兴表演为主，跳进跳出于情节内外，与后来的对口相声倒非常相似。因此也有不少学者认为它是相声的滥觞,或者就是“古代的相声”。相声艺术的主要表演形式——对口相声,便是继承了我国古代喜剧传统,从中发展演变而来的。其中,起主导作用的为逗哏,起辅助作用的为捧哏。

逗哏与捧哏是一对矛盾统一体,体现了我国阴阳学说的文化内涵。阴阳互相对立,互相转化,捧逗哏之间的关系也是如此。他们在角色上有着既对立又统一的关系,彼此相互制约,相互转化。统一在一段相声节目之中,对立于一捧一逗、一问一答、一主一从、一褒一贬、一智一愚之间,相依相克。捧逗之间的关系可以相互转化,所谓物极必反,此消彼长。如在《福寿全》《大审》《拉洋片》等节目中,捧哏起到的作用就比逗哏更大一些,相声术语叫“倒四六”,意为在表演上捧哏占六成,逗哏占四成。

捧逗之间的相互对立和相互转化还体现着中和及辩证。捧逗之间的关系是辩证的、相对的,不是孤立于对方而单独存在的,他们之间又是可以互相转化的,一咸一淡,一方轻松活泼,另一方便辅之以沉着稳健,形成鲜明的对照,制造矛盾冲突,酿造喜剧效果,在运用相辅相成的辩证法把握矛盾、认识生活的“咸淡见义”中达到“乐而不淫,哀而不伤”的中和之美。

捧哏作为对口相声中的一个角色,具有不可替代的作用。相声界流传着一句艺谚——“三分逗,七分捧”,就强调了捧哏的重要性。如果说逗哏演员是作品与观众之间的纽带,那么捧哏演员就是逗哏演员与观众之间的纽带。捧哏演员时而辅助逗哏演员铺陈渲染,时而又代表观众提出疑问。一段节目成功与否,捧哏演员的作用不可小觑。

马氏相声以对口形式为主,非常重视捧哏演员的作用,从不轻视捧哏,而是最大限度地发挥捧哏的作用,捧逗之间配合默契,相映成辉,相得益彰。马志明是这样回忆父亲和捧哏演员的关系的:

他用捧哏的都是根据用谁捧就把谁的特点突出（的原则），是胖子，是瘦子，是顸嗓子，是细嗓子，是能唱，是不能唱，有知识有文化说哪路活儿，没知识没文化说哪种活儿，他都有分别。[1]

马三立自己这样说过：

对口相声捧逗都重要，俩人得紧密合作，钻研业务。过去说"搭伙三年，不火自赚"，甲乙是一场活，捧哏需要火候。像赵佩如就是个好捧哏的，我经过好多位捧哏的，像刘桂田、于堃江、刘宝瑞、耿宝林、刘奎珍、侯一尘、张庆森，可赵佩如确实有经验。我们在一块儿排练，使活都能得心应手，我一说怎么铺垫，需要他怎么翻成反使，到台上看，准确极了，没错儿。他在场上就跟京剧打鼓一样，那眼老盯着演员。[2]

马三立一生最珍视的合作伙伴便是赵佩如。在此还有一段小插曲：1962年，赵佩如开始为马三立捧哏。因为两位都是名家，他们合作表演时报幕词不知该如何介绍主次，最终由朱学颖提议，称之为"合说"，从此这个称谓就被相声界广为流传，沿用至今。

在谈到马、赵两位的合作时，相声演员王佩元如是说：

马老和赵先生互相发现了对方，也发现了自己。马得赵如鱼得水，赵得马相得益彰，尽管二位合作以前就各自成名，但直到合作以后才达到了各自艺术上的巅峰。

---

① 出自中央人民广播电台《马氏相声回眸》采访录音。

② 选自马三立在1984年全国相声评比讨论会上的讲话，相声作家陈笑暇后将讲话录音整理成文章《谈谈相声》。

马老如孙悟空，赵先生是如来佛，悟空只有在如来面前撒泼才可爱，而法力无边又慈悲为怀的如来收服悟空又显得是那么的轻松潇洒。

捧逗间形成了水涨船高的趋势，又如势均力敌的两位乒乓健将，在你来我往的语言中挥洒着幽默。

马老评价赵先生："佩如站在逗哏这里，拿120(元)，不少。可佩如给我捧哏，我拿120，他拿360，不多。佩如是佛爷。"足见马老对赵先生捧哏之推崇。

马老在舞台上塑造的人物大多是市井的，善于狡辩诡辩的小人物，而赵先生辅之以博学较真，形成尖锐的戏剧冲突。马老是愚者千误必有一得，赵先生是智者千虑必有一失。马老的刁钻古怪出其不意，与赵先生的一本正经穷追不舍形成鲜明的对比，在激烈的矛盾中产生起伏跌宕，将相声艺术发挥得淋漓尽致。

马志明是这样看待捧哏作用的：

真正好捧哏的你应当有你自己的东西。所谓捧，就是两个手捧，托着这逗哏的。逗哏的在那儿演，你在那儿既代表观众又是演员，是双重的身份。能够烘托气氛，补这逗哏的不足。[①]

马氏相声重视捧哏，珍惜捧哏，爱护捧哏。在马氏相声中，逗哏从不把持包袱，不会将一切喜剧性都集中在逗哏一人身上，而是充分发挥捧哏的作用，在其画龙点睛的语言中不失幽默机智。对手的优秀更能激发自己的聪明才智。马氏相声中的捧哏总是与逗哏针

① 出自中央人民广播电台《马氏相声回眸》采访录音。

锋相对，不失时机地对逗哏的叙述进行指摘，在指摘中帮衬逗哏铺垫、搭桥、翻包袱，代表观众提出意见并参与演出，辅助逗哏共同完成一段节目的表演。马氏相声《文章会》里的“刨着使”就是逗哏在捧哏的不断指摘之下不得不继续圆谎，从而制造笑料的。

马氏相声的捧逗之间互相争胜。捧哏并非一味地装傻充愣、吃亏上当，而是同时透着几分机警、带着几分蔫坏，这样就使矛盾冲突更加激烈，节目也就更加精彩。马志明和搭档是这样处理《报菜名》的：

甲　哎呀，反正据我姥姥说，我们家这老母鸡比我妈小两岁。

乙　呵呵！

甲　要论起来我得管它叫姨。

乙　呵呵！

甲　得了！明儿请您吃饭，我大义灭亲了。

乙　别价！

甲　我不要这个……

乙　不行！不不不。

甲　我不……

乙　不不不。

甲　怎么啦？交朋友嘛……

乙　哎，我说你呢啊，别这么狠的心。

甲　哦。

乙　啊！别为我，不值当的！鸡咱不吃了行吗？

面对甲的虚情假意，声称要用老得不能再老的老母鸡招待乙，乙将计就计：“哎，我说你呢啊，别这么狠的心。啊！别为我，不值当的！鸡咱不吃了行吗?”这句劝饱含深意,“别这么狠的心”既有别宰杀老母鸡的意思,又有讽刺甲用老得不能再老的老母鸡招待自己,真下得去狠心的正话反说。后面“别为我,不值当的”,显然是对甲吝啬小气的调侃讽刺。

这与马三立和赵佩如在《拴娃娃》中安排的“赵门马氏”的包袱如出一辙:

甲　你妈跪在地下说:“老娘娘在上,我——缺门德氏在下……”

乙　你妈才缺德哪！怎么说话哪！我们姓赵。

甲　噢,对。“我——赵门德氏在下……”

乙　谁是“德氏”呀?

甲　“赵门罗氏……”

乙　哪儿来的“罗氏”啊?

甲　“赵门何氏……”

乙　瞧你给我找这姓！

甲　让你说,你自个儿说,赵门什么氏?

乙　赵门马氏。

甲　哎——赵……怎么赵门马氏啊?

乙　没错儿！我舅舅是马德禄,就是他父亲。我舅舅是他父亲,我们哥儿俩表兄弟儿,要不我们家的事儿他怎么都知道哪！啊,说吧。

甲　“我——赵门……”干脆,咱不提什么“门”什么“氏”了。

乙　你瞧！赵门马氏他又不提了。

乙巧妙地对甲所说的“缺门德氏”进行反唇相讥,以“赵门马氏”“我舅舅是马德禄,就是他父亲。我舅舅是他父亲,我们哥儿俩表兄弟儿，要不我们家的事儿他怎么都知道哪”回敬甲，迫使甲：“干脆，咱不提什么‘门’什么‘氏’了。”捧逗哏犹如势均力敌的乒乓球选手，舞台犹如赛场，一方扣杀，一方推挡，一方诘难，一方巧辩，你有来言，我有去语，兵来将挡，水来土掩，互相争胜，异常精彩。

《太平歌词》可以看作是马氏相声中捧逗哏斗智斗勇的经典作品。在捧哏乙的穷追不舍下，逗哏甲难以自圆其说，最终原形毕露。整段节目此起彼伏，捧逗演员所表演的两个小人物的内心激烈较量，具有极强的喜剧冲突。马氏相声对捧哏演员的要求极高，不能只是简单地接几个语气词，而是要配合逗哏演员起承转合，起到很好的辅助作用。在台词的语气、表演的神态动作上都要十分讲究，每一句台词的背后都有丰富的潜台词。黄族民在谈到这段相声时，是这样说的：

甲　出趟城西！我这出趟城南！怎么样，是你那段吗？

乙　不是。

甲　这你会吗？

乙　不会。

甲　要会你把下面那词唱出来？

乙　唱不出来。

甲　这词你有吗？

乙　没有。

甲　服吗？

乙　不服。

马老师耐心地为我讲解了捧哏演员这几个“不是”“不会”“唱不出来”“没有”“不服”处理劲头儿的不同，都具有丰富的潜台词。前面这几个“不是”“不会”“唱不出来”“没有”表演要有层次，表现捧哏被逗哏质问得有些含糊了，对逗哏演唱的这段太平歌词有些莫名其妙，而后面这个“不服”就要表演出捧哏不服输的语气，只有把这些丰富的潜台词准确地表演出来，才能把这个捧哏人物演好，产生喜剧效果。这让我茅塞顿开，更加深刻地认识到了马氏相声的精到。

马氏相声的语言具有丰富的潜台词，这就需要捧哏在逗哏抖包袱以后再翻包袱。这是对逗哏演员抖的包袱的强调，以便观众更加迅速、准确、清晰地领会包袱的内容，如在《夸住宅》中：

甲　你爸爸叫黄世……叫黄什么仁？

乙　黄世仁？

甲　黄世仁？对！

乙　你爸爸才叫黄世仁呢，你爸爸才是恶霸呢！

在这里，假如直接说出捧哏父亲的名字叫“黄世仁”，也会收到喜剧效果，但马志明并不这样直白地处理，而是犹抱琵琶半遮面地在前面说出“黄世”，又在后面紧接着补充“黄什么仁”，在这两句中已经隐含了“黄世仁”这个名字，却并不直接说出，而是暗示给观众。这时，捧哏立刻代表观众接过话头，说出了“黄世仁”的名字。逗哏又加以肯定，重复了一遍“黄世仁”，言下之意是“这是你自己说你父亲叫‘黄世仁’的，我可没说”，透着那么一种蔫坏损，观众此时也心领神会。马志明的这种曲径通幽式的独特处理手法，让这个包袱响得更透，喜剧效果更加强烈，更有回味。

第四章　马志明相声赏析

马志明是马氏相声艺术风格的集大成者。他没有墨守成规、率由旧章地生搬硬套乃父的表演，而是锐意创新，扩展丰富了马氏相声。发展创新是马氏相声始终立于不败之地的诀窍，也是一切优秀艺术的发展规律。

马志明对传统相声进行了重新梳理，使其焕发出夺目的艺术光彩，他又在现代题材相声中注入了传统精神，这使得他的相声几乎段段经典，具有很高的艺术含金量。

马志明的传统相声

《大保镖》和“镖外情”

中国历史上最早的驿站可以追溯到隋唐年间，当时的驿站是专门为朝廷押送来往信件的，而民间的商业往来并没有专门的安全保障机构。到了清代初期，随着金融业的兴起，我国逐渐出现了镖局。镖局又称镖行，是专门保护客户财物或人身安全的机构。旧时交通不便，路途上不安全，便有镖户提供走镖服务，这就是镖局保镖的雏形。

中国的镖局究竟起始于何年何月，现在已难以考查。根据近代学者卫聚贤所著《山西票号史》云，镖师之鼻祖应为山西神拳张黑五。清乾隆年间，张黑五在北京前门外大街创立兴隆镖局。后来的镖师们一旦看到远处山上有土匪，就大喊："合吾一声镖车走，半年江湖平安回。"据说这个"合吾"就是"黑五"的谐音。随着社会生活日益复杂，镖局承担的工作范围也越来越广，不但承接一般私家财物的保送，地方官上缴的饷银亦靠镖局运送。由于镖局同各地都有联系或设有分号，一些汇款业务也由镖局承当。历史上著名的镖局有兴隆镖局、会友镖局、成兴镖局、源顺镖局、玉永镖局、昌隆镖局、广盛镖局、同兴公镖局、三合镖局和万通镖局等。

镖局里有武功高强的镖师，也有蒙事混吃的饭桶，这就为相声艺人提供了素材。相声艺人经过奇思妙想，创作出了《大保镖》这段相声。

传统相声《大保镖》的版本有很多。其中有"蹦牛"的底，"宰牛"的底，还有"要账"的底，相声演员根据具体情况灵活掌握，各有特色。这里体现了艺术的多样性，也避免了观众中的熟座在下面刨包袱底，从而体现出艺人们的睿智。下面要谈的是由马志明改编并表演的"宰牛"底的《大保镖》。

在中央人民广播电台的《马氏相声回眸》节目中，马志明谈到了改编传统相声《大保镖》的话题。他对原先《大保镖》中不合理的地方进行了改编加工。这个段子的笑料虽然很多，但大多和故事情节无关，即相声术语中的"外插花"，所以结构显得很分散。这样的设计往往是因为过去艺人们为了强化表演效果，增加票房收入造成的。但在现今舞台上，这样表演就不免显得拖沓、冗长，不符合现代观众的欣赏要求，使观众总是有想笑却笑不出来的感觉。

那些个是包袱又不是包袱的，类似那样的包袱绝不留它，去掉。“我们哥儿俩正在后花园里头传枪递锏”，说正练功呢，有秦琼、罗成（的架势），“忽听有人扣打我的柴扉，我说：‘门外何人击户啊？’”这里边有不少这样的东西。什么叫击户啊？捧哏还问一句：“什么叫击户啊？”“就是小鸡爱吃辣椒糊。”这可乐吗？根本不可乐，还挺费事。它又不是文化活，它要真正是咬言咂字的一些转文的活也行，它是个武活，你加那么些这个，有什么必要呢？还有这个规律，响一不响二，这种是包袱又不是包袱的，连着有那么几个，观众就疲了：这玩意儿不可乐。它还不如头里正经的平铺，说得丝丝入扣，让观众很注意了，没有包袱，但是从语言上把你抓住，后头有一个大包袱，哇啦一下子就响，而且是大响。要是头里老逗弄人家，又乐不起来又想逗人家，逗来逗去逗疲了，真有包袱也没人乐了。①

这样的笑料与主题无关，也并不可笑，夹杂在其中，不仅没有对主题起到烘托的作用，反而使观众听得莫名其妙，分散了观众的注意力，影响了主线的叙述。像这样的“笑料”，马志明一概删去，使得整个相声段子的主线鲜明流畅、一气贯通，塑造的人物也更加鲜明突出、活灵活现。

《大保镖》中塑造的“我（馅儿的）”和“我哥哥（白糖的）”的形象，是典型的“天桥的把式——光说不练”，毫无本领的江湖骗子。但在原先的《大保镖》中，对他们的形象处理前后矛盾，不能自圆其说。在原先的版本里，“我哥哥”能“旱地拔葱上酒楼”“练六合枪”，但到了后面，一见有贼却吓得拉裤子了，这里就有了疑问：他哥哥到底有没有真本事？

① 出自中央人民广播电台《马氏相声回眸》采访录音。

我小时候先学的这些段子，学完以后我就发现(有问题)，我问过我父亲，我说这个段子，它自相矛盾哪。“我跟我哥哥从小投名师访高友”，学会全身武艺，然后镖局子掌柜的请这二位去保镖，到那儿先抻练抻练，先试验试验你们俩有什么能耐。说上酒楼，怎么上去的呢？他哥哥来个旱地拔葱，噌！上去了。这楼再低的话，也得有三米来高吧，如果能蹦上去，说明他哥哥有两下子。他又练了一通枪，练完以后，气不涌出，面不更色。然后喝完酒从楼上下来，来一个燕子三抄水，唰！头朝下，脚冲上，落地跟个棉花蛋儿似的。说这么大能耐，后来呢，保镖出去以后见着贼了，第一个拉一裤，就是他哥哥。他哥哥到底是行是不行呢？……他们哥儿俩是一样的，都是废物，那么也刨他自己，他哥哥先拉裤子，他后边再拉裤子也没意思了。而且前后矛盾，前边那么大能耐，后边又不行。我把这些个东西都给它改了，改得他们哥儿俩根本就不行，就蒙事，蒙事可是蒙事，它头里有精华的东西，他哥哥要练枪，这枪趟子：“一寸长一寸强，一寸小一寸巧，我哥哥要扎一趟六合枪……”就是这儿有一个贯儿。要把人物改对了，这贯儿是不是就不要了呢？还得留下这贯儿，还得让他哥哥没练，在这个基础上还要找一个包袱。说了一大堆，他哥哥正要练，他告诉他哥哥：“您这感冒刚好，注意别重复了。”他哥哥听完了把枪放下，气不涌出，面不更色，捧哏的：“废话！他根本就没练！”把原来那些东西留下，还不让他真练，后边他再见着贼他拉裤子，很正常。这是举个例子吧，就是说让它力趋合理化、紧凑化，让观众听的时候坐得住，当当当当，呵！这个段子很紧凑，也练两下功夫，加上我戏校的这点功底，我打一个飞脚，来个双飞燕，亮亮功架、刀势子，练完以后，后边遇见这个贼劫道，把牛宰了，完。简练，脆，好东西都留下，包袱都留下。[1]

马志明去其糟粕，取其精华，巧妙地将枪趟子的贯口保留下来，还避免了人物形象前后矛盾。这个处理看似信手拈来，却充分说明了马志明娴熟的写作技巧和精湛的艺术构思。

在表演上，马志明也是独具匠心——融京剧功架于相声表演之中，双飞燕、飞脚的动作轻巧、利索，给人以美的享受；对包袱的处理规范、精巧，从不拖泥带水，抖得又响又脆。他善于掌握观众的心理，抖响包袱如水到渠成，毫无生硬之感，叫人听了忍俊不禁。其中口念山歌词一段，模仿山贼语气，大喊："呔！"捧哏跟着随声附和："嘿！"一来一往咬合得紧凑、急促，观众听了仿佛置身于黑夜之中，面对凶恶的山贼。

甲 呔！

乙 嘿！

甲 呔！

乙 嘿！

这时观众的心理被调动起来，等着听山贼的下文。可马志明在这里突然来了个一百八十度大转弯，清脆地喊了一声："儿子！"捧哏没有反应过来，跟着搭了一句："嘿！"顿时爆笑满堂。强烈的心理落差使观众不得不笑。看似捧哏被逗哏带进了圈套，实际上是观众被演员精心设计的台词所迷惑，最后包袱扑面而来，节目收到了出其不意的强烈喜剧效果。这个包袱的抖响，表面上看是观众被伦理包袱逗笑，实际上是演员营造的前后气氛对比与观众产生的心理

---

① 出自中央人民广播电台《马氏相声回眸》采访录音。

落差造成的效果。这里只是借用了伦理包袱的形式来予以表现，和传统伦理包袱的单纯为了找便宜是截然不同的。

这段相声在人物性格的塑造上更显马氏相声的高超技巧，它把一对江湖骗子的侥幸心理刻画得入木三分，呼之欲出。“下楼”一段将“我”这个人物放在既不想在人前露出马脚，又没有足够的本领可以跳下楼去的两难境地中加以刻画，使人物性格表现得淋漓尽致。最后，“我”终于找到借口，得以从楼梯下楼，敷衍了事。可谓刻画人物细腻传神，让人拍案叫绝。

经过马志明的一番精心剪裁和传神表演，传统相声《大保镖》呈现异彩，成为内容与形式完美结合且独具马氏神韵的又一马氏相声经典。

《大保镖》与《报菜名》同属技艺游戏类节目，记录了当初相声由技艺而艺术的过程。艺术成分的渗入总是和目不忍睹的周遭污浊世态相关，但是艺人们往往不直陈其事，而是借助已经或正在消逝的遗迹说事，这样就避免了过于贴近物象的弊端。镖局的出现是社会动荡不安的表现，保镖者的张狂自大和内心孱弱又恰恰证明了世态的虚浮。马志明深知其中底里，他只是顺理成章地进行了续写。

《报菜名》里见章法

一提起相声《报菜名》，大家马上会联想到那丰盛的南北全席，还有表演者那极见功力的大段贯口表演，至于前面的垫话，往往被大家忽视。这个段子的表演内容因人而异，有李伯祥表演版本的《报菜名》，有姜宝林单口表演版本的《报菜名》，有常宝霖表演版本的《报菜名》(他采用的是传统的表演手法，底是“你爸爸撑死了”)。还有很多名家的表演版本，但这些版本都大同小异，多以菜单子的贯口为主,即使有少量故事情节,也多是以玩笑为主,最终目的还是为了显示演员的贯口功力。

马志明表演版本的《报菜名》与众不同。单就菜单子这一大段贯口来说,就比其他人多出来很多菜名。一般演员都是表演到“煎汆活鲤鱼、板鸭、筒子鸡”结束,而马志明的版本到这儿并未结束,仍有“烩肠脐肚、烩南荠”,一直到“杂烩锅子”结束。整段贯口由他演来一气呵成,起伏跌宕。但这并不是这段相声超过其他版本的关键所在。马志明表演版本独树一帜的地方,在于他本人对段子整体结构的精心设计,在于能在“平中见奇,于司空见惯处显才情”的高超表演技法。具体来说,就是在相声段子里塑造了鲜明的人物形象,不以卖弄贯口技巧取胜。能够在这样一个大家熟识的传统段子里挖掘人物(与马三立改编《开粥厂》如出一辙),才显出大家手笔。

通过马志明独具匠心的设计,一个说大话使小钱、爱占小便宜的小市民嘴脸被揭露无遗。他从一开始就反主为客,请乙吃饭,却用白酒兑水招待客人,用很老的母鸡做菜,让客人买四斤果仁儿……经过这些情节的反复渲染,甲的虚伪被揭露出来,暴露了甲根本就没打算请乙吃饭,只是想方设法从乙那里骗钱的企图。甲先是说坐车没带零钱,要找乙换一百块钱“钢板儿”(即硬币),这显然是成心难为人,不是真心打算换零钱。当乙不给时,甲就施展小市民伎俩,夸赞乙的为人,说他“挥金如土,仗义疏财”,用乙的话来说就是“稳住了要”。当这些伎俩全不奏效时,甲就干脆直接抢钱,这个阶段的表演是个高潮。这样的结构层次分明地将甲的丑陋嘴脸揭露得淋漓尽致。

这段相声的表演更是值得称道。马志明刻画人物惟妙惟肖,十分传神。甲说请客喝啤酒时的表演是这样的:

甲　咱们来……六瓶……四瓶……来两瓶啤酒!

表演者看似没有准词，似乎是把台词说错了，但实际上这是经过精心设计的，这一句形象地揭露了甲说了不算、算了不说的虚伪与吝啬，从而暴露了甲要请客的说法根本就是谎言。他并没有请客的意愿，只是想通过种种伎俩占乙的便宜。马志明将高超的相声技巧化于无形的表演当中，令人拍案叫绝。

马志明所表演的相声段子，整体上追求鲜明人物性格的塑造，对缺乏立体性的人物形象，甚至纯粹是小玩笑式的儿童开蒙节目，都进行了完善和加工，从而使传统相声更加贴近当今生活，反映当下普通人的形象。在创作思想上，马志明善于揣摩人物心理，塑造典型的人物性格；同时又善于将传统技巧巧妙地运用到自己表演的节目当中，有意识地区别于其他演员的表演，树立了独特的表演风格，从而将马氏相声艺术推向了又一个高峰。

《报菜名》这段相声的结构也具有独特性，平行交错着两个三番四抖：

第一个三番四抖(明)——

一番：甲请乙吃饺子。

二番：甲请乙吃干饭氽丸子。

三番：甲请乙吃砂锅炖牛肉、黄焖栗子鸡。

四番：甲请乙吃窝头。

五番：甲请乙吃满汉全席。

六抖：甲："我没钱。"乙："白说了。"

在这里，乙的"白说了"是在翻包袱，是对甲的"我没钱"这个包袱的强调和揭示。

第二个三番四抖(暗)——

一番：甲以换零钱为借口占乙便宜，没得逞。

二番：甲：“干饭汆丸子我是不是得坐车走？”仍然想占乙便宜，还是没得逞。

三番：甲：“炖肉烙饼这车钱？”乙：“甭惦着。”

四抖：甲直接动手抢乙的钱。

第一个三番四抖交代的是甲的手段，第二个三番四抖交代的是甲的目的。一明一暗，交错递进，使得整段相声摇曳多姿，耐人寻味。

在抢钱被抓之后，甲继续抵赖，当乙警告其要找警察时，甲又用五毛钱调虎离山，准备金蝉脱壳。被乙发现后，又要无赖似的说："再给你弄一毛。"当乙揪住其不放时，甲只得把抢走的那二十块钱还给乙，这时候，甲的“把我那五毛给我呀”，充分暴露了其无赖的嘴脸。这一段“楼上楼”的表演，笑料如连珠炮似的此起彼伏，将效果推向了高潮。同时这段又不是单纯地只为了搞笑，而是通过一系列的包袱揭示人物性格，让观众在笑声中对甲的无赖嘴脸进行评判，足见创作者之良苦用心。

马志明曾说过，他本人十分喜爱这段节目，对这段相声下了二十年的功夫打磨锤炼。如今我们将他不同时期的《报菜名》的录音进行一下对比，就能清晰地发现其中的细小差异，足见马志明对艺术的精益求精。

2002年，马志明在北京大学表演此段相声，现场效果十分强烈。这也是观众对马志明精心创作的肯定。听马志明的相声，如同听一部有声讽刺小说，能让人在开怀大笑之余回味无穷。

传统节目《报菜名》原本属于玩笑技艺型段子，早年艺人学徒时，多以这类贯口锻炼口齿和记忆能力，在师父量活的映衬下，容易讨好取巧，增加舞台信心。至马氏家族，特别是马志明一代，在新文学观念的启迪下尤其注重人物形象的描绘，并借此讥讽世态的虚伪，触及某些人卑琐的灵魂。段子改编之妙全在如茧抽丝、如笋剥皮般的层层深入，在于人物性格逻辑和表情方式的揭示，而在人物描绘自觉的同时，其对象也因为典型化的过程而由丑变“美”了。

《太平歌词》唱个性

相声分为四门功课：说、学、逗、唱。其中的“唱”，大家往往认为是学唱地方戏曲或歌曲小调，这是人们的误解。相声中的“唱”专指唱太平歌词，也是相声专有的艺术形式。演唱时用两块竹板伴奏演唱，分为老调和新调。在传统相声《扒马褂》中，郭荣起演唱的就是老调太平歌词。而王兆麟演唱的就是经过自己加工整理的新调太平歌词，新调太平歌词韵味更加优美。我们放下太平歌词的音乐性不说，单就《太平歌词》这个相声段子进行分析。

这个段子早先是《羊上树》《武训徒》的垫话，后来马三立将其运用到群口相声《扒马褂》的前面。而现在，马志明借鉴了马三立《猜戏》的歪唱路数，将这段小小的垫话整理加工丰富后，使之成为又一独具马氏相声神韵的相声精品。它延续了马氏相声第一人称的叙事角度，以及在塑造人物、揭露国民劣根性上的一贯艺术追求，辛辣地讽刺了不学无术又爱吹牛的人。

这段相声采用的主要表演技巧用行话说，叫“扑盲子”，就是“表现人在心慌意乱或心中无底的状况下还要强词夺理，在叙述的过程中漏洞百出，虽闪烁其词仍难以自圆其说的窘况”[①]。这是一个矛盾体。演员的台词在演出前必然要经过精心的准备，反复斟酌遣

① 出自《笑匠杂笈——马志明表演相声选集》，《太平歌词》解说部分。

词造句，以求达到最佳效果。而在表演上，为了深刻揭露这一类人物的内心世界，表现出他们肚子里没有多大能耐，却要在人前冒充有本领而胡编滥造的心理，表现出“我”此时的虚张声势、内心没底的状态，就不能将精心准备的台词表演得太实，不能像表演一般相声段子时那样以熟练为好，而是要掌握表演的火候，举重若轻。而将这两方面相互矛盾的表演结合起来，达到艺术的完美统一，更是难上加难。因此这段《太平歌词》是一段高难度的相声段子，表演起来极难掌握。

马志明对这段相声的表演有着明显的层次感，将这样一个小人物的内心世界刻画得惟妙惟肖且极具立体感。相声中的“我”只会三段太平歌词，却喜好在人前吹牛显摆。当被捧哏演员追问时，“我”百般抵赖、寻找借口、漏洞百出，使人啼笑皆非。最后为了能自圆其说，为自己的吹牛圆谎，“我”瞎编出一段太平歌词，更是文不对题，笑料百出。当捧哏演员要求“我”再“一字不落地重唱一遍”时，“我”的把戏被彻底揭穿，但“我”却还要强词夺理地说上一句“编上来就不易”。马志明深刻揣摩这个小人物的卑劣心理，将“我”的内心世界外化出来，使这样一副好在人前逞强吹牛的丑陋嘴脸暴露无遗。

> 开始时贬低别人，吹嘘太平歌词就是“我”一个人会。当捧哏反驳的时候，“我”又不敢和捧哏质对，就拉拢捧哏，说：“你算会的，你比他们强，强多了，不过你跟我比你差啊，你没我会的段子多，这点你得承认。”没想到捧哏不吃他这套，非要“我”现场演唱并且给“我”接下句。“我”被挤对得没办法了才开始演唱太平歌词。在第一番演唱的段子被捧哏接上来以后，“我”身陷尴尬局面，只能自我解脱说：“心眼儿好！不搬人！”可没想到捧哏不给台阶，继续逼着“我”再唱。这时候“我”就有些着急

了，为了不使自己的牛皮被别人揭穿，只有硬着头皮再唱。当第二番也被捧哏接上来以后，就干脆栽赃捧哏“捋叶子”[①]。可是捧哏仍然不依不饶，非要让“我”出丑，当“我”演唱第三番的时候，发觉捧哏也会这段，于是就加快速度演唱，想用这种手段使捧哏哪怕有一个词的疏忽也可以借此找回自己的面子，“你把词唱错了”。可万万没想到，捧哏一字不落都接上了，这时候“我”已经恼羞成怒，“干吗哪？通上电了？！”最后万般无奈只好瞎编一段所谓的太平歌词，为自己圆谎。而这段太平歌词的词句是文不对题，笑料百出。其中，我就安排了将下句唱为上句、将字音唱倒等错误，以突出“我”不懂装懂、不学无术又爱吹牛的性格。[②]

其中，“我”在捧哏演员的不断追问下恼羞成怒的表演，可以说是这段相声的高潮。

甲　行！行！唉！你来这个啊？

乙　怎么着？

甲　这么着！

乙　啊？

甲　这回我再唱一段。

乙　你唱你的！

甲　这回我再唱这段你甭说你接下句，你要能说上这名字来！

乙　您瞧这模样！

---

① 相声界行话，偷学别人的技艺。

② 出自《笑匠杂笈——马志明表演相声选集》，《太平歌词》解说部分。

甲　今儿我……唉……

乙　嘁嘁嘁！

甲　你看着，我就不信……

乙　你甭发狠儿啊！我看出来了，你就这两下子！

…………

甲　（唱）老头儿到了自己的家。

乙　到家了。

甲　（唱）进了屋，歇歇腿儿，喝点儿水儿，吃点儿药。

乙　还吃点儿药？

甲　（唱）哈哈笑。

乙　乐啦！

甲　（唱）尿点儿尿。

乙　还尿点儿尿哇？

甲　（唱）睡一觉，睡着了，完了！

瞎编的太平歌词中连“尿点儿尿”这样的词都说出来了，可见“我”已经被逼到了绝境，被挤对得口不择言胡说八道了，也许这正是其在窘境中真实生理反应的流露。就表演技巧来说，“尿点儿尿”这几个字的火候是极难掌握的。要表现出似想说，似又说不出口的劲头儿。语气重一分则太实，轻一分则太飘，对劲头儿的拿捏十分讲究。

《太平歌词》的改编确有翻腐为新、点石成金之妙，它为传统相声的涤旧见新提供了一条思路，这就是不必如中华人民共和国成立初期，在“否定性放大”思维的影响下，采取“旧瓶装新酒”这一“形而下”的不伦不类的浅技，而沿着原作已有的构思框架和人物纠葛，在写人写性格写社会痼疾的典型性精神的启示下，依形取势，顺势而进，由表及里——化腐朽为神奇。

马志明的现代相声

《纠纷》过程有深意

《纠纷》这段单口相声是马志明的代表作，也是马志明在一些场合由创作到表演谈论得最详细的作品，这些谈论可以让我们从中深刻体会到这段作品构思的独具匠心。

这段作品的灵感来自于马志明在自己时常做客的天津市和平区某派出所的见闻。有两个人因为唾沫星子崩到身上却不道歉而引起纠纷，互相揪着衣服到派出所评理。此时，派出所民警就运用冷处理的方法解决了这起纠纷。这件事便成为相声《纠纷》的原型。马志明又借鉴了马三立早年的一段小垫话，经过半年的重新修改完善，这个段子在1987年第五届津门曲荟上一经表演便轰动津城，成为在天津乃至全国脍炙人口的段子。相声里塑造的丁文元、王德成也成为马氏相声人物画廊中的典型人物。

马志明平时最爱看北京人艺的话剧，并从中吸取营养，将话剧表演借鉴到自己的相声表演之中。在人物塑造上，《纠纷》对丁文元、王德成这两个人物的心理进行了深刻的开掘，挖掘其性格形成的社会历史原因，犹如写话剧剧本一般，为这两个人物作了小传：

> “丁文元”这个人物，我设计他是1962年生人，在“文革”中长大，受一些坏作风的影响，对于玩儿闹的“英雄”行为很羡慕，大有跃跃欲试之意，所以当被轧了脚后，不依不饶，出口不逊。他认为归派出所是出风头，显自己“英雄”，自我感觉良好，没碰过“钉子”，没有法制观念。
>
> 而“王德成”呢？比“丁”大几岁，小学时受过几年正常教

育，只是也没有太好地去学习，法制观念差。他比“丁文元”见识多一点，但没礼貌，本来轧了人家脚也知道不对，但见“丁”态度蛮横，张口骂街，又不愿“栽面儿”“认输”，况且见“丁文元”岁数小，也不足畏，就与“丁”口角起来。但去派出所并非“王德成”本意，他有妻儿，有负担，本想说几句出气的话就尽快了结了，可是“丁”一激，盛怒之下也就同意去了，所以到了派出所二人的神态是不同的。

…………

这两个人，“王德成”思想活动比较复杂，因为他大几岁，又有家庭负担，首先觉悟了，认识到这场纠纷的无聊，并且为了尽快地了结，在后来和民警的交涉当中，千方百计地去大事化小、小事化了，不让事态扩大。“丁”则不同，自始至终都是糊里糊涂，并没有什么主见，脑子一热就变，这种人既单纯又危险。“丁文元”这一人物形象很有代表性，颇反映了一些青年的无知。[①]

丁文元和王德成的身上集中了那个时代一类小人物的特点，既有古来国民劣根性的流毒，又深受“文革”贻害，思想空虚、文化素质不高、是非观念淡薄，但又并非是十恶不赦的坏人。马志明将这两个人物塑造得有血有肉、形象丰满，并非简单的脸谱化、概念化，使他们既有天津人不能在人前栽面儿、死要面子活受罪的缺点，又有天津人知错就改、豪爽朴实的可爱之处。作品通过描写两个人为了所谓的自尊干出一系列荒唐的事，最后在派出所里“私了”，由一对冤家成为朋友的喜剧故事，集中刻画了天津人的优缺点，为天津的老少爷们儿绘制了一幅精神肖像。

天津位于燕赵之地，地处九河下梢，自古就有一种豪侠的气

① 出自《笑匠杂笈——马志明表演相声选集》，《纠纷》解说部分。

质，待人热情豪爽、率真朴实，讲排场好脸面，用天津话讲，这叫“不能栽面儿”。俗话说“借钱吃海货，不算不会过”，这里面既有天津人对吃的讲究，又透露出其好充门面讲排场的缺点。天津人少有暴力倾向，往往只是逞一时口舌之勇，“卫嘴子”便是对天津人的戏称。天津人在吵架时往往试图以语言的气势压倒对方：“拽我车？拽我车我抽你信吗？”看见了吗？天津人就是这么诚实，动手之前还跟对方商量呢。此时如果对方认栽，立马冰消云散，各走各的，假如互不示弱，那一场纠纷就在所难免了。相声《纠纷》中的这场纠纷，就是因为两个天津人性格上都存在“死要面子活受罪”的缺点，针锋相对互不谦让，才使鸡毛蒜皮的小矛盾升级，非要到派出所去解决不可。到了派出所以后，两个人虽然不依不饶，说得挺邪乎，但始终没有肢体冲突，只不过是斗嘴而已。面对民警不理不睬甚至有意夸大二人事件性质的冷处理手段，俩人有了思想压力，没想到逞一时口舌之勇会造成这么严重的后果，丁文元旷工一天，王德成耽误了给妻子看病的时间。此时俩人也觉得很不值得，想赶快找台阶私了，来完结这场“吃饱了撑的”的闹剧。而派出所民警出于工作经验，深知这类人的心理，将计就计，娴熟地解决了这场无原则性纠纷，他的身上集中展现了天津人的幽默机智。

这三个人物虽然都是天津人，但是性格互不雷同，个性鲜明。马志明生于天津长于天津，对天津社会生活中形形色色的事件和人物有着长期的、经常的、反复的推究、考量和判断（尽管这种推究和考量不一定每次都能提升到理论的高度），能够对这些事物的性质、价值和意义具备胸有成竹的了解、熟悉和评价，在此基础上，才有十分敏锐的（有时甚至是灵感式的一味妙悟）观察、感受、选择、提炼和集中，捕捉到有意义的形象，并使形象的意义步步加深。正如《文心雕龙》中所说的：“积学以储宝，酌理以富才，研阅以穷照，驯致以怿辞。”有如此功夫，才能使这段《纠纷》入木三分，发人深省，成为马氏相声中又一“津味儿”十足的精品。

马志明对丁文元和王德成这两个人物是充满感情的，并非冷漠地谴责或抨击，而是善意地规劝与讽喻。喜爱其知错就改、豪爽朴实的性格，批评其死要面子活受罪的劣根性。最后用一句“这不吃饱了撑的吗”作为整个作品的结尾，既通俗又实在，留给观众回味的余地，以加深对作品主题的印象。同时，为帮助观众进一步认清“文革”对人们精神上的摧残，将改革开放初始阶段如何正确引导教育青年的问题摆在了我们面前，“揭出病苦，引起疗救的注意”，促使人们回味、思考，这也正是这段相声思想深刻之所在。

具体到《纠纷》这段相声，在表演上更近似独角戏，由演员一个人在舞台上于丁文元、王德成、民警、叙述者四个身份之间跳进跳出。马志明对人物声音的设计贴切自然，巧妙地运用人物不同的嗓音和口吻予以区别，小细嗓、满口齿音字、很有股冲劲儿的丁文元，粗嗓子、语速慢、瓮声瓮气的王德成以及沉着、冷静的民警，从而将丁文元的无知蛮横、王德成的憨直粗鲁、民警的胸有成竹表演得纤毫毕现，给观众留下了深刻印象，这显然是借鉴了话剧表演以及独角戏运用声音化装塑造人物的手法。如今丁文元的小细嗓已经成为属于马志明的独具特色的声音形象，脍炙人口、耳熟能详，甚至被人们争相模仿。

马志明为了突出丁文元和王德成的不同性格，借鉴了话剧台词具有极强动作性的特点，运用洗练的语言，将丰富的潜台词传达给观众，收到了画龙点睛、以少胜多的效果。

从民警问话这一段可以看出来：

民警拿起笔来：“你叫什么名字啊？”

“我叫王德成。”（声音较低。）

“多大岁数？”

"三十一。"

"你哪个单位的？"

"我?(坏了,要通知单位)我……那个……煤气站的。"(含混不清,不敢说明是哪一个煤气站的。)

"家在哪儿住？"

"那个……丁字沽……十二号楼……四门……三〇一。"(回答时尽量往远处说,少找麻烦,并且只说十二号楼,没提是哪个居民区。)

民警也不深究,见他支吾回答,已了解了他的心理活动。微露一丝笑容,才决定用"蹲蹲性"的办法来处理这个纠纷。回头再问"丁文元",民警就不再重复对"王德成"的几句问话了,为什么？因为此时的"丁文元"在派出所里并没有老老实实地等待询问,而是东张西望,头一次进派出所很新鲜。民警就不再问"你叫什么名字",而是改用:

"哎！嘿嘿！你呢？你？"

既代替了"你叫什么名字",又有批评"丁文元"当时态度的意思。"丁文元"一听民警叫他,心里说:"该我的了,准是先问姓名呗。"忙随口回答:

"我？丁文元儿。"(大有古代英雄行不更名坐不改姓的气概。)

用的是儿化音(小辙)"元儿"。因说得太快,民警又问一句:

"什么？"

"丁文元哪！"

这才改用大辙的"元"回答。民警继续问他:

"你多大了？"(省去"岁数"二字。)

"二十六啦。"

民警看他站没站相、坐没坐相,问:

"你有工作没有？你上班不上？"

"丁文元"一听像是受了委屈，这不小看我嘛！于是语气很自豪地说：

"我保全儿啊！"（我是保全工！告诉民警我不单是大厂子的，而且还有技术。）

"住哪儿啊？"

"丁"毫不含糊地说出自己的家庭住址，大有好汉做事好汉当的气势：

"住南市，荣吉大街，瑞福里四号。"（地址详细，表示就在市中心住，你可以找我去。）

…………

例如：在派出所找民警要窝头这一情节，这也是我创作《纠纷》比较满意的一个包袱。

"您这派出所中午不是给窝头吗？"

这一句话来得突兀，使民警一愣，只一笔就勾画出了"丁文元"的"可爱"形象。民警听了苦笑一下，把对这一类青年人如何教育引导的问题摆在了人们的面前。①

对于《纠纷》中民警形象的塑造，马志明采用了侧写的方式，以虚带实，详略得当，为我们勾勒出一个既有政策性又有幽默感的民警形象：

《纠纷》中的民警这个人物，虽然戏不多，但他是这个节目的关键，我采取侧写的手法（"丁""王"二人是实写，民警是虚写），使观众和听众很清楚地了解民警是如何老到地运用"蹲

① 出自《笑匠杂笈——马志明表演相声选集》，《纠纷》解说部分。

性""降温"的方法对症下药,很圆满地解决了这起无原则的纠纷。在表演中,民警并不是一直板着面孔对二人说教,而是自始至终给观众一种深邃的幽默感。从作品到表演都不能使观众认为民警在搞恶作剧,而是一位非常热爱自己工作,负责任,能力很强,处理各种问题都有一定办法,富有幽默感的好干部。[①]

在相声结尾尤其可以看出这位工作经验丰富的民警的机智:

(演员以王德成的声音说——编者注)"同志,我跟您说,我们俩呀,本来认识。今儿早起来呀,是逗着玩儿,逗逗呢,急啦!上脸儿啦!上您这儿来给您添麻烦了!您看呢,咱怎么解决都行,咱别分局啦!算了吧!"

(演员以民警的声音说——编者注)"算啦?哎呀!这问题还没谈呢,怎么能算了呢?再说啦,你这脚轧得这么重,啊?你得医院看看呢,照个大相啊,轧得挺重啊!"

面对王德成有意大事化小,希望尽快解决两人问题的急切态度,民警故意站在丁文元的角度,夸大其脚伤的严重性,有意识地促使丁文元为王德成辩解。

(演员以丁文元的声音说——编者注)"哎,不重,不重!不是他轧的!大概其是我自个儿踩的!这一上午在这儿也活动开啦,挺好!没事儿啦!"

(演员以民警的声音说——编者注)"哦,不是他轧的?他没轧你脚,你怎么张嘴就骂街呢?你一个年轻人,这样不对呀!

① 出自《笑匠杂笈——马志明表演相声选集》,《纠纷》解说部分。

‘五讲四美’你没学过吗？”

面对丁文元为王德成的辩解，民警又故意站在王德成的角度批评丁文元，有意识地促使王德成为丁文元辩解。

> （演员以王德成的声音说——编者注）“哎，同志！我给证明一下啊，他没骂街，没骂街。他那叫‘口头语儿’！带出来的！再说，我们俩相好啊，这不能算骂街！”
>
> （演员以民警的声音说——编者注）“哦！他没骂街！你没轧他脚，他也没骂街，你们俩上这儿干吗来啦？啊，你们这不是无理取闹吗？你们知道无理取闹什么问题？”

当二人满以为互相替对方辩解以后，能尽快解决问题，将大事化小，可没想到正中民警下怀，民警正是要俩人“以子之矛攻子之盾”，从而认清这件事情当中两个人的错误之处，并加以批评教育。纵观通篇作品，马志明没有让民警采取自我独白式的阐述，讲述如何处理这起纠纷的策略手段，而是通过三人的对话充分展现了民警老到的处理问题技巧，且又不乏天津人的幽默性格。正如《白雨斋词话》中所说：“意在笔先，神余言外……若隐若现，欲露不露，反复缠绵，终不许一语道破。”

马志明继承了马氏相声在观察生活时的独具慧眼，揣摩人物细致入微，通过精雕细刻来塑造典型人物，表现之一就是将生活中司空见惯的语言加以提炼加工，《纠纷》就选取了具有浓郁天津特色的方言，如：“怎(něn)么地啦？”“轧你脚？活该！应当轧你嘴！”“拽我车？拽我车我抽你信吗？”“他那是胡吣。”“你甭闹唤啊，这儿打得起来吗？动了手吗？待会儿出去，我给你拿拿龙！我好好管管你！”……在舞台上一经上演，收到了非常强烈的喜剧效果，并逐渐成为一段经典单口相声节目。

原政法委干部刘学仁曾在1996年12月25日的《今晚报》上撰文,这样谈《纠纷》:

> 经过长期的生活积累,志明在继承革新的基础上,努力表现时代风采,功力日趋深厚,演艺日渐成熟,创作欲也越发强烈。他自编自演,通过不同声音的设计,把一个《纠纷》编得有品位,演得有情节。整个作品和表演,反映小人物,得自大境界,入其俗而不流于滑,似可看出志明大俗大雅的风格已经形成,堪称是一部传代之作。整个故事的叙述平白入话,笑料迭出,通过善意的劝讽,不露痕迹地表现出一个在人际交往中倡导胸怀宽容的社会大主题,使各段年龄、各种职业、各个层面的观众都能够在欢娱中怡然接受。

如今这段《纠纷》正如刘学仁所预言的那样,已经成为马志明的一段传世经典之作。

《纠纷》的意义在于它生动地记录了被阶级斗争理论淬火后的人际关系,形象地阐释了“你横我比你还横”的社会历史事实。到派出所“蹲蹲性子”在今天看来虽不合乎规章制度,但确是至今犹可警戒的往事印痕。这无心所插之柳同样具有玩讽意义。

正反两面《看不惯》

《看不惯》这段相声是反映现实生活题材的优秀作品,具有很强的时代意义。改革开放以来, 人们的生活发生了翻天覆地的变化,旧有的价值观受到很大冲击,由原来的“越穷越光荣”到现在的“人人奔小康”,产生了具有划时代意义的转变。那些抱着旧有思想的惯性享受着改革开放带来的实惠的人，不免在主观思想与客观现实之间产生矛盾。正如李泽厚在《美学论集》的《关于崇高与滑稽》一文中说的那样："这种失去存在根据的对象硬要坚持其存在，这样就暴露出它内容的空虚，暴露出它的违反规律性，实质上成了假的可笑形式。"《看不惯》这段相声就通过这种"假的可笑形式"为我们塑造了这样一个全新的形象——一个不能用正确眼光看待新生事物的小人物。

虽然相声中的甲乙两位"看不惯先生"嘴上说着对新生事物看不惯，可他们的个人生活却已经很时尚，甚至有些奢华了。为"一口剩饭"放了虾仁、牛肉、香菇等精配料，为"一碗底醋"买五斤河螃蟹的辩解，显然是掩耳盗铃式的自圆其说。甲在买了高档皮鞋后不舍得走路，坐出租汽车上下班；乙为了保持艰苦朴素的生活作风，买高档"乞丐服"……这一系列的生动事例，形象地勾画出两个鲜活的小人物形象。他们的生活已经发生了翻天覆地的变化，他们自己也切身享受着这种时代的恩惠，但由于头脑中还残存着旧有思想，所以不能正确对待新生事物。他们是矛盾的，抱着"越穷越光荣"的思想惯性，却过着"人人奔小康"的现实生活。"看不惯先生"的口是心非，正如车尔尼雪夫斯基说的那样："只有当丑力求自炫为美的时候，那时候丑才变成了滑稽"，"那个时候它才以其愚蠢的妄想和失败的企图而引起我们的笑"。这段相声善意地讽刺了这样的小人物，通过轻松幽默的形式，反映了一个深刻严肃的主题内容，甚至是哲学命题，给观众以启示。听过这段相声后，我们反省自己：思想深处是否或多或少也存在着这样的"看不惯"呢？我们应当如何解决旧有思想惯性与新生事物发展之间的矛盾？这种发人深省的寓意正是马氏相声一贯追求的思想深度。

马志明为了表现这一深刻思想，精心设计了两个具有典型意义的情节，也可以看作是这段节目的"诗眼"：

甲　我最羡慕的……

乙　嗯。

甲　不是，我最看不惯的……

乙　啊。

甲　那就是，啊……

乙　您等会儿！您打住！您打住！

甲　嗯？

乙　你到底是羡慕啊，还是看不惯哪？

甲　嗯——就算看不惯吧。

乙　什么叫就算看不惯？！说准了，到底是什么？

甲　看不惯！

乙　看不惯啊？！

甲　看不惯！

乙　嗯！

甲　我最最看不惯的呀！（此时表情是无限的向往）

乙　您瞧这模样儿！

甲　那就是啊……

乙　人家看不惯得这样啊！他这可好！“我最最看不惯”，这是看不惯吗这？嗯？！

甲　这不统一了是不是？

乙　差太远了！

这一段中，前面使用马氏相声特有的表演技巧——“错”，故意把“看不惯”说成“羡慕”，通过这种似乎是下意识的不经意流露，来揭示人物的真实思想。他们的所谓“看不惯”其实是掩盖其内心贪婪的一种口实，与其说是“阶级斗争”时代残留的观念，不如说是积淀很深的人人自危的防范心理，虚假和虚伪已然是那个时代的通病。这种反面着笔的方法也是马氏相声特有且常见的技巧（如《卖挂票》中“勾脸儿”和“徐世昌”的包袱）。后面，逗哏演员说自己“最最看不惯”的时候，那种无限向往的表情，与嘴里的“看不惯”形成了鲜明的反差。通过这一精巧的细节安排，形象生动地暴露了这类“看不惯先生”的真实心理，点明了这个作品的主题，做到了王国维在《人间词话》中所说的“境界全出”。

后面，安排逗哏演员学唱流行歌曲《纤夫的爱》，当唱到精彩处时，以“像这类歌儿，我是一律不听”戛然而止。捧哏质问逗哏：

乙　不听，你这词儿可够熟的啊?!

甲　词儿熟啊?熏的!你走到哪儿那录音都放，这么好听，我不学也会了!

巧妙利用人物前后的自相矛盾——“像这类歌儿，我是一律不听”与“你走到哪儿那录音都放，这么好听”——来揭示主题。

具体到这段相声的表演技巧，它融会了马氏相声睿智、冷幽默的特点。

在相声开头，对于称呼的“听不惯”：

甲　你要叫我“马先生”，我就不舒服!

乙　哦，这就不愿意?

甲　比方说你要叫我“马叔叔”，哎!这听着我倒得劲儿。

这个“马叔叔”的包袱就体现了马氏相声的睿智。

再如：

甲 你这个儿比我还高。

乙 啊。

甲 块头儿也大。

乙 是

甲 “小黄”不如“大黄”。

…………

甲 “大黄”吃饭。

乙 唉。

甲 “大黄”洗澡去。

乙 啊。

甲 “大黄”该睡觉了。

乙 是。

甲 哎哟！“大黄”呢？

乙 啊。

甲 人们一听，还就知道是找你。

乙 都认识我呀！

甲 “大黄”？刚还在这儿呢？找找吧，“大黄”！“大黄”……（低头找）

乙 像话吗？上哪儿找去这是？嗯？！

这个包袱巧妙地利用了“大黄”这个称呼的歧义性。在北方广大农村，老百姓给家犬起的名字，多是“大黄”这类的称呼，再加上马志明画龙点睛又含而不露的表演——向四下处寻找，将观众的思维一下子引入了精心设计的包袱当中，使观众领会了潜台词，发出了会心的笑声。这个包袱的效果是互动的结果，是由演员暗示，观众自己补充台词留白而产生的喜剧效果。

马志明按照马氏相声风格设计包袱，表演中也颇见基本功的扎实深厚。如：

甲　当然了，每顿饭总得有干的，有稀的吧？
乙　得呀。
甲　得有荤的，有素的吧？
乙　这不过分。
甲　凉的热的这都得有吧？
乙　那是。
甲　你就是再省，每顿饭也得有煎的、炒的、烹的、炸的、焖的、炖的、熘的、熬的、酸的、甜的、苦的、辣的，这点儿菜这算多吗？

这一段台词演来轻松自然，实际是化用了贯口的表演技巧，却又说得似贯非贯。在表演上丝毫没有舞台腔，而是完全生活化。这种生活化是对生活本身的提炼加工，并非是对生活本来面目的照搬，它将艺术性和生活化完美结合。表演自然，从不以夸张、找刺激为噱头，也是马氏相声一贯的艺术追求。

相声《看不惯》在结构上从塑造人物需要出发，使用了传统相声"三番四抖"的技法，从衣食住行各个方面展现人物性格，其中几乎每一番又都包含有"小三番四抖"：

一番：称呼上听不惯
- 小一番："大黄"吃饭
- 小二番："大黄"洗澡去
- 小三番："大黄"该睡觉了
- 小四抖：利用"大黄"这个称呼的歧义抖包袱

二番:在家务劳动上	小一番:洗衣服——用全自动洗衣机 小二番:扫地——拿吸尘器 小三番:做饭——用微波炉 小四番:切菜——用切碎机 小五抖:“不利于思想改造”
三番:在饮食上	小一番:“有干的,有稀的” 小二番:“有荤的,有素的” 小三番:“凉的、热的这都得有吧” 小四番:“有煎的、炒的、烹的、炸的、焖的、炖的、熘的、熬的、酸的、甜的、苦的、辣的” 小五抖:“这比西太后的伙食差远了”
四番:在节约粮食上	小一番:节约米饭 小二番:节约醋 小三抖:“就得像你这样勤俭节约”
五番:在穿着方面	小一番:买“乞丐服” 小二番:买带窟窿眼儿的牛仔裤 小三番:买胳膊肘儿打补丁的毛衣 小四抖:“虽然说多花几百块钱,但为了保持艰苦朴素的本色,也值!”
六番:在欣赏歌曲上	

七抖：用流行歌曲《纤夫的爱》的曲调演唱革命歌曲《南泥湾》

这个相声的底比较特殊，看似是“底包袱”，其实是真正的底①。它用流行歌曲《纤夫的爱》的曲调演唱革命歌曲《南泥湾》，看似是对第六番情节的“抖”，深层的是对整段相声的“抖”，是对两位“看不惯先生”列举的种种看不惯的全盘否定，是对整段相声的深化和升华。虽然这段相声对于我们应当如何解决旧有思想惯性与新生事物发展之间的矛盾没有直接回答，也没必要回答，但是这段相声的底或许已经形象地暗示我们：事物的更新是一种历史必然，美好的事物必将被广大人民群众所喜闻乐见，社会的改革正在悄无声息地改变着每一个人。

纵观整段相声，马志明着重从精神世界来塑造人物，没有把人物概念化、脸谱化，而是充分利用相声这门语言艺术的优长，让小人物不打自招。通篇作品未对“看不惯先生”进行任何指责和批判，而是用含蓄的手法对其矛盾进行放大，以子之矛攻子之盾，从而凸显其本质的可笑。正是这种“意在笔先，神余言外……若隐若现，欲露不露，反复缠绵，终不许一语道破”的含而不露、蕴藉生动，实现了思想性与艺术性的完美结合，使得此段节目在美学意义与哲学意义上都达到了一个新高度。

《五味俱全》多味素

一提到武侠小说，大家马上会想到金庸、古龙这两位大家，尽管他们的写作风格迥然不同，但都深受广大武侠迷的推崇。相声里

① “底包袱”，掀起观众笑的最高潮，演员在观众酣畅淋漓的笑声中结束表演。而底不仅具有以上功能，它还是故事的结局，是演员对相声主题的最后点明，是整段相声的“点睛”之笔。

面也有武侠题材的作品，那就是大家熟悉的马志明的《五味俱全》。

这段相声创作于二十世纪八十年代初，在社会上产生了极强的影响，具有针砭时弊的功效。那时候，武侠小说风靡全国，于是出现了一批唯利是图的不法分子，盗用金庸、古龙两位作家的名气，非法出版粗制滥造的武侠小说，从中牟取暴利。相声《五味俱全》就深刻地讽刺了这类人。

马志明对于这段相声的二度创作，对于马氏相声技巧精髓的运用，堪称活学活用的典范。

例一：

甲　字儿不多。我给你念念啊：马志明，男，三十八岁，身高一米八三，愿求配偶一人，不限年龄……

乙　行了，行了！好，你有一米八三吗？

甲　哎，说高点儿好搞啊，不兴这个嘛。

例二：

甲　介绍完了你还买不买呀？

乙　你看，我要听着好，帮着你推销去，这怎么样？

甲　那，那可以。

乙　你说说我听听。

甲　我给你介绍介绍内容啊。我这个小说啊，我从构思这方面我先说一说，这个小说这个意思哪，它是——哎，一般的我给人介绍内容也得收费。

乙　噎……

甲　人谈话还收“谈话费”哪！我还没说……

乙　就这个也要钱哪？

甲　你这个当然就好办啦。跟别人不一样啊，因为你能推销。

乙　对呀。

甲　对不对。推销啊，你这个就算优惠，优惠哪，你这个可以少算，咱们按这个九五扣，给你打一……

例三：

甲　这决斗啊，越高越好啊！

乙　上，上，上。

甲　您想这珠穆朗玛峰海拔九千公尺（米）啊，这高高山上一老僧啊……

乙　行，行！咳！珠穆朗玛峰九千公尺（米）啊？那是八千八百四十八公尺（米）。哼！九千公尺（米）！那一百五十二公尺（米）找哪儿要去？

甲　瞧这模样儿，瞧这模样儿！干吗？

乙　干吗？

甲　有什么了不起的？

乙　你说得对吗？

甲　我能不知道吗？我能不知道吗？我让你问住？真是的，我作家呀！这个我能不懂？珠穆朗玛峰海拔是这个……这个……不到九千公尺（米）……

乙　八千八……

甲　八千八百二十八呀……

乙　四十八。

甲　四十八呀。

乙　啊。

这三处例子都体现了典型的马氏相声特有的包袱组织技巧。尤其是例三的包袱设计，和马氏相声精品《卖挂票》里“马喜藻”勾脸儿时的包袱十分相似。

> 甲　嗬！我心里这痛快！扮戏呀，宾尔敦！刚要打花脸儿啊！
> 乙　哎！那叫勾脸儿。
> 甲　我说勾脸儿怕你不懂！勾脸儿……勾眼儿？
> 乙　勾脸儿！

马志明很好地继承掌握了马氏相声技巧，也许，这就是马三立大师特别喜欢这段相声的原因，是一位严父、恩师看到自己的衣钵得到了很好的继承的一种欣慰。这也是马志明完全继承马氏相声精髓的标志，他巧妙地化用马氏相声的包袱设计技巧，驾轻就熟，为塑造典型人物服务，达到了内容与形式的完美结合。

相声中的“我”利欲熏心、唯利是图，是一个极端的拜金主义者，脑海中始终贯穿一个“钱”字。马志明精心设计了很多细节，并非单纯为了抖包袱而抖包袱。“我”一上来就打听捧哏挣多少钱，后又以征婚启事充当作品，妄图进入作协赚取稿费，征婚启事中对自己身高的夸大和不限年龄的要求看似闲笔，其实正是其性格的必然表现。对自己身高的夸大为后面胡编滥造武侠故事做了伏笔，而不限年龄的要求又是其为了金钱不择手段的最好注脚。所以前面的征婚启事的包袱看似“外插花”，实际上却是“肉中噱”。后面马志明又通过催促捧哏购买自己的武侠书，给自己起笔名“卖飞”，向捧哏索要谈话费，设想把小说改成单弦送给曲艺团又挣一份稿费等细节，反复多面地皴染“我”的形象，使之呼之欲出。通过这些包袱，作品淋漓尽致地刻画出一个不学无术、到处招摇撞骗、唯利是图的市侩小人形象。这段相声虽然以讽刺假武侠为主要内容，但又何尝不是对于国民劣根性的深刻揭露。我们身边是不是有一些这样的人：他们成天只想着不劳而获，不择手段地追逐着非法利益。这类人最后的结局，也只能像捧哏在底中说的那句寓意深刻的话："回炉了！" 这种以小见大又发人深省，投枪匕首似的人物塑造手法也是马氏相声所独有的。

在这段相声的表演上，马志明运用多种表演形式，将单弦、评剧、流行歌曲等都恰到好处地安排进来。尤其是在表演"五味大侠"飞身上梅花桩时，马志明干净利索地做了一个戏曲动作"旋子"，使观众眼前一亮。这也是马志明深谙京剧表演艺术，借鉴四大名旦之一尚小云文戏武唱的表演风格，形成了自己独具特色的表演。

这段相声对于马志明来说，是一段承前启后、具有里程碑意义的作品。

"麻将声声"传世情

《夜来麻将声》的原作者是原建邦，而目前我们能欣赏到的是马志明做了较大幅度整理改编的版本，也是马氏相声中一个反映现实生活内容的节目。作品中塑造的"马(麻将)科长""小幺(幺鸡)""老阚(卡档)""老刘头"给人们留下了很深的印象，也引发了人们的许多思考。

就这段相声的内容来说，马科长是一个嗜赌成性的小官僚，小幺是一个巴结上司的女职员，老阚是一个逢迎上司又有些怕老婆的小职员，老刘头是老奸巨猾的麻将高手。由于相声自身的喜剧性要求，这几个人物身上便都具有十分突出的喜剧元素，但这几个典型人物的设置仅仅是为了增添娱乐性吗？他们能给我们带来什么样的启示呢？让我们来仔细看一看：

甲　找别人？有的是人，我们财务科里头好几位呢！想来啊？招之即来！

乙　都听你的？

甲　当然了！

…………

甲　她（小幺）是我的助手，玩儿牌的时候，她在上家儿，我在下家儿，我需要什么牌呢我告诉她。有暗号。我一给暗号她把牌打出来，我是连吃带碰，容易和！

乙　一合手啊？

甲　合作，嗯。

乙　小幺一直坐你上家？

甲　唉！

乙　固定座位？

甲　啊。

乙　那二位干吗？

甲　我是科长啊！我说了算哪！

…………

甲　带钱太少不够输的。

乙　你们打麻将还动钱的？

甲　费话！这不挂点儿彩谁费这工夫，真是！

以上对话暴露了马科长的真实嘴脸，他不但具有嗜赌成性的赌徒共性，对家庭亲情冷漠（与妻子离婚），对工作缺乏责任感（挪用公款），而且还具有独特的个性。马科长可被视为一个腐败官僚的标本，他骨子里对于金钱有着贪婪的占有欲，赌博只不过是其利用手中职权，视手下人员为任其宰割的牺牲品，借机捞取金钱的手段。对金钱的贪欲已经使其性格扭曲，为达目的不择手段，他的身上浓缩了腐败官僚的种种特点。正如李泽厚在《美学论集》的《典型初探》一文中说的那样："典型作为个性体现共性的特点，其实质正在于它是在偶然性的现象中体现着必然性的本质或规律。"当然，相声的喜剧性和娱乐性特征，使得这个人物不可能十恶不赦，即便是十恶不赦的人物，相声也要尽可能地将其夸张变形为滑稽可笑的喜剧形象。

马科长的计划不会一直得逞，当他遇到老奸巨猾的麻将高手老刘头时，就显得是那样的无能、可笑(沦落到捡烟头儿抽)。这一时得意、一时失意的反差对比，不仅增强了戏剧冲突的喜剧性，也使马科长这个腐败官僚色厉内荏的丑陋本质昭然若揭。

这里又让人不禁想起马氏相声《练气功》中，那个专门在弱者面前施展淫威，一遇到强者(菜刀就是强者的一种象征)，立刻暴露出不堪一击的脆弱本质的"张二伯"。在这里，那把使张二伯不堪一击的菜刀与让马科长输得一塌糊涂的老刘头，似乎都具有一种象征意味。我们也可以从马三立的《练气功》和马志明的《夜来麻将声》中，体会到马氏相声的一脉相承。

我们再来看看《夜来麻将声》中的其他形象：

小幺和老阚同是被腐败官僚马科长奴役的对象，在强大的恶势力面前，他们都是弱者、受害者，但他们之间又有所不同。

小幺在腐败官僚的手下，虽然受到奴役，但她自己不觉悟，没有反抗恶势力的意识和胆量。面对马科长的威逼利诱，她沦为腐败分子的帮凶：

> 甲　她(小幺)是我的助手，玩儿牌的时候，她在上家儿，我在下家儿，我需要什么牌呢我告诉她。有暗号。我一给暗号她把牌打出来，我是连吃带碰，容易和！

小幺甚至麻木到兴致勃勃、乐在其中的地步：

甲　哎呀！小幺啊！玩儿牌的瘾大嘞！

乙　嗯。

甲　你算吧！

乙　嗯?

甲　打顶(dīng)天亮，我们仨人全累了，小幺愣不困！

…………

甲　先救个急呀！真是。写完了，得，“小幺，给你这个，打开保险柜给‘卡档’拿钱！快去快回呀，我先替你抓牌。”“好嘞！”小幺拿着借条儿奔那屋去了。小幺办事最麻利！一溜小跑儿把钱拿回来了。那个速度啊，真快啊！前后才用了“九秒七八”，跟约翰逊一样！

乙　这位也吃了兴奋剂啦！

小幺由一个受害者变为为虎作伥者，既可恨又可怜、可悲。她的形象更加深了人们对于腐败官僚拉别人下水行径的痛恨。

老阚同样受到了马科长的奴役，由于他生性懦弱，没有反抗恶势力的意识和胆量，只是一味地妥协、忍耐，但他没有沦为帮凶，这是他与小幺的区别。马志明巧妙地设计了他怕老婆的情节，那惧内的一幕，正是其性格符合逻辑的反映，意味深长地揭示了其懦弱胆小的性格特点。

传统相声中也有以赌博为题材的节目，如《打牌论》中那个“四家打牌三家不顺眼，骰子也上房了，牌也满扔桌子底下去了，瞅哪儿哪儿别扭，闲话全来了”的赌棍嘴脸，给观众留下了深刻印象。

我们对照《夜来麻将声》和《打牌论》这两段相声就可以发现，

它们之间既有相似之处,又有许多区别。

《打牌论》中“四家打牌三家不顺眼”的旧社会赌棍与《夜来麻将声》中的马科长同是赌徒,但他们的身份背景不同。《打牌论》中那个生活在旧社会的赌棍充其量只是一个“两圈牌没开和”便摔牌骂骰子、怨天尤人的市井无赖。他手中没有像马科长那样可以利用的职权,他面对赌博中的失利只能撒泼耍赖,甩闲话痛快痛快嘴而已。而腐败官僚马科长则不然,当他失利的时候,狠狠瞪着小幺,这其中隐含了多少威逼利诱的潜台词,我们可想而知。

《打牌论》中其他几个赌徒也都是市井小人物,他们之间没有上下级的隶属关系,没有复杂社会关系的纠缠,互相不受制约。对于那个摔牌骂骰子的无赖赌棍,他们采取的是不跟他置气的态度——“人家一想,为这点小牌再出条人命,不值当的,拆开了成心让他和”。比较起来,更让人感到小幺和老阚被腐败官僚马科长奴役的可悲之处。

《打牌论》描述了旧社会赌博的危害性,而《夜来麻将声》不仅暴露了赌博的危害性,而且更加深刻地揭露了擅自挪用赈灾捐款,无视百姓生死的腐败官僚的危害性。《夜来麻将声》这段相声借助赌博这种表象,为我们揭示了其背后隐藏着的复杂的社会关系和矛盾冲突,带给我们更多更深的思考与回味。正如薛宝琨在《“包袱”的艺术辩证法》一文中所说的那样:“任何精湛的艺术都不是掠取生活的表面现象,任何感人的形象也不是只传达人们一时短暂的某种浮泛情绪,而是深入生活的底蕴,揭示潜藏在艺术形象内部的生活潜流。在有限的时间和空间里,表现无限丰富的社会内容,创造深刻隽永的艺术典型,犹如一枚味道醇厚的橄榄,把生活的丰富性寓于单纯的艺术形象之中。”

那么,我们是否可以把《夜来麻将声》中的几个人物看作是具有象征意义的典型呢?

马科长象征着色厉内荏的恶势力；小幺象征着为虎作伥的恶势力的帮凶；老阚象征着甘受恶势力奴役，不思反抗的受害者；老刘头象征着恶势力不可掌控的更为强大的势力。

这些具有象征意义的典型形象背后都具有深广的社会内容，相比传统相声中同样描述赌博的节目，《夜来麻将声》有着更加深刻的寓意，引人深思，发人深省。

李泽厚在《美学论集》的《典型初探》一文中这样写道："典型是美的社会性和形象性的统一，它具有鲜明的形象形式和深广的社会内容"，"历史地形象地反映一定时代的生活本质、规律和理想，揭示生活真理的艺术作品，就一定具有永恒的价值。"

"麻将声声"背后不仅是轻松的业余文化生活，也奏响着世俗市井人际关系的心声以及社会情绪中某些消极怠惰的脚步声。

附：

马志明演出过的相声目录

传统改编(76段)

《白事会》
《红事会》
《找堂会》
《结巴会》
《文章会》
《开粥厂》
《大审》
《拴娃娃》
《地理图》
《报菜名》
《大保镖》
《灯谜(倒叫门)》
《灯谜("好"字底)》
《灯谜("把"字底)》

《灯谜（“我”字底）》
《猜戏名》
《猜戏》
《追柳》
《摸摸涮涮》
《八大吉祥》
《接戏（词）》
《接戏（腔）》
《大上寿》
《杂烩（戏）》
《杂烩（曲）》
《太平歌词》
《升官图》
《反七口》
《溜嘴皮》
《干亲》
《两头比》
《交情套子》
《醉酒（嗯）》
《丹凤朝阳》
《卖挂票》
《雇三轮》
《规矩套子》
《八扇屏》
《汾河湾》
《黄鹤楼》
《捉放曹》
《反正话》
《小抬杠》
《封建婚姻》
《羊上树》
《树没叶儿》
《打砂锅》
《铃铛谱》
《五行诗》
《酒令》
《蛤蟆鼓》
《答非所问》
《相面》
《拉洋片》
《洋药方》
《对春联》
《卖五器》
《学四相》
《反八扇》
《天文学》
《夸住宅》
《数来宝》
《卖布头》
《老太太论戏》
《烧骨记》
《美人赞》
《鸟不叫》
《揭瓦》

《窝头论》
《怯拉车》
《怯洗澡》
《果团》
《算人口》
《磨蔓儿》
《托妻献子》
《戏迷药方》

创作改编(60段)

《纠纷》
《听曲艺》
《论拳》
《扔狗》
《卖猫》
《驯鸡》
《看不惯》
《顺情说好话》
《哪儿的人多》
《不让唱非唱》
《五味俱全》
《没力量》
《称谓》
《看斗牛》
《康万生》
《精打细算》
《泼水节》
《八大贤母》
《孩子问题》
《酒席宴前》
《夜来麻将声》
《犹豫症》
《十年变化》
《讲卫生》
《打嗝》
《学跳舞》
《学王派快板》
《黄袍加身》
《算副处》
《卫生药皂》
《聪明误》
《乍见孺子将入于井》
《解扣》
《车中人》
《中毒》
《近亲》
《吃奶》
《考试》
《逛公园》
《追》
《狗碗》
《茅房话》

《打元宵》
《试表》
《串换》
《兵马俑》
《含梨片》
《我的婚姻》
《戒烟》
《买面》
《核桃酥》
《讲文明》
《严父慈母》
《我是患者》
《学英语》
《自食其果》
《看热闹》
《狗学猫》
《下饭馆》
《鸟说话》

我的恩师:马志明[1]

黄族民

我与马志明老师结识是在1987年,那个时候,马老师已经和原来的搭档不再合作。由马老师的好友、和平区工人俱乐部的辅导老师李浩然先生介绍我们认识,李老师有意推荐我为马老师捧哏。作为相声爱好者的我,能够见到马老师并向他请教,当然是欣喜若狂的。但是对于我来说,不敢奢望和马老师合作,只是爱好相声,想向他这样有真本领的名家多学习。当时马老师见到我以后,觉得我的个头儿太高,经他人转达婉言谢绝了做搭档的提议。但是我们的关系一直没断,我也经常去马老师家请教,马老师每次都是有问必答。

我跟随马老师学习的第一段相声就是《找堂会》,马老师倾囊相授,让我十分感动。

1987年底,由于是春节前后,天津市曲艺团业务演出很忙,马

① 本文写于2008年。

老师没有搭档,难以完成演出任务。这时候,马老师想尝试一下让我为他捧哏。于是,他找到我说了这件事情,并且提出每场演出都要给我劳务费。我当时就拒绝了,一是我有正式工作有工资,二是我的目的是跟他学习说相声的真本领,能和他同台是我的荣幸,我不能要钱。马老师听后也很感动,觉得我这个人是真的喜欢相声,而不是图名图利。有时候是义务演出根本没有收入,马老师就自己掏钱给我劳务费,这些事情也让我很受感动。马老师说,我为他捧哏,就得给我劳务费,不能剥削我。这就是为人正直厚道的马志明,他身上没有一点旧艺人的江湖习气,有的只是真诚与热情。

我为他捧哏的第一个段子就是传统相声《白事会》。马老师交给我一盘录音带让我去听,说三天以后再到他家。这三天,我白天要上班工作,晚上就躲在被窝里用耳机反复收听。三天后,我来到马老师家对词,捧哏的每一句台词我都记得很熟,这让马老师很高兴,他觉得我很用功,马上为我详细讲解了这段相声中捧哏台词的节奏和尺寸的运用,让我受益匪浅。结果这段作品在曲艺团的业务演出中效果还不错,也就是从那个时候起,我们一直合作到今天,已经有二十一年了。

在我为马老师捧哏十年以后,1998 年,马老师提出:“你进了曲艺团,干了专业,应该拜个专业的师父,你看看拜谁合适?”我想了想说:“拜谁都不合适,因为谁也没教过我一个字,我拜谁都不认头。认头的只有一个,就是您。因为我的捧哏都是您教的,如果您不同意收我当徒弟,我就谁也不拜了。”马老师高兴地说:“我当然同意,你的相声就是我教的。”就这样一拍即合,从此马志明老师就是我的名副其实的授业恩师。如今,我为马老师捧哏已经二十一年了,我们合作过的节目总共有一百三十段左右,都是马老师向我一字一句地口传心授,为我细致讲解台词背后的掌故,我掌握的每个段子都凝聚了马老师的很多心血。在舞台实践过程中,他不断纠正我的不足，肯定我的进步。通过这二十一年来的学习过程，我越来越深刻地体会到马氏相声的博大精深。尤其是在节奏把握、包袱运用上，都有独到的地方。

马氏相声追求回味无穷的艺术效果，在台词处理上讲究精准，恰到好处。我原来认为相声里面笑料越多越好，自跟随马老师学习以后，我的认识有了改变。马氏相声对于每一个包袱的处理都非常讲究，不该响的包袱绝对不能响，要层层递进、丝丝入扣，来保证最后一个大包袱的效果。

马氏相声讲究人物塑造，每一句台词背后都有内涵丰富的潜台词，为的是表现人物内心世界。比如《太平歌词》中——

甲　出趟城西！我这出趟城南！怎么样，是你那段吗？

乙　不是。

甲　这你会吗？

乙　不会。

甲　要会你把下面那词唱出来？

乙　唱不出来。

甲　这词你有吗？

乙　没有。

甲　服吗？

乙　不服。

马老师耐心为我讲解捧哏演员这几个“不是”“不会”“唱不出来”“没有”“不服”处理的劲头儿的不同，都具有丰富的潜台词。前面这几个“不是”“不会”“唱不出来”“没有”表演要有层次，表现捧哏被逗哏质问得有些含糊了，对逗哏演唱的这段太平歌词有些莫名其妙，而后面这个“不服”就要表演出捧哏不服输的语气，只有把这些丰富的潜台词准确表现出来，才能把这个捧哏人物演好，产生喜剧效果。这让我茅塞顿开，从而更加深刻地理解了马氏相声的精到。

马氏相声非常倚重捧哏演员，从来不拿捧哏演员当摆设，而是充分利用捧哏演员的表演递腿儿、添砖儿、烘托气氛。我也是朝这个方向去努力的。

在长期跟随马老师学习的过程中，我发现先生在艺术上非常敬业，对每一段节目、每一句台词都精益求精。就是同一个段子也要区别于其他演员的表演路数，演出自己的特色。同样的节目、同样的台词，经马老师演来就添色十分，精彩异常。在相声《大保镖》的改编上，就能看出先生的功力。在马老师整理改编以前，这个段子已经没有人表演，原因是其中有很多“外插花”，大多是不合理的碎包袱，演来拖沓冗长，段子中的人物性格前后矛盾，所以在“文革”前很多演员就不演这段节目了，也使这段节目濒临淘汰。而《大保镖》在先生手中被整理改编后，一下子红遍大江南北，连台湾演员都争相学演此段，一下子让这个段子起死回生。

马老师善于观察，并细心揣摩人物，他塑造的小人物都个性鲜明，所设计的语言、嗓音、动作等都与人物性格非常贴切，给人很深刻的印象，这一点在他的代表作《纠纷》中体现得尤为突出。丁文元、王德成已经成为深入人心、家喻户晓的经典人物了。

马老师艺术功力深厚，为人更是表里如一，真诚坦率，耿直磊落，疾恶如仇，让人钦佩，也因此遭受了很多挫折。

我为马老师捧哏的这二十一年来，我们两人从来没有闹过矛盾，这也是我们师生最引以为豪的事情。相声界有“搭伙三年，不火自赚”的说法，意思是说，捧逗哏合作三年，即便没有出名，彼此也都得到了锻炼，增长了本领。而我和马老师一起演出已经有七个“三年”了，我从马老师身上学到的东西数之不尽。我很庆幸自己能有这样一位德艺双馨的恩师。

第五章　他与父亲马三立

马志明是马氏相声集大成者，他的相声深深受到父亲马三立的影响。这里我们不妨对马三立的一些相声作品进行赏析，从中便可寻出马志明相声的发展轨迹。

马三立相声赏析

马三立秉承家学，全面深刻地继承了传统相声技巧，他还结合自身特点，开创了马氏相声艺术风格。在他所表演的节目中，传统段子彰显着时代地域特色，现代作品融会了厚重的传统文化韵味，不愧为一代相声宗师。

纵横捭阖《文章会》

《文章会》是诞生于清末的传统相声段子，作品名中的“会”字，有会合、聚合之意，《文章会》以文章为纽带，聚合包袱笑料，是清门相声的代表作。这段相声原先仅是《大保镖》的一个垫话，被若干相声艺人丰富润色后，才成为一段独立的相声节目。相声界有句艺谚："文怕《文章会》，武怕《大保镖》。"这句话的意思是说，文哏类的相声段子中，《文章会》难度最大；"武"是指身形表演类的段子中，《大保镖》难度最大。那么，《文章会》何以令相声演员"怕"呢？究其原因，是因为这段节目对演员自身的要求比较高，演员的气质要符合《文章会》中那个酸文假醋、不学无术的伪劣文人形象，另外段子中一段近乎文言文的贯口，需要演员具有一定的文化修养，才能将这个人物的迂腐表现得淋漓尽致。因此，很多演员都不敢轻易上演这段节目。

相声《文章会》具有深刻的思想性，它对封建科举制度乃至封建礼教进行了无情的讽刺。

清末，改良派人士仗义执言，揭露封建科举制度的三大罪状是"锢智慧、坏心术、滋游手"，说它"危害足以亡国"。1898 年，清代统治集团发生分裂，光绪皇帝采纳了康有为、翁同龢等人的主张，进行了"戊戌变法"。"除旧"部分的头一条就是"废八股，改试策论"，"布新"部分的头一条就是"筹办京师大学堂"。以慈禧太后为首的"后党"把持朝政，力主守旧，反对革新。由于慈禧太后得到了帝国主义的庇护，光绪皇帝的维新历时仅一百零三天便以失败告终。《文章会》就是这次政治事件的直接反映。

刘宝瑞的演出本中，提到的主考官是光绪皇帝的老师、军机大臣翁同龢和荣中堂荣禄；苏文茂的演出本则将主考官改成了维新变法的康有为和相声前辈艺人周德山（艺名"周蛤蟆"）。整个段子，通过歪讲、曲解的手法，抱着嬉笑怒骂、玩世不恭的态度，颂扬了人民群众喜闻乐见的民间说唱和俗曲，抨击了八股文的无病呻吟和迂腐反动。

八股文是明清科举考试所采用的文体，对每篇文章的格式要求非常严格，整篇文章需分为破题、承题、起讲、入手、起股、中股、后股、束股、落下等组成部分。在起股、中股、后股、束股四个部分中，各有两股相互对应的文字，共有八股，所以称为“八股文”。八股也称八比，比是对偶的意思。在这八个部分中，句子的长短、字的繁简、声调的高低等都要相对成文，字体也有明确的规定。对于文章的内容，八股文要求立言必须用古人的语气，题目主要从四书里选取，议论的内容也必须以宋代理学家朱熹写的《四书章句集注》为根据，绝对不允许自由发挥，字数也有限制。这种文体极大地束缚了人们的思想。自采用八股文考试后，学校教育的重心就是教学生读八股、写八股，史学、算学、天文学等科目根本无人问津。明末清初大学者顾炎武曾说，八股的害处等于秦始皇焚书，而它对人才的摧残比坑儒还要严重。

相声中的人物面对的就是八股文中的“春秋题”，这本是从微言大义的《春秋》这部书中寻章摘句为题目。而在相声当中，为了演出效果，相声艺人们将晦涩难懂的“春秋题”歪曲妙解为以“春季秋季”为题，使其便于观众理解，并形成反差。

相声中的人物“我”在“春题正月”中，以俗曲《正月探梅》“正月里来正月正，我与小妹去逛灯……咿呼呀呼嘿”作答；“秋题八月”，以鼓词《摔镜架》“八月秋风阵阵凉，一场白露一场霜。小严霜单打独根儿草，挂大扁儿甩籽荞麦梗儿上也”作答。在这里被假道学诬以淫词艳曲难登大雅之堂的“我与小妹去逛灯”和“王二姐思夫”的俗曲鼓词表现出了世俗的真实可感，象征着鲜活的现实生活；而“春秋题”则象征着“存天理，灭人欲”、桎梏人性的封建科举制度乃至整个封建礼教。观众的笑声中不仅有对以俗曲对考题的不伦不类的嬉笑，还饱含着对世俗对抗封建礼教并取得最终胜利的优越感。段子中的深意值得我们反复玩味。

很多相声演员根据自身条件和个人理解，将《文章会》演绎出不同的版本。比较流行的有两种版本，一种是结尾以“啪胡撸”为底的平铺直叙版本（这其中，不同演员的表演版本略有差别，但基本路子相同)；另外一种，是以“门外煮烤”“抄等雇问”为底的马氏相声特有的“刨着使”版本。

说起“平铺直叙”版本，佟大方、苏文茂等演员都留有录音，其中以苏文茂表演的版本影响最大。苏文茂的个人气质适合表演这种文哏类节目，他在《文章会》中为我们塑造了一个滑稽可笑、酸文假醋、迂腐不堪的伪劣文人形象。

而马氏相声一改传统《文章会》的使法，结合自身特点，运用传统相声技巧“刨着使”，将其改编成以“门外煮烤”“抄等雇问”为底的独具特色的版本，为我们塑造了一个吹嘘自己有渊博文化知识的小市民形象。

“刨着使”是指事先设计好明暗两条线，以两条线的内在联系或相似之处为契合点组织笑料。这段相声即通过这种方式有意识地使甲的语言前后矛盾、漏洞百出，以造成难堪的局面，制造喜剧冲突。

具体说来，“抄等雇问”这一版的《文章会》有明暗两条线，以拉洋车的车夫为暗线，以中文大学生为明线，制造强烈对比，组织笑料。

中文大学生(明线)	契合点	车夫(暗线)
平时运动锻炼身体	跑跑步	每天的工作
铁路局职工中学	扶轮中学	人和车场子
学校设施	大铁罩棚子	存车设施
学生休息	蹲着	车夫休息
学生的穿着	灯笼裤等	车夫的装束
学生功课表	地理、跑步	车夫业务知识
五经四书	“二论(轮)”典故	车夫专业技能
学生的学名	点名	车夫的称呼

职称	超(抄)等顾(雇)问	车夫职业特点

“门外煮烤”版，以卖烤山芋的小商贩为暗线，以中文大学生为明线，制造强烈对比，组织笑料。

中文大学生(明线)	**契合点**	**卖烤山芋的小商贩(暗线)**
学生的气质	演员的外表	小商贩的相貌
学名	马三立(山芋)	小商贩的字号
文章的篇幅	大块的	山芋的大小
校长名字	卢微(炉煨)	烤山芋的火候掌握
学校名称	铁路附近小学	商贩的售货地点
学习内容	挂钩	烤山芋的技巧
官衔	门外主考(煮烤)	烤山芋的职业特点

作品利用这些契合点组织情节，制造假象，迷惑观众，然后由捧哏演员予以揭露，逗哏演员再去遮盖、圆谎。这也是传统相声中的高超技巧之一，具有高度的艺术性。其本质是“倒错”。所谓“倒错”，就是“言非若是，言是若非”，形式上所表达的外在意义与内在真实内容相矛盾。这里运用“刨着使”也是非常符合人物性格逻辑的。“我”的身份就是拉洋车的车夫、卖烤山芋的小贩，却抱着阿Q的“精神胜利法”，在捧哏面前大加吹嘘。而由于其小市民身份的惯性，他在吹嘘中不免总是与真正的文人南辕北辙，险些露出马脚。为了不暴露身份，他只能竭力圆谎，却欲盖弥彰，笑料不断。在这里，假象并不掩盖本质，而是揭露本质，通过“我”的种种圆谎，并没有达到混淆视听的目的，反而使人们更加清晰地认清其本质。最终在捧哏的逼问下，“我”不得不袒露实情，从而使表演收到强烈的喜

剧效果。

马氏相声的《文章会》版本与以苏文茂为代表的《文章会》版本，为我们塑造了两个不同身份的人物。苏版《文章会》中的“我”是文人阶层中滑稽可笑、酸文假醋、迂腐不堪的伪劣文人，而马氏相声版本中的“我”却是一个俗不可耐的典型小市民。如果说，以苏文茂为代表的那一版本《文章会》为我们塑造的是孔乙己，那么马氏相声就为我们塑造了一个精神胜利的阿Q。孔乙己是对封建科举制度乃至封建礼教的控诉，而阿Q带给我们的更多是对国民劣根性的深远思考。

马氏相声的《文章会》是马三立在继承传统《文章会》的基础上独辟蹊径的精品节目。他将平铺直叙的叙事改为“刨着使”的“抄等雇问”手法。后来他又巧妙利用自己名字“马三立”与“马山芋”的谐音关系，将“抄等雇问”版本打造成为具有品牌效应的“门外煮烤”版本。一段《文章会》在马三立手中几经翻腾出新，生成若干版本，尽显其深谙传统技巧、不断求新、才思敏捷的深厚艺术功力。

马氏相声的《文章会》由于采用了“刨着使”的手法，所以对捧逗哏演员的要求都很高。逗哏演员——相声中的“我”，在叙述中要时刻注意分寸的把握，将“我”在生活惯性的驱动下不经意露出马脚，后强词夺理圆谎，结果却欲盖弥彰的种种丑态层次分明地展现在观众面前。而捧哏演员时而要代表观众质疑逗哏演员的言行来翻包袱，时而又要配合逗哏演员迷惑观众，制造悬念，保证相声效果。在语言上，捧逗哏演员要反复锤炼每一个字句，既使观众领会其中的含义，识破“我”的种种谎言，又不能太过渲染，造成直白浅露，便没有了回味。由此足见马氏相声的《文章会》的难度之大，堪称精品。

著名曲艺理论家薛宝琨曾经这样说：“《文章会》的趣味在于雅俗的跌衬，有讽刺也有玩笑意味。对照如今的作品叫作‘有文化’！”

真假虚实《开粥厂》

马三立作为马氏相声的开创者，其功绩之一是突出了相声的文学性。传统相声当中也有涉及人物的节目，但那些人物大都处于从属地位，是为笑料服务的，个性谈不上鲜明，更多的只是滑稽可笑。而马三立凭借自己对社会生活的深刻体悟以及自身的文化素养，为我们塑造了若干个性鲜明、意蕴丰富的典型人物形象，使相声上升到了文学的高度。

这其中给我们留下印象最深的就是《开粥厂》中的“马善人”形象了。

开粥厂是一种赈灾行为。在过去，遇到大的自然灾害的时候，有钱的士绅、财主，甚至官僚、财团，都开设施舍粮食的场所，赈济灾民。这一历史可以上溯到先秦齐庄公时期，《礼记·檀弓下》里著名的“嗟来之食”典故中的大夫黔敖，“为食于路，以待饿者而食之”，其行为就近似于开粥厂。

相声《开粥厂》又名《三节会》，这段相声大概形成于清末民初，反映了那个时期开粥厂的情形。其中巧妙地将端午节、中秋节和春节的饮食风俗连缀在一个段子里，进行了张扬却不失细致的描绘。

《开粥厂》原先的版本是以背诵五月节、八月节、春节施舍物品清单来卖弄演员贯口基本功的节目。而马三立的版本却将技巧的展示放到了次要位置，整段相声通过若干精心设计的细节描摹，为我们塑造了一个意蕴丰富的“马善人”形象。

马善人与鲁迅先生笔下“哀其不幸，怒其不争”的“精神胜利法”的集大成者，那个妄自尊大、自欺欺人、自我陶醉、自嘲自解的阿 Q 有异曲同工之妙。马善人不能正视现实，幻想自己出身大户人家，到处吹嘘自己并不拥有的阔绰，用瞒和骗来为自己寻找精神

上的慰藉。他先为自己寻找祖上荣耀的根据,这与阿 Q 非要说自己是未庄大财主赵太爷的本家,借以抬高身价的伎俩如出一辙:

乙　嘿呀,大户之家。
甲　我们是汉朝伏波将军马援的后辈。
乙　啊,马援的后辈。
甲　哎! 马超知道吗? 三国马超。
乙　知道。
甲　马超、马岱,我们老祖先。那是我们上辈。汉朝那伏波将军马援,我们上辈。这都一家子,姓马。

在小说《阿 Q 正传》中,赵太爷为了这件事给了阿 Q 一个嘴巴,而这里的"嘴巴"是捧哏打的:

乙　姓马都是一家子?
甲　哎。
乙　哦,唱评戏有个"马寡妇",您一家子啊?
甲　同姓各家。

接着马善人又陶醉在自己编织的谎言中:

甲　大元宝、小元宝,小锞子儿,这么点儿的那个,拿! 给孩子们拿着玩儿去。
乙　嘿,哎呀!
甲　没用!
乙　成堆啦? 金条成堆!
…………

甲　有七十多座亭子。亭子满都汉白玉的石座，玻璃砖的亭子！亭子顶儿，银子包金的。两边的鹤鹿同春，满是真金的。

乙　嗬！

甲　翡翠的犄角，猫眼的眼睛，碧玺的尾巴。月牙河，汉白玉的石桥。河里的金鱼、银鱼赛过叫驴，那蛤蟆秧子跟骆驼那么大个儿。

当马善人使用小市民伎俩的时候，其真正嘴脸就立刻暴露无遗了：

甲　这马家叫“什变的”，这个月饼。

乙　怎么个什变？

甲　什变的，得心应手。你想吃什么，就看你说话，你说着就变。“嗬，这大月饼哎，多好啊，是白糖馅儿？”一掰！哎，白糖馅儿哎，真好吃。吃两口，腻啦！“嘿，枣泥儿的好啦！”再掰！白糖全没，满变枣泥儿。

乙　嘿！这好啊！

甲　“枣泥儿好吃啊！哎呀，南方，椰子馅儿，咱这儿吃不着！”再掰！椰子馅儿。说它变你信不信？不信我骂街啦！

乙　信！我信！

马善人甚至把自己买不起新鞋作为骄傲的资本：

乙　您这鞋该钉掌啦！哈哈，换换鞋吧。那么些金条。

甲　你问问，都看见啦！我一直老这双鞋吧！

乙　可不！压根儿也没换。

甲　你看见没有，不想换。

乙　不想换？

甲　哎。

乙　嘿，你也没有啊。

甲　干净。

乙　干净啊？

甲　衣贵洁，不贵华。曾子曰："包子有肉不在褶儿上。"

乙　啊？这是"曾子曰"呀？

明明是没钱买新鞋，却满口之乎者也地盗用先贤之言，断章取义甚至胡编滥造地为自己的行为辩解，把自己幻想成衣衫褴褛却品格高尚的圣人。这与阿Q自诩长的是"一种高尚的光荣的癞头疮"何其相似呀。传统相声《开粥厂》经过马三立的提炼改编，对国民劣根性进行了无情的讽刺和揭露，发人深省。

马三立对四书五经烂熟于胸，他的相声语言总是寓庄于谐，试看《开粥厂》中引用的古文：

"衣贵洁，不贵华。"——出自《弟子规》

"衣敝缊袍，与衣狐貉者立，而不耻者，其由也与？"——出自《论语·子罕》

"庖有肥肉，厩有肥马，民有饥色，野有饿莩，此率兽而食人也。"——出自《孟子·梁惠王上》

"无伤也，是乃仁术也，见牛未见羊也。君子之于禽兽也，见其生，不忍见其死；闻其声，不忍食其肉。是以君子远庖厨也。"——出自《孟子·梁惠王上》

"君子遵道而行，半涂而废，吾弗能已矣。"——出自《中庸

章句》

在这大雅的古文之后，马三立便托先贤曾子之口，吟咏了几句市井白话：

“包子有肉不在褶儿上。”

“不能饱汉子不知饿汉子饥。”

“一羊也是赶，俩羊也是放。”

“捆着发木，吊着发麻。惹惹惹，敲大锣，罗罗缸，卖咸姜，大爷不怕小八卦……”

文白杂糅，俗雅对比，突出了喜剧效果。

这段相声采用了传统相声“三番四抖”的技法：

一番：马善人摆阔，在五月节施舍。

二番：在八月节施舍。

三番：在春节施舍。

四抖：“早晨把棉袄卖了，才吃的早点。”“不是开粥厂吗？”“打算这么舍，还没发财呢。”“说胡话呀！”

刚才还吹嘘自己富甲一方的马善人在最后戳穿了自己的牛皮——“早晨把棉袄卖了，才吃的早点”，与前面三次铺垫形成了强烈反差，制造了喜剧效果。

马三立在铺垫上丝丝入扣，当马善人听说捧哏演员没到过顺义县，立刻说了句“好”，后面便开始无所顾忌地吹嘘，这一细节将马善人狡猾的一面暴露无遗。

马三立天生长了一副滑稽相貌，他身材修长，面容消瘦，一对大扇风耳，那一眨一眨的小眼睛叫人看了就想笑。他在表演上擅长利用这一天生资本，利用自身肖像特点塑造人物，给人以逼真的感觉。这段相声中马三立便巧妙地运用自嘲手法，将自身形象与马善人融为一体。相声一开头便采用白描手法，为我们勾勒出马善人的伪善：

甲　就算我身上逮住个大虱子，哎哟，嗬！怎么办？

乙　挤死。

甲　挤死啊？太损啦。

乙　那怎么办？

甲　那是条性命，挤死啊？

乙　扔地下。

甲　扔地下饿死啦。

乙　那怎么办？

甲　无论找谁，往脖子那儿一搁。

乙　哎！哎呀！

甲　善嘛。

乙　这叫善哪？这叫缺德。放虱子啊？

甲　心软。我心软哎！

乙　心软？放虱子玩儿。

甲　我们又能保全它的生命，我们还不受痛苦。

乙　嘿。

甲　找一胖子啊。

乙　还得找胖子？

甲　哎，吃得饱饱的。

乙　嘿，好！

甲　玩儿嘛。

乙　玩儿？这叫玩儿啊？好！

甲　你瞧，解闷儿呗，吃饱天天干吗呢？

乙　吃饱放虱子啊？

这里不禁让我们想起清代铁舟寄庸编辑的《笑典》中记载的一则笑话：

江泌字士清，济阳考城人也。父亮之，员外郎。泌少贫，昼日斫屧为业，夜读书，随月光，光斜则握卷升屋，睡极堕地，则更登。性行仁义，衣敝虱多，绵裹置壁上，恐虱饥死，乃复置衣中，数日间终身无复虱。①

马三立将江泌“性行仁义”“恐虱饥死”“乃复置衣中”的善举，翻空出奇地用在将虱子“无论找谁，往脖子那儿一搁”的马善人身上，更加凸显其伪善的面目。而这一有着典型意义的“虱子典”，在马三立消瘦的形象映衬下更是相得益彰，极具喜剧意味。

接下来，这副猥琐的形貌与夸耀自己家资巨万、乐善好施形成了巨大的反差，真真叫人忍俊不禁。如今，马三立塑造的这个马善人形象已经深入人心，这段相声也被相声界公认为除马三立谁也“拿不动”的经典作品。

这段相声整体上呈现的是现实主义风格，同时又加入了浪漫主义元素，那赛过叫驴的蛤蟆秧子、五里地没接子的牛皮、丈八象牙条案、能容纳轮船的养鱼缸等吹嘘，都是现实生活中难以见到的汪洋恣肆的夸张，这所有的浪漫主义元素都统一在人物典型性格之下。

① 出自《南史·孝义列传》。

高妙的技巧，使其思想性深藏其中，也使主题多元化。薛宝琨曾经这样说："《开粥厂》等一些传统相声，恐怕与新相声的主题单一、具体、明确等新文学主张是不一样的，带有极大的玩讽意味，似是而非、正话反说，只把意绪荡漾其间，而这才是'相声味儿'。"

这里顺便说一下，《开粥厂》中关于五里地没接子的牛皮的包袱，马三立在不同时期表演时的台词有所不同。在二十世纪五十年代那个特殊历史时期，马三立与张庆森是如此表演的：

甲　美国人送给我张牛皮，这牛皮打开，五里地，没接缝儿，整的。

乙　有这么大牛吗？

甲　美国人给吹的。

借助看似闲笔的包袱，对当时的美国进行了讽刺。

而在晚年与王凤山表演的时候，马三立做了修改：

甲　法国人给我张牛皮，这牛皮打开，五里地，没接缝儿，整的。

乙　你这牛得多大？

时过境迁，国际形势发生剧变，为了不伤害美国与中国两国人民之间的感情，马三立删掉了这个包袱，更显出艺术大师的与时俱进。

似曾相识寓况味

《似曾相识的人》在马氏相声中具有特殊的意义。首先在人物身份定位上，这段作品塑造了一个“‘四人帮’余孽曲艺团团长”的形象，这在以往的马氏相声人物长廊中是很少见的。马氏相声以塑造小人物为特长，人物身份多以普通小市民为主，如张二伯、马善人、马喜藻等，都是草根阶层。像《大会见闻》中的总务科科长，《八十一层楼》中三位出国干部这样的人物身份少之又少。而在《似曾相识的人》中，以第一人称出现的“‘四人帮’余孽曲艺团团长”可以说是马氏相声所塑造的人物当中，身份级别最高的。

其次，在人物塑造手法上，马氏相声一贯的人物塑造手法都是善意的讽刺，形成了其哀而不伤、谑而不虐、乐而不淫的独特艺术品位。其中对小人物的讽刺批判入木三分又含蓄有致，达到了以小见大的境界。这段相声也是如此，但又稍有不同。由于“文革”期间马三立遭受了非人的蹂躏，他对于“四人帮”及其余孽的种种倒行逆施有着深刻的切身感受。在那场浩劫中，众叛亲离固然使人伤心难忍，但素昧平生的陌生人的恐吓更让人窒息。马三立恢复演出以后，站在阔别多年的心爱的相声舞台上，面对台下熟悉的老观众热情又充满关爱的眼神，心里自然是百感交集。年过古稀的马三立在表演这段《似曾相识的人》的时候，带着劫后余生的庆幸和痛彻肺腑的矛盾心情，为我们塑造了那样一个心理阴暗、灵魂丑陋的人物形象。这段节目也是何迟创作的，这老二位因《买猴儿》而结识，也因《买猴儿》而共同受到非人的折磨。借助这段相声，表演者宣泄了自己与作者对“四人帮”及其余孽的愤恨。尽管这段相声依然充满了马氏相声含蓄的冷幽默，但我们也能或多或少地从中隐约发现那一丝掩饰不住的愤懑。

“以造反起家钻进了党内，大搞极‘左’路线，在‘文化大革命’期间把很多领导干部打成了走资派，打人、骂人、批斗、疏散、下放，充当急先锋，一贯是吹牛拍马，欺上压下，对上级阿谀奉承，对下级专横跋扈，浑不讲理，结党营私，徇私舞弊，敲诈勒索，仗势欺人，这种人,不单是‘四化’前进的绊脚石,也是落实政策的阻力。”这一大段叙述深刻揭露了这位曲艺团团长的丑恶嘴脸。

这段相声的结构搭建依然采用了相声传统技巧——三番四抖。

一番:以捧哏是“富裕中农”为名,进行敲诈勒索。

二番:以捧哏是“满族”为名,进行敲诈勒索。

三番:以捧哏是“知识分子”为名,进行敲诈勒索。

四抖:自我暴露丑恶嘴脸。

这段相声里,曲艺团团长多次敲诈勒索捧哏的表演堪称精彩迭出,充分展示了马氏相声独到的“抽撤盘桓”(即反复渲染)的表演技巧。

甲　可以呀。你既然跟我说了嘛,我是一把手嘛,我主事嘛,可以啊,找时间谈谈吧,咱们找地方——找个饭馆聊聊,喝点儿酒……我爱喝啤酒……我最喜欢喝啤酒,咱喝那个……咱边喝边聊怎么样?

乙　跟您说,我不会喝酒。

甲　不喝酒?哪儿谈?上我家去!我等你!上我家……别多买东西啊……别多买东西!我不喜欢别人空手到我家!我最腻歪别人空手上我们家去!走!认识我家吗?

乙　不认识!

甲　你不认识,你打听,我给你写个地址……

…………

甲　归我?

乙　归您啦！

甲　卖给我？

乙　哪能够卖给您哪，送给您了，我脱下来，您试试……

甲　别脱，别脱！

乙　没关系。

甲　一会儿，不忙，不忙，一会儿再说，一会儿再说。

…………

甲　……明儿你上班……早点儿，我那儿等你。你把那鞋搽点儿油，你打亮点儿，你换鞋带，你来副新鞋带，别弄脏了，曲艺团胡同太脏，你别给我巴哒脏了，你挑那好道走，择点儿道走啊，擦擦啊……

乙　我到了家就不穿了，我把它擦干净了，换上新带，明天到曲艺团进门我就交给您……

甲　哎！别交给我！支部那屋墙上挂着一个帆布的黄书包，那是我的，你装那里就行。

…………

乙　您爱吗？您爱我送给您了，我脱下来，你试试。

甲　哎！我不用试，试不了，你脖子顽，我脖子太细，穿不了！难看。你帮买这个料子，这个大……大……什么名？

乙　大纹哔叽。

甲　我来这个！你带我买去！你哪儿买的？你告诉我。

乙　这料子我们家还有，还有四米多呢，大纹哔叽。明儿我跟皮鞋一块儿送去。

甲　卖给我？

乙　哪能卖呀！都送给您啦！

…………

甲　哎，现在就算入了，我就是入党介绍人，没问题，你这……填表就上班了，你那个……什么的？彩色的？

乙　彩色。

甲　亮度怎么样？

乙　亮度很好。

甲　音响？

乙　明儿我给您送过去，您先看看，哪儿有毛病，我再给您修理，好不好？

甲　支部委员！没问题，支部委员了，你呀，副团长，明儿你就上班，报到……

这个曲艺团团长利用手中职权，大肆向捧哏敲诈勒索，而又老于世故，异常狡猾。他不明说让捧哏送东西，而是采用旁敲侧击的伎俩敲竹杠。一旦目的达到，便心花怒放，更加肆无忌惮。他手中的权力俨然成为排除异己、打击迫害人民群众的血淋淋的狼牙棒。

通过马三立细致入微、惟妙惟肖的表演，这个"四人帮"余孽的丑恶灵魂昭然若揭。对人物心理进行精雕细刻，将传统相声技巧了无痕迹地化用到对现代人物的塑造中，看似漫不经心，实则达到了出神入化的艺术境界。"谈谈嘛……谈谈无非就是你参加曲艺团，看看我合适不合适，看看你这条件合适不合适"这句话的巧妙安排，直接揭露了这个曲艺团团长的丑陋嘴脸。马三立塑造的这个人物在观众中引起了强烈共鸣，如今，"黄书包"已经演化成相声迷口中讽刺以权谋私者的代名词，足见这段相声的艺术感染力深入人心。

作者何迟，表演者马三立、王凤山都是"文革"的受害者，劫后余生的他们并没有选择哭哭啼啼的"伤痕文学"，而是以嬉笑怒骂的形式对那场浩劫进行了辛辣的讽刺，在似曾相识中况味人生。

“龚大个儿”的“形而上”

相声艺术很早就对相面算命的江湖术士进行了揭露和讽刺。据考证，相声《大相面》对相面算卦的揭露要早于《江湖丛谈》。

江湖术士们对于求卦者一般都会说一些“天机不可泄露”的似是而非的言语，并在事后进行牵强附会的解释。他们先写后问，写下“娶妻不能光棍”“父母双全不能克伤一位”“桃园三结义孤独一枝”等文字，然后针对算卦者的不同情况进行断句，利用语言的多义性欺骗大众。比如：

遇到已婚者——“娶妻，不能光棍”。

遇到未婚者——“娶妻不能，光棍”。

遇到父母双全者——“父母双全，不能克伤一位”。

遇到父母之中有一位已经去世者——“父母双全不能（“不能”二字语气加重），克伤一位”。

遇到父母双亡者——“父母双全不能克伤一位”（拉长“一”字读音）。

“桃园三结义孤独一枝”也有若干种解释：

遇到哥儿仨的——“桃园三结义”就是哥儿仨的命，“孤独一枝”，都是亲生的，一个支脉。

遇到独生子——本来是“桃园三结义”哥儿仨的命，但是命中孤独，只剩下一位了。

遇到哥儿两个的——本来是“桃园三结义”哥儿仨的命，但是其中有一个命中孤独，“咕嘟”（“孤独”的谐音）下去一个，剩下哥儿俩了。

遇到哥儿四个的——本来是“桃园三结义”哥儿仨的命，又“咕嘟”出来一枝，哥儿四个。

遇到弟兄若干人的——慢慢“咕嘟”吧，一个枝分多少杈，多少人都行。

相声对此进行了辛辣的讽刺，揭露了江湖术士欺骗大众的丑恶嘴脸。其中既有对江湖术士的嘲讽，又有相声特有的调侃和幽默，可谓耐人寻味。

在这些反映相面题材的相声中，马氏相声《相面》塑造了一个无业游民龚大个儿的人物形象（“龚大个儿”的人物原型是相声界的老艺人龚玉章，艺名龚枢和，是马轸华的弟子，他的绰号是“龚大个儿”）。马氏相声在许多作品中都塑造了使观众印象深刻的人物形象，这段《相面》也不例外，“灰布大褂，瘦高个儿，大长脸，大颏嘞嗉”，几句交代就勾勒出一个旧社会无业游民的人物形象。

这位龚大个儿，既没有文化，又没有相面术士的道具，只凭着“一支石笔，一块石板”做相面生意。他提前在石板上写上“没有”二字，然后再根据相面者进行询问，一旦相面者对他提出的问题回答“没有”，他马上就“未卜先知”般地亮出他提前写的“没有”二字，还大言不惭地炫耀自己的预见能力：“几位看见没有？我这卦就是灵！”

当然了，龚大个儿也不是一点能耐都没有，他是靠瞎撞蒙人。他在行骗的实践中，摸索出见人下菜碟，投其所好的经验。

我们分析龚大个儿的行骗法与其他利用汉语多义性的行骗方式，可以发现二者之间有所区别。后者是利用对于同一句子不同句读的切分，借助汉语语义的多义性来蒙骗相面者。而龚大个儿的“没有”行骗法是利用了形而上学的手法来进行欺骗。尽管龚大个儿本人未必意识到他的欺骗手法的深层原理，但是我们不能把他的行骗手段简单化，而是应该深挖其行骗手法能够屡屡得逞的根源，提高我们的警惕，以免上当受骗。

传统形式逻辑中的矛盾律，通常被表述为 A 不是非 A，或 A

不能既是 B 又不是 B。在传统逻辑学里,矛盾律首先是作为事物规律提出来的,意为任一事物不能同时既具有某属性又不具有某属性。它作为思维规律,则是任一命题不能既真又不真。矛盾律也被当作一种关于认识活动的规范性规律,它意为任何人不应同时断定一个命题(A)及其否定(并非 A)。这就是说,对一个命题及其否定不应持两可之说,以免自相矛盾。矛盾律还被看成是关于逻辑语义的规律,即在同一上下文中,同一语词或语句不应既表述某一思想又不表述某一思想。龚大个儿正是利用了矛盾律的科学原理的普遍性,采用形而上学的手法进行欺骗的。

关于形而上学,一派学者认为,形而上学有两种意思:一是指用孤立、静止、片面、表面的观点去看待事物。二是指研究单凭直觉(超经验)来判断事物的哲学。形而上学也被用来指和辩证法相对立的一种世界观和方法论。欧洲学者普遍认为形而上学是指哲学的基本法则。形而上学关注理论哲学的核心问题,如基础、前提、成因、第一原因和基本结构,如所有真实存在的意义和目的。

这里笔者想阐明一下"形而上学"这四个字在本文中的语义,主要是指利用科学原理、哲学原理的普遍性,不加分析地套用在任意事物上。表面上看似深刻准确,实际上是狡猾的欺骗。

事物处于矛盾关系中,非此即彼,处于肯定和否定两种关系当中。例如父母是否都健在,这就是一对矛盾关系的判断,健在是肯定,去世是否定,父母两人不可能全部既健在又去世,既肯定又否定。

龚大个儿提前写出的"没有"二字,就是在矛盾关系中选择了事物的一个属性——否定,然后其对相面者百般询问,最终目的是要在对方身上找出否定属性,来印证自己事先写出的"没有"二字的正确性。他的这种手段屡试不爽,确实欺骗了很多相面者。而实际上龚大个儿的"高超理论"只不过是形而上学的丑剧。他拿着普遍科学原理乃至哲学原理不加具体分析地到处套用。龚大个儿貌似伟大的预言家,其实只不过是一个形而上学的跳梁小丑。其利用科学原理、哲学原理的普遍性伪装自己,骨子里仍是彻头彻尾的无业游民、市井无赖。如果我们同样运用骗子们的手段,也都能成为“伟大的预言家”。比如一个小孩刚出生,我们就可以预言其必然走向死亡。像什么“吃饱了不饿,睡足了不困”之类的预言,更是信手拈来,不费吹灰之力。

由于利用科学原理、哲学原理的普遍性进行欺骗的行为有很强的隐蔽性,所以我们更应该高度警惕,不要受其蒙蔽。

在理论研究上,我们也更应该高度警惕学术骗子的出现,他们满嘴哲学原理,一副高谈阔论无所匹敌的样子,其骨子里仍是形而上学的小丑。他们那些表面上看似高深的理论,一遇到具体问题,马上就暴露出纸上谈兵的尴尬。

马氏相声《相面》虽然仅仅是一个相声小段,但是给我们的启示却是丰富深刻、耐人寻味的。

同题文章各不同

在电视中看到了一对年轻相声演员表演的相声《汽车声音》,其中逗哏演员模拟了各种汽车的笛鸣声,有救护车“完了,完了”,救火车“毁了,毁了”,警车“抓住,抓住”,煤气抢险车“漏了,漏了”。不禁令人回想起马三立表演的《汽车声音》,救护车“哎哟,哎哟”,救火车“火,火”,警车“崴了,崴了”,刹车声“呵”。两相比较,笔者认为马三立的《汽车声音》要比新版的《汽车声音》表现手法高超,更具喜剧性。相声是喜剧艺术,对生活中司空见惯的事物进行歪讲,是相声制造喜剧效果的常用手段。《汽车声音》这段相声的表现手法就是这样的。它通过对汽车笛声的喜剧性模拟达到制造包袱的目的。救护车的笛声被马三立模拟成病人在车上的呻吟"哎哟，哎哟"，与救护车救死扶伤的性质很贴切；救火车的笛声被模拟成向人们报警的大喊"火"；警车的笛声更是别出心裁，模拟了犯罪分子的内心独白"崴了，崴了"；汽车的刹车声被模拟成司机对不遵守交通规则者的抱怨"呵"。这些对于汽车笛声的模拟不仅形象，而且与模拟对象的任务、性质很贴切。更难得的是，在小小的段子中仍然有对人物（犯罪分子、司机）的塑造，通过对声音的模拟，运用有限的语言准确地揭示了人物内心世界，与前面提到的新版《汽车声音》相比，可见艺术功力之深。

常连安和马三立都表演过相声小段《送人上火车》。邻居二哥热心肠，但因为做事向来大大咧咧，总是好心办坏事。这次到火车站接人，街坊二哥看错了时间，来早了，就在车站附近溜达，顺便看看谁有困难需要帮助。就在火车刚刚启动时，远处跑来三个人，样子像是赶火车的旅客，非常着急。街坊二哥不由分说地把跑在前面的两个人推上火车，火车开走了。这时，第三个人才赶到。原来，前面两位只是来送站的，二哥错把他们送上了火车，却把真正要乘车的人留在了站台上。在段子结尾，同是表现误车者不无埋怨地对好心办坏事者说出真相，两版的处理方式有所不同。常连安是这样处理的："我去哈尔滨，他们是来送我的，你把他们俩弄上车了，那我怎么办呀？"这样处理的确能让观众尽快明白事情的来龙去脉，但未免有些浅白直露，失去了回味的余地。马三立是这样处理的："他们俩是送我走。"一句简短的话便点出了整个故事的要旨，使观众立刻领会了其中的尴尬与滑稽，使得这个小段耐人寻味。观众通过自己的思考领悟到了演员要传达的深意，心中积聚的能量得到释放，产生的愉悦感也就更为持久激烈，感到回味无穷。

再有，在对传统相声小段《天王庙》的处理上，张寿臣不以后面的歪诗为重点，而是用绵密的描述进行铺垫，渲染真实的时代背景，同时挖掘人物生存状态及其性格形成，给人以毫发毕现的真实感。虽是小段，密不透风，值得反复玩味。而马三立的版本则侧重开掘顽童性格，描述其顽皮的性格、行为，别有一番风味。张寿臣近乎托尔斯泰的全景描述，而马三立更像鲁迅之纵深解剖。张之广，马之深，都让这个小段具有了穿越时空的张力。

同是为了将观众的注意力从救火车的鸣笛声重新吸引到相声表演上的现挂，马三立也与其他人有所不同。刘连群在《马三立别传》中记载了一个马三立的现挂：

> 那时剧场隔音设备不好，外面一过救火车“呜儿——呜儿——”连着响警笛，在台上说相声使劲喊也压不下去，怎么办？三立顺水推舟，凝神默视窗外，良久，救火车呼啸着去远了，才喃喃自言自语：“车过去了，往南，奔河北路紫阳里6号了……”侯一尘如梦方醒惊呼：“啊，我们家着火啦?！……”观众大笑，注意力又回到台上了。

侯宝林在上海说《婚姻与迷信》，其中有新娘子要迈火盆一段，此时剧场外也恰巧有消防车路过，他也现挂了一个包袱：“说不定谁家又结婚哪。”观众们都为这个现挂叫绝。据侯宝林本人说，这是借鉴于前辈名家“万人迷”李德钖的现挂。

同样是处理影响表演效果的救火车汽笛的现挂，一个含蓄，一个明快。马三立总是在洗练的语言中蕴含丰富的潜台词，让观众自己去领会。

附：

马三立：津门相声的魂魄

薛宝琨

马三立是津门相声的魂魄，他的相声风格可以一“俗”字代表，但不是伪俗、低俗、庸俗，而是真俗、大俗、美俗，它们记录着相声发展的美学历程，也同时解析着这门艺术的生命力，以及其驻足津门久而不衰的历史因由。

尽人皆知，相声“生”于北京“长”于天津，用侯宝林的话说：“北京是出处，天津是聚处。”马三立的说法：“北京是发源地，天津是发祥地。”早年(二十世纪初)“八德”时期——八位相声成长期名字中带有“德”字的代表人物，如马三立的父亲马德禄、张寿臣的师父焦德海等——都是开始往来京津两地，日后就渐次在天津落地生根。此时相声的种种段子，单口、对口、群口，以及各种包袱类型及手法，也都已大体完备成熟了。如果说北京赋予相声更多的是积千年而积淀的各种幽默技艺、语言文字游戏的种种手段，那么，天津近现代城市化的过程和市民阶层的成长壮大以及新兴平民意识的觉醒，便是激活其由“技艺”而“艺术”、由“玩笑”而“婉讽”的重要由头。

京津两地相隔二百四十里地，它们在文化取向上不尽相同。当初相声虽然在鼓楼、天桥一带为下层市民群落所喜爱，却左右不了京城“东富西贵”的“老古板儿”们对主流(经典)文化的热衷。“三纲五常”的伦理道德还在人们头脑中镌刻着；大气、简古、中和、曲致、空灵、淡泊等文人精英的艺术雅趣依然普遍流行；“天地君亲师”照旧是人们景仰崇拜的对象。一句话，另类一点的市民意识在那时的京城还成不了气候。而天津就不同了，它是近代发展起来的移民城市，人口由道光二十六年(1846)的四十万人至辛亥革命前已激增至八十万人，翻了一番。移民在逃荒或迁徙的同时完成了由传统农民向现代市民、由原始自然经济向现代市场经济的转变。他们中既有失意下台的贵族官僚，也有得意发迹的洋商买办，还有规规矩矩“犯恶的不吃，犯法的不做”城里的买卖人，更有“得一份差事有一碗饭，卖一天力气挣一天钱”的大量无业游民——津门所谓“打八岔”者。他们轮流做着车夫、船夫、轿夫、脚夫以及一切“引车卖浆者流”，城郊的大杂院或贫民窟便是他们的栖息地。于是就渐次形成了由租借地洋房、城内四合院瓦房和城郊大杂院及窝棚(贫民窟)三者混为一体的津门亚文化。当然，所谓“亚文化”并不完全与主流文化对立，既为后者环套着，也对后者制约着，自然也不时和主流文化有所抵牾冲撞。比如，租借地流行的“自由、民主、平等、博爱”等舶来新潮就与“克己复礼”以及一切京城的“老古板儿”原则不同。而城里买卖人在“公平交易”的背后，融进“童叟无欺”的诚信和“货真价实”的本分，也被新兴的“求真”精神超越了已然孱弱的“从善”老套。在贫民窟里更为流行的是“游民”的“江湖义气”——这里的“义”并不尽是孟子“义者仁之路也”的“正义”，而是“侠肝义胆”的“义气”、“路见不平，拔刀相助”的“仗义”、“敢为朋友两肋插刀”的“侠义”。因为只有“义”才能超越虚伪礼教，建立另类的道德准则。

市民阶层亚文化的艺术取向更是与士子精英别异其趣。他们是继起的市民文化新军，一左一右与精英文化、农民文化同伦并列：既从民间那里汲取原创乳汁，又总被士子精英们点化升华，并成为沟通两者之间的纽带桥梁。它们的审美特质就是一个“俗”字。“俗”在近代并非贬义，首先指社会风习的民俗，那是漂浮在生活表面的物态文化，是人们行动行为的依凭。“五方杂处”的天津卫人，因为彼此交往频繁而更加敏感于习俗的冲突。这就是为什么津门相声有那么多《白事会》《红事会》《夸住宅》等记录当时民俗的相声的来由。“俗”也是一个由雅而俗的审美历程和艺术心理，因为两宋兴起的“俗文化”已为明清的市井文化所衔接。由雅而俗、雅俗共通并重，到大俗近雅、雅后还俗，不仅是审美历史的走向，也是艺术变化回环往复的规律。这就难怪津门或马派的段子里有那么多形式是诗词歌赋而内容却是笑谑杂发，在不伦不类的辞章里散发着陈旧滑稽酸腐气的因由。《窝头论》《卖五器》等无不如是。

再有就是内容题材上的世俗，这才是天津卫人普遍关心的。世俗世界无论是饮食男女生老病死，还是你买我卖早晚新闻，都实在太精彩了，这里已是灯红酒绿的花花世界。“俗”不仅是艺术自身变化的趋势，也是人生哲学拓展的必然。各色人等都因为一个“俗”字而彼此沟通相互认同，在感同身受中获得平等和快乐。世俗的生活不仅是此岸世界乐观务实的现实生活，也是足以调整平衡社会心态，实实在在的生活。你不是大成至圣先师孔夫子吗，偏要你体认一番饥饿的无奈和从“一文钱一个”改成“一文钱十个”元宵的智趣。你不是食不果腹吗，何不在《开粥厂》里卖派自己饕餮豪华的精神大餐！“俗”是“真”的变体：凡事只有在俗而又俗的情境下才能剥去伪装清楚见底。这就是那个时候传统相声从不论及诗思哲理而只在“过日子道儿”上十分起劲儿的理由。

“通俗”虽然指的是艺术表现方式——文学的口语化、艺术的大众化，但它和“五四”以来的“新文化”“文学革命”“白话文”运动密切相关，不只要人听得清看得明，还不同程度地融进了当时文学要“直面惨淡人生”的社会观以及表达感情善善恶恶、刻画人物有褒有贬的讽刺精神。马三立的哪个段子不是在直白中透露着自然和率真、脾气和秉性？《开粥厂》中那个“马善人”不是要救虱子“一条性命”，准备把它放在“不论是谁的脖子上”吗？这就如同把一颗墨滴点在一张白纸上那样鲜明显眼。

如此说来，津门相声确系镌刻着天津人的某些脾性，天津的世俗生活也正是游弋在“地上”的相声家们驰骋才情的天地。讲的是一个“真”字、借的是一个“俗”字、求的是一个“顺”字、图的是一个“乐”字，这就是近代相声和它们的观众共同一致的文化嗜好。“真”，说的是真话，讲的是实情实理儿，它必须借助“俗”的形式才能不加修饰，毫无遮拦地把世理讲透。因为，在所谓“雅”的背后，往往不仅有虚伪的礼教，还有与“俗”大相径庭的离群索居和孤芳自赏。“顺”是市民一生所求的，因为一切都“不太顺”所以才要把“纳着的气儿”平息下来，当然不是通过对外在环境的强力抗争，只能调整自己超越物欲的软性心态，把自怨自艾化作自嘲自讽，一切一说了之，一切一笑了之。这就是马派相声的讽刺并不激越反而内敛，并不表现为对具体事项的指斥，而只是一种模糊的自嘲的原因。“乐”是天津卫人豪爽开朗乐观性格的必然，苦中作乐，苦中得乐。相声不是有“万象归春”（“春”即相声）的说法吗？即人世间一切事项都可以作为相声的题材。天津卫则有“万象归哏”的说法：一切都可以一笑了之，一切都只能一笑了之。这就是马三立《逗你玩》小段所概括的世俗哲学。

二十世纪继“八德”之后，三四十年代天津便有“五档相声”的说法。他们是：张寿臣一档、常宝堃一档、侯宝林一档、马三立一档、戴少甫（或刘宝瑞）一档。其中张寿臣、刘宝瑞师徒单口、对口都好，但均以单口享名。其他三档“说学逗唱”皆佳（戴少甫英年早逝）。常宝堃以机敏滑稽带有顽童般的清纯，尤其博得中上层市民群众的喜爱。侯宝林在天津发迹，是由“学唱”切入相声追随时代的热点，从而使他的风格更加俊雅，有“新颖”“文明”的美誉。马三立却晚进剧场独步于“小市民”群落，整天在相声场子厮混，这使他能够“入乎其内”洞悉他们的一颦一笑，了解他们的人情冷暖、世态炎凉。同时，他又是“说相声的”，必须“出乎其外”才能琢磨“小市民意识”的种种可乐之处，发现他们“灵魂渺小”“情怀卑微”背后的种种可怜可叹、可爱可笑以及形成这些毛病的社会和历史原因。不是降格趋附他们，只是为了亲和接近。于是，他自己也就渐渐“小市民化”了，他的表演也就更加风格化了。用侯宝林的说法是：马三立选择了“小市民”的一种类型，采取第一人称“我”，近似戏剧化的性格表演，以半真半假似虚若实的手法，不是直接指斥他们身上的种种缺点，而是以“现身说法”让他们察觉领悟到自己身上同样存在着“我”的类似毛病。这是非常高明的自嘲手法。与其毫不留情地揶揄奚落他们，不如含蓄善意地暗示规劝他们。而为了避免过于直接的类比，他又采取了更为夸张、变形乃至荒诞的手法，让形象从匍匐的地面升腾至瑰丽的高空，谁也不能对号入座，只会忘情忘我。《卖挂票》里的“马喜藻”、《黄鹤楼》里的“马嚼官”、《文章会》里的“马大学问”、《开粥厂》里的“马善人”等，无不既镌刻着这一类型（或典型）的历史划痕或时代通病，又同时“马三立式”地散发着他自我解剖的圆通达观和勇气智慧。显然，自嘲和荒诞都是传统段子里所固有的，但因为它们的“马氏化”而更具个性情采和津门地域特征。天津卫人生活中不是常爱“打镲”“找乐子”吗，马三立果真把讽刺规劝变成了“逗你玩”。

中华人民共和国成立以后，北京成为政治经济文化中心，“新相声”成为新主流文化的“喉舌”，成为“团结人民，教育人民，打击敌人，消灭敌人的有力武器”。而天津则一度失去“小上海”的光环——但文化发生学所谓的“初始记忆”（怀旧的情结），依然被新的市民群落所保留。许多民族民间的传统艺术照样为多数市民群体所拥戴。可以说：无论马三立在中华人民共和国成立以后说过多少“新相声”（何迟创作的《买猴儿》《开会迷》等），它们都仍旧是“马三立式”的，依然按照马派传统风格在随意与观众聊天中开局，在“瞅个空子”冷不防中抖响包袱，在半真半假中描画形象，在“骂人不吐核儿"的玩笑里融进褒贬,特别是他那"虽九死其犹未悔"的讽刺精神,始终成为马派相声的命脉。于是,这个城市的相声体式真有"无人不宗马"的迹象。他们都大体沿袭"以说为主,以讽刺为主,以传统活为主"的艺术格局。比如苏文茂也是津门的相声名家,他的艺术风格"文而不瘟",以睿智的幽默取胜,拓展了相声嘲讽知识阶层的"酸腐气"和"小资味儿"的领域。但他也善取马氏自嘲的手法,老段子里的"苏文茂先生"和新作品中的"苏大秘"等无不如此。刘文亨、魏文亮这二位追随"侯派"而喜欢学唱的名家,也在其俊逸之余,按照马三立性格化的方式,使自身留有"小市民"形象的影痕,以提醒他们自省。许多老艺人都谙熟荒诞生自智巧、出奇乃能制胜的秘诀,使津门相声有滋有味儿。于宝林的《哭四出》在主人公(老太太)一出一出邂逅苦戏的同时,却也迸发出相反相成的喜剧效果。刘奎珍的《补袜子》《画扇面》等都在弄巧成拙中显示了歪打正着的必然和偶然。李伯祥快捷流利的贯口也不只是唇舌的技艺,更有着历史沧桑和人生历练。在这摩肩接踵的群星里,尤其应该提到的是高英培和马派传人马志明。相声场子摔打出来的高英培既有传统根基又具性格风采。他把自己塑造成外愣内精略带傻气却也世故的年轻类型的"小市民",在他许多拿手的段子里他们都是憨态可掬、可爱又可笑的形象,他们身上的毛病不是大奸大坏,只是那个阶层所熏染出的小能小术。比如他的代表作《钓鱼》以及打倒"四人帮"后王鸣录为他写作的许多作品,如"万能胶""坐地泡"等形象,都是天津社会底层积习的凝聚。马志明继承并发展了马派相声。马三立的传统老活不仅因他的拆洗而更加简练精粹,马派的味道也因他的个性阐释而更加集约和更具时代特点。他的表演本真自然朴巧,心平气和绝无造作,显示了他艺术上的自信和对于传统的默会。他创作的新段子也都臻于化境,《纠纷》《核桃酥》《看不惯》等都以小见大,把形象的独特性和思想的概括性融为一体。

马三立确是津门相声的魂魄。他的一生虽可以一“俗”字概括，但主流文化的神髓依然深藏在他个人人格和传统段子里，这就是：俗不伤雅以及乐而不淫、怨而不怒、哀而不伤的中正中和中庸精神。

论马派相声的传统精神

薛宝琨

马三立是传统相声的代表人物，探讨马三立的艺术风格，是和认识传统相声的历史地位紧密联系在一起的。显然，把马三立作为传统相声或传统精神的体现者，并不是贬低或否定他在中华人民共和国成立以来的艺术成就，并不是轻视或无视他在相声改革和相声反映新生活，特别是发扬相声讽刺的现实主义传统方面所做的努力和贡献。众所周知，马三立的相声在中华人民共和国成立以来有了更深入、更全面的丰富和发展，何迟的许多作品如著名的《买猴儿》《开会迷》等，都是借助他生动的表演卓立舞台而取得巨大成功的，他自己也创作、加工过许多脍炙人口的作品。但是，马三立的艺术高度不在中华人民共和国成立以后，而在此以前；不在相声革新方面的艺术突破，而在继承传统方面的深刻和全面。或者说马三立的艺术风格早在中华人民共和国成立以前即已确立，他在此后的种种努力只不过是其风格的进一步完善，他的艺术风采是在传统相声里放光华的。这正如侯宝林的传统功底深厚一样，但侯宝林的艺术高度不在中华人民共和国成立以前而在此以后。侯宝林是相声改革的风云人物，他的功绩是在相声追随时代、反映时代的情绪和节奏上，并使相声化俗为雅、堂堂正正地进入了文学艺术之林。侯宝林的“大师”地位是在中华人民共和国成立以后才取得的,而在传统相声方面则不得不让位于马三立。

相声于近世崛起于市民阶层，在近百年来经五代艺人的耕耘探索而呈三个时期,这就是清末民初以朱绍文(艺名“穷不怕”)为代表的初兴期,二十世纪二三十年代以相声“八德”(带“德”字名字的八位相声名家如“万人迷”李德钖等)为代表的成熟期,二十世纪三四十年代以“五档相声”为代表的繁荣期(时传津门相声有“五档”最为出色,即张寿臣、常宝堃、侯宝林、戴少甫、马三立五档)。如果算上中华人民共和国成立以后的新生期和打倒“四人帮”以后的振兴期,历经五段历史进程。中华人民共和国成立前后可视作性质不同的历史分野。以前三段而论,相声虽生于北京却长于津门,或者说北京只是相声的“生身父母”,天津才是相声的“再造爹娘”。相声作为市民文艺的象征，是离不开天津半封建半殖民地的社会性质和发展历史的。上述这三个阶段是相声把根须扎在市民阶层,而分蘖繁衍、开花结果的成长阶段。它奠定了相声的通俗性和群众性特点,也形成了相声反映市井世俗生活的现实主义传统。“八德”时期相声把触角伸进了生活各个领域，在艺术上也广采博取大量吸收,形成了色彩绚丽的传统相声宝库。但它们多半是粗陋的、幼稚的、俗浅的。许多作品不仅内容重复,手法也雷同。把这些作品扬弃、锤炼、完善,使其成长为具有一定稳定性的精品的,当是和“八德”接踵比肩的“五档相声”,其中单口相声当推张寿臣,而对口相声则要属马三立。这当然和马三立家学渊源、师承严格的出身有关,也和他略有文化、敢于学习,又在“地上”活动多年的经历有关。马三立的父亲马德禄本为“八德”之一,素有“相声公司”的美誉,乃为相声开拓者恩培之婿,以“会得多、使得活”著称,是相声来自“清门”——讲究“文哏”、追求幽默的重要一脉。马三立自己更在“地上”摔打多年,当侯宝林、常宝堃等档已在电台或曲场献技之时,他仍然和“地上”的同伴们吸收生活底层的乳汁,经历江湖艺人、各色人等和技艺的熏陶，接受市民情趣和“天津幽默”的影响。因此，他不仅“会得多、使得活”，更有他个人的创造和发明，这就是马三立相声的源头，“马派”(或“马氏”)相声的根基。探讨马三立的艺术风格当然要从评价传统相声的历史地位开始。

传统相声是近百年来几代艺人共同创造的财富。对于传统遗产的态度既取决于正确的历史观，也取决于深刻的现实感。只有把历史当作现实发展的基础，把现实当作历史系列有机联系的一环，遗产问题才有可能以历史唯物主义的思路得到解决。毛泽东同志认为:“学习我们的历史遗产，用马克思主义的方法给以批判的总结，是我们学习的另一任务。”他指出:“今天的中国是历史的中国的一个发展;我们是马克思主义的历史主义者，我们不应当割断历史。”他主张:“清理古代文化的发展过程，剔除其封建性的糟粕，吸收其民主性的精华。”这就是我们党“推陈出新”的文艺方针，它建立在历史唯物主义基础上。继承的过程即是批判的过程，批判的过程也同是继承的过程。继承和批判始终是紧密联系在一起的，没有批判的继承和没有继承的批判，都是失于片面甚至是不可能的。然而，回顾相声发展的历史，我们在对待传统遗产的态度上，并没有解决好批判与继承的关系，或者说批判得不够因而继承得也不够，或者说缺乏继承的愿望因而也缺乏批判的精神，或者说在实际上我们总是曲解或误会了批判与继承的内涵，把它们理解为并无联系甚至是完全对立的关系。在具体做法上，则往往把内容和形式割裂开来，就思想内容而言，继承是抽象模糊的，批判是实在具体的;就形式技巧而言，继承旨在采取艺术手段，批判亦未进入形式。这样，传统相声就从未被视作真正的遗产，而只是可以任意肢解的一具僵尸。于是，我们相声的发展既然失去了根脚，也就失去了平衡，终于落入了无源之水、无本之木的困境。目前相声创作和表演捉襟见肘、无所适从，吉他相声、迪斯科相声之类丛生，正是这种历史贫血症的表现。失误的原因也自然是多方面的，有认识方面的原因，也有社会和政治方面的原因。

一般说来，在一定历史条件下，传统既是艺术创造的依据，也是艺术发展的桎梏，“惰性”和“惯性”时常结为一体。但是，在社会变革的动荡时期，特别是在一种生产方式取代了另一种生产方式的历史更迭时期，传统就容易成为沉重的历史负担，人们对待它时往往采取“否定性放大”的形式，过多过甚地看待其消极陈旧的因素，从而忽视或无视其合理的历史内核，过激过急地对新兴的形式（哪怕是陈旧形式的改头换面）持轻易肯定的态度。历史发展的这种非理智状态需要相当一段时间的思想沉淀和心理丰富才能得以正常化，这就是历史往往螺旋式前进的原因之一。相声在中华人民共和国成立初期也同样经历过类似的过程。艺人在经济和政治地位得到根本改变后，在无比惊喜于新生活的同时，便不能比较冷静客观地对待他们过去赖以谋生的传统，他们当中的激进分子甚至认为那是和他们过去受侮辱的一切一样，都应该通通扔进历史的垃圾堆。唯一可以借鉴的仅是那些零碎、片段和表面的形式躯壳。所谓“旧瓶装新酒”正是那一时期“相声改革”的特征。本来这种逆反心理是可以并应该在党的文艺方针的疏导下走向正确的，但是，中华人民共和国成立不久，我们就推行了一条极“左”的思想和政治路线。这条错误路线在对待传统和对待现实上一样，都是既脱离历史又脱离实际的。对待历史有一种流行的说法，即“把一切颠倒了的历史重新再颠倒过来”。这个口号并没有错，错在对它也采取了“否定性放大”的理解，以为历史本身就是颠倒了的。好像我们不是从历史中走来，而是头足倒置地爬来，或竟是被“救世主”从天上送来。在强调发挥现实作用的问题上，一开始就把相声纳入“为政治服务”的轨道，并对“政治”做过于呆板、肤浅的理解，最初把“政治”等同于政策、法令和一般行政口号，继而当“政治”也扭曲变形为错误路线的象征,甚至沦为阴谋家的"政治"以后,相声就在既无生活又无艺术的窒息中死亡了。这便是"说中心、唱中心、演中心"口号的极度泛滥,相声既然并非艺术也自然无继承的必要。因此,传统不仅是模糊的,也同样是阴暗的,这种沉迷一直到今天也未见彻底觉醒,确实令人焦灼不安!

传统相声既然是近世纪城市底层社会生活的产物,那么评价它"也必然首先检查它们对待人民的态度如何,在历史上有无进步意义",即它们是否站在当时历史的高度,反映了时代和社会生活某些本质的方面,这即是传统作品所谓的历史感。

传统相声在半封建半殖民地的土壤里生长,虽然其中有相当数量猥亵、庸俗的内容,有相当低级甚至下流的小市民情绪,但是就总体和本质而言,它们并不是消极、自然的"社会相"的展览,而是以相当清醒、冷静的态度,在犀利地解剖他们周围客观环境的同时,也大胆无情地解剖着他们自己。他们不是悲剧地看待自己的"必然要求",而是喜剧地看待这种要求,即"实际上不可能实现的"。过去在评价传统相声时,往往以庸俗社会学的眼光,用极其肤浅的比附方法,去寻求传统作品里的"革命"字眼,或者至多把可以"改造"为"革命"的内容,当作"民主性的精华"。结果,除去少数像《字象》《揣骨相》《牙粉袋》一类的作品堪称佳篇以外,大量的反映"社会相"——反映市民或小市民的精神状态和世俗生活的作品,被当作赝品予以贬斥,这当然是以偏概全的。实际上,大量的传统作品虽然没有正面直接地揭露时弊,挞伐时政,但把时代作用于市民身上的深刻烙印清晰地展现出来,构成了传统相声对"国民性"如自私、虚伪、庸俗、贪婪、愚昧、麻木等病态世相、病态心理、病态性格的生动描绘。而这一切正是罪恶制度的产物,它形象地注脚了半封建半殖民地社会的性质,以及这个罪恶社会赖以生存的时代基础。

意识自身的历史感和分析问题的理智感总是紧紧相连。传统相声在对待自身“国民性”上不是采取冷嘲热讽、愤怒鞭挞的态度，而是采取寓庄于谐、轻松嬉戏的“自嘲”方式，这种“自嘲”就本质而言也不是消极的“阿Q精神”，而是认识自己也认识周围却又一时无法改变现实的一种精神超脱。它既站在现实之上也站在自身之上，因此也站在了历史之上，是一种达观的精神境界。

自嘲是通过自我讽刺的形式表现自我的幽默，它既是否定性的又是肯定性的。否定的是我的缺陷，肯定的是自我的清醒，它以否定的形式肯定自己，肯定不在具体事象上而在精神境界上，既是严肃的又是轻松的，既是感性的又是理智的，自嘲是喜剧领域的高级范畴，它正体现了马克思说的“这是为了人类能够愉快地同自己的过去告别”。也正是在这样的背景下，我们探索马三立的风格，并把他的幽默和传统精神联系在一起，因为，也只有在理解了传统相声认识生活的历史和分析生活的理智感之后，才能把握传统相声反映生活的轻松感，才可把马三立的幽默融进传统相声的整体风范，并在这整体风范的观照下勾勒马三立的形象。

马派相声的题材多出自世俗的市井生活，多讽刺市民阶层中普遍存在的性格及意识弱点，如虚伪、自私、吹牛、贪婪等。马三立不是站在他们上面或对面直接指斥，而是认为那是人所具有、他也具有的一种“通病”，往往采取朋友般的隐喻和现身说法。这就决定了他的表演多采取第一人称，近于角色化的描摹。或者说马三立是选取一种天津特有的小市民的类型，以他们的目光审视、对待生活，通过对“马大学问”“马善人”“马嚼官”等一系列形象的解剖，使观众在潜移默化的对照中发现自身的缺点，从而心悦诚服地受到教益。因此，自嘲是马派相声的重要美学特征。这不是消极的“阿Q精神”，而是积极的自我超脱，是清醒地认识现实又一时不能改变自己处境的精神飞跃。他把第一人称自我解剖中那些消极、滑稽、丑态的东西，变为一种映衬、观照，从而产生美的材料。马三立带给我们的正是这种亲切的轻松感。

马派相声的内容大多恣意夸张几近荒诞，无论《开粥厂》《大保镖》，还是《文章会》《白事会》，我们都看不到比附、影射生活的原始影痕，而只是升腾了的艺术形象和奇巧的艺术构思。但在这形象和构思的背后，我们却依稀体悟了潜藏于生活深层的底蕴。荒诞性和哲理性相互振发和渗透，这时的荒诞就不是虚幻而是无比真实的概括了。马派相声的机趣正来自其虚实相生、实进虚出变幻无穷的艺术表现，它们往往采取“理性倒错”的形式，极其智巧的情思和极其笨拙的形象，极其深刻的寓意和极其荒诞的画面，往往相反相成地结合在一起。在《文章会》的破题和结底之间，在《开粥厂》的假象和真境之间，都大幅度地拉开了矛盾失调的距离，看到了凸显的生活真实。马三立的机智是大智若愚、大巧至朴的机智。

人们说马派相声禁琢磨、有滋味，绝不把一切都说出来，而只把其中的关系、条件、界限告诉你，让你自己得出结论，如同谜面和谜底的关系一样，艺术展示给人们的仅是形象，至于形象背后的生活、解剖形象的武器以及作家对形象的评价，都交给了聪明的观众，相信他们理解、想象和联想生活的能力。而马三立自己又不是自然主义的展览，态度也昭然若揭，只是厚积薄发，深蓄简出而已。这样马派就同时获得了含蓄、机智、轻松、幽默的艺术品性。幽默是马三立的艺术真谛，马派幽默也是传统相声的真谛。

很可惜，我们现在有些相声也还没有达到当时传统相声认识和反映生活的高度，反而肢解了传统的技巧，把它们当作肤浅、僵死的艺术套式。或者，竟在相声之外寻求非相声的吉他、迪斯科之类。正是在这个意义上，马派艺术的观摩演出才显示出深刻的现实价值。

子承父业有拓展

马志明不仅是马三立的公子，还是其开创的马氏相声的衣钵传承者、集大成者。这对父子在艺术上既有一脉相承的共性，又存在各自不同的特点。

马氏相声对于传统相声采取全面继承的态度。“可以不演，但不能不会”是马三立、马志明这对父子一贯坚持的理念。早在学艺之时，马三立便从父亲和长兄那里得到系统严格的训练，父亲马德禄素有“相声公司”之称，长兄马桂元则是“万人迷”李德钖的高足，在父兄的教导下，马三立的传统相声功底可谓扎实深厚。而马三立在对传统的继承上从不抱残守缺，而是精益求精。马志明曾经这样评价父亲继承传统相声：

> 我父亲最大的优点就是继承并发扬光大了相声的传统东西，像什么《夸住宅》《白事会》《文章会》《西江月》……在他哥哥面前他不敢动，那时候他只能按他[1]这个学，但是他在学的时候，他心里就不服，他认为这些段子有待修改，不是说已经好得不能再好了，但是他不敢。他背着我大爷的时候，他就要动一动，试探着动。以后我大爷没了，他独立了，没有一个传统段子不经过他加工整理的。
>
> …………
>
> 另外我们老爷子在传统相声上，绝不率由旧章，他不是刻板，这点超过先人。过去老道的相声按规矩，不许动，这种老卫道士特别多，但是我们老爷子，他每一段传统相声，都要

① 指马桂元。

费相当大的精力把它改、整理、丰富，突出人物，把坏的东西、没用的东西，把一些影响质量的东西，删掉，往往是丰富多于删掉。①

马志明对传统相声的态度也是如此，他按照人物性格逻辑对传统相声《大保镖》进行了成功的改编。

马三立在传统相声《开粥厂》中塑造的马善人形象，同样也是匠心独运的成果。马志明曾经这样谈起父亲的《开粥厂》：

《开粥厂》这个段子，现在一捯，老前辈说这段都差不多，甲乙二人，就这甲，逗哏的，站那儿以后就吹，说我们家有钱，说了一点有钱的例子，然后就开一粥厂。开粥厂给什么啊？给这给那，把这一个大贯口，施舍的东西用贯口背一遍，甚至于这个段子说不了十几分钟，听的就是贯儿，听的就是这大段念白。可是到我父亲那儿呢，他把这段子继承下来以后，他就把它从人物出发，这个段子不仅是卖的这贯儿，前边这一大块，刻画出一个吹牛，一个小市民，想发财这么一个人物，就丰富了，这个段子就能说到三十来分钟。②

马志明对于传统相声《报菜名》也做了类似的改编，不以卖弄贯口技巧取胜，而是在段子中塑造了鲜明的人物形象。他在这样一个大家熟悉的传统段子里挖掘人物，辛辣地讽刺了说大话、使小钱、爱占小便宜的小市民的丑陋嘴脸。

传统相声《卖挂票》《文章会》等段子中，都凝聚了马氏父子的心血才智。他们将传统相声技巧作为手段，为塑造性格鲜明的人物

①② 出自中央人民广播电台《马氏相声回眸》采访录音。

形象服务。

马氏相声的深刻思想性也是达到了惊人的高度。无论是马三立《开粥厂》中那个与阿Q异曲同工的马善人，还是马志明《自食其果》垫话中那个冷漠、麻木的看客——“捧眼的父亲”，《看不惯》中那两位不能用正确眼光看待新生事物的“看不惯先生”，以及《太平歌词》中不学无术又爱吹牛的“我”，《纠纷》里典型的小市民丁文元和王德成等人物，无不是“现代的我们国人的魂灵”的写照。

马三立继承传统，但又不满足于人人都能表演的“大路活”，总是独辟蹊径。比如《八大改行》中老旦改行卖菜一段，大多数演员表演时唱的都是西皮摇板，而马三立使用的是西皮导板转流水板再转摇板。在唱词上，他不用“香菜、芹菜、辣青椒，茄子、扁豆、嫩蒜苗，好大的黄瓜你们谁要？一个铜子拿两条”，而是比照《四郎探母》中“见娘”一番的唱词，进行了重新填词（据相声演员田立禾回忆，这个版本由孙少林原创）。马三立在晚年表演时，将京剧原词与卖菜吆喝的唱词穿插演唱，颇见功力。

《四郎探母》唱词：

【西皮导板】一见娇儿泪满腮，
【西皮流水】点点珠泪洒下来。
沙滩会一场败，只杀得杨家好不悲哀。
儿大哥替宋王长枪来刺坏，
儿二哥短剑下他命赴阳台，
儿三哥被马踏尸如泥块，
我的儿你失落番邦一十五载未曾回来，
唯有儿五弟把性情改，带发出家修行在五台，
儿六弟镇守三关为元帅，
最可叹儿七弟他被潘洪绑至在芭蕉树上一

箭、一箭、一箭、一箭、乱箭攒心尸无葬埋，

【西皮摇板】娘只说我的儿啊，今不在，我的儿呀。

马三立版本《八大改行》中“老旦卖菜”的唱词：

【西皮导板】担起挑子去买菜，

【西皮流水】尊声列位听开怀。

我这卖是青菜，听我把菜名细说明白。

这倭瓜虽个儿大不能切着卖，

二西胡没羊肉是无法安排，

三茎蓝拌着是碟凉菜，

小缨儿嫩水萝卜掐头去尾剥下皮来，

唯有这黄瓜它是绿色(shǎi)，老了苦了你赶紧送回来，

还有那芹菜、韭菜、大白菜，

最好吃是大茄子，你买回家去咔嚓一刀，一刀、一刀、一刀，刀刀无血把它切开，外紫里白。

【西皮摇板】吆喝了一早晨，无人来买，我的儿呀。

马三立嗓音条件不好，他就扬长避短，在唱词上下功夫，力争出新，别具一格。

再有，马三立将原先《十八愁》绕口令中的“君也愁，臣也愁”等不合时宜的词句改为“虎也愁，狼也愁”等全是动物的唱词，使得这段作品增强了生命力。

原先版本的《十八愁》：

天也愁，地也愁，山也愁，那个水也是愁，
君也愁，臣也愁，爹也愁，那个娘也是愁，
老的也是愁，少的也是愁，恶也愁，善也愁，
穷也愁，那个富也愁，鸭子也愁，鹅也愁，
那个牛愁、马愁一十八愁，
天愁不下那甘露雨，
地愁五谷不丰收，
山愁愁的本是樵了夫的砍，
水愁愁的本是流不到头，
君愁愁的刀兵动，
臣愁愁的把官丢，
老愁愁的本是没有人管，
少愁愁的本是白了他的头，
恶愁愁的本是恶贯满，
善愁愁的本是修不到头，
穷愁愁的本是没有钱使，
富愁愁的贼人把他偷，
鸭子愁得扁了它的嘴，
鹅也愁，愁来愁去，脑瓜门儿愁出一个锛儿拉头，
马愁鞴鞍行千里，
牛愁愁得冷风嗖，
嗖来嗖去把牛嗖老，
送在汤锅里头宰老牛，
牛皮蒙鼓千钉钉，
送在城里头钟鼓楼，
牛肉俱在了长街上卖，
肝货肠子做个饶头，

牛骨头就把那麻将牌来做，
零零碎碎把色子抠，
二对的五，三了对的四，幺了对的六，
幺不幺六不六，咒骂色子斜骨头。

马三立整理改编的《十八愁》版本：

要说愁，净说愁，
你听我唱一段绕口令儿《十八愁》：
狼也愁，虎也愁，
象也愁，鹿也愁，
骡子也愁马也愁，
羊也愁，牛也愁，
狗也愁，猪也愁，
鸭子也愁鹅也愁，
蛤蟆也愁螃蟹愁，
蛤蜊也愁乌龟愁，
鱼愁、虾愁各有分由。
虎愁不敢把高山下，
狼愁野心不改耍滑头，
象愁脸顸皮又厚，
鹿愁头上七岔八叉长犄角，
马愁备上了鞍子行千里，
骡子愁、一世休，
羊愁从小把胡子长，
牛愁愁得犯牛轴，
狗愁改不了净吃屎，

猪愁离不开臭水沟，
鸭子愁扁了它的嘴，
鹅愁脑袋瓜上长了一个锛儿拉头，
蛤蟆愁长了一身脓包疥，
螃蟹愁净横搂，
蛤蜊愁闭关自守，
乌龟愁得不敢出头，
鱼愁离水不能够走，
虾米空枪乱扎没有准头。

马三立把后面涉嫌拿残疾人开玩笑的“瘸子下山乱点头”的词句改为“金鸡下山乱点头”，既形象又稳妥。

马志明将传统相声《地理图》中一些中华人民共和国成立前甚至清末民初时的地名，整理成新的行政区划的地名，又对快板书《百鸟朝凤》中的鸟名进行逐一核对，对其中的情节、唱词进行调整。

马三立与马志明父子都是生活的细心观察者，发生在生活中的逸闻趣事都能被他们变为笑料包袱。马三立《练气功》当中“没核儿”的包袱，相声小段《买鸡蛋》，马志明相声小段《核桃酥》都是取材于生活实事。

马三立平时喜欢读古代笑话，从中寻觅相声包袱的灵感。他在晚年表演的单口小段，常常是对古代笑话的重新诠释剪裁，而后搬上舞台，受到观众们的热烈欢迎。

其中马三立根据传统小段《一窝混》整理的《马虎人》就是一例：

齐有病忘者，行则忘止，卧则忘起。其妻患之，谓曰：“闻艾子滑稽多知，能愈膏肓之疾，盍往师之？”其人曰：“善。”于是乘马挟弓矢而行。未一舍，内逼，下马而便焉。矢植于土，马系于树。便讫，左顾而睹其矢，曰：“危乎！流矢奚自？几乎中予！”右顾而睹其马，喜曰：“虽受虚惊，乃得一马。”引辔将旋，忽自践其所遗粪，顿足曰：“踏却犬粪，污吾履矣，惜哉！”鞭马，反向归路而行。须臾抵家，徘徊门外曰：“此何人居，岂艾夫人所寓邪？”其妻适见之，知其又忘也，骂之。其人怅然曰：“娘子素非相识，何故出语伤人？”（《艾子后语》）

三人同卧，一人觉腿痒甚，睡梦恍惚，竟将第二人腿上竭力抓爬，痒终不减，抓之愈甚，遂至出血。第二人手摸湿处，认为第三人遗溺也，促之起。第三人起溺，而隔壁乃酒家，榨酒声滴沥不止，以为己溺未完，竟站至天明。（《笑府》）

马三立将《艾子后语》中“齐有病忘者”的大部分情节拿来作为相声《马虎人》的情节，并将其中的骑马情节删去，将“流矢”替换成“大树”。他还在段子中安插了《笑府》中“一人……竟将第二人腿上竭力抓爬”的情节，只不过“马虎人”并未把他人“抓之愈甚，遂至出血”，只是把邻座老人的棉裤抓破了。

最后的底则是借鉴于《笑林广记》中的《看镜》：

有出外生理者，妻嘱回时须买牙梳，夫问其状，妻指新月示之。夫货毕将归，忽忆妻语，因看月轮正满，遂买一镜回。妻照之，骂曰：“牙梳不买，如何反取一妾？”母闻之，往劝，忽见镜，照云：“我儿，有心费钱，如何取个婆子？”遂至讦讼。官差往拘之，见镜慌云：“如何就有捉违限的？”及审，置镜于案，官照见，大怒云：“夫妻不和事，何必央乡宦来讲？”

《家传秘方》是马三立晚年的相声小段精品，其来历也是几经辗转，同时又与古代笑话神似：

> 杭州吴山有售秘法者，一人以三百钱购三条，曰“持家必发”“饮酒不醉”“生虱断根”。固封慎重而与之。云：“此诀至灵，慎勿浪传人也。”归家视之，则曰“勤俭”“早散”“勤捉”而已。大悔恨，然理不可易，终无能诘难也。（《冷庐杂识》）

马三立根据友人提供的笑话铺陈渲染，创作出难得的“津味儿”相声精品小段。

马志明的小段有些也是在原有的小笑话基础上重新加工整理而来的。《扔狗》就是这样，《泼水节》更是在原来笑话的结尾使用了“楼上楼”的技巧：

> 乙　我泼他的是凉水，他泼我的是开水。
>
> 甲　是新开的水吗？那是烫完脚以后的。

马三立对于其他作者原创的相声也从来不照本宣科，而是根据马氏相声的特点进行改编，《买猴儿》《十点钟开始》等段子都凝聚了马三立二度创作的心血。马志明也是如此，他对《看不惯》《五味俱全》《夜来麻将声》《犹豫症》等段子都做了大幅度的修改。

> 以后又改编了一个原建邦写的《夜来麻将声》。这《夜来麻将声》呢，就说一个科长，打牌，玩忽职守吧，不符合财会制度吧，招来了贼把钱偷走了，犯了错了。就说不吃不喝打麻将的害处。这段子呢，也有一定的影响。这段子在我手里头，拿过来以

后，经过一些整理加工，丰富了不少的包袱。开始呢跟我们马氏相声没有一点牵连，后来改了以后，凡是包袱的地方，基本上都按照马氏的路子。比如说老刘头，再早的本子里头就没有这包袱，老刘头来了就赢钱，就完了。传达室老刘头，把他叫上来，三缺一，把他叫上来，我设计的，这老刘头一推门进来以后，“谢谢，谢谢，谢谢诸位，谢谢诸位！”捧哏的呢，代表观众心理，不用高声，自言自语地说：“怎么还谢谢？”也不是问，就跟观众说：“哎，这怎么还谢谢呢？”就让你注意了，这里头埋下一伏线，然后后头呢，就开始打牌。没打了三圈牌，结果这点钱全让老刘头赢了去了。这时候捧哏的一翻：“我说的进门就道谢呢！”您听那录音，这儿观众很有效果。这就是我们添的马氏（包袱）。以至于包括前边比如说：“我那是闺女。”“你闺女叫什么？”“叫惠儿。”这“混儿”[①]呢也是麻将牌里的术语……给它改了一些个东西，这是我受我们老爷子影响，甭管多好的段子，到我手里头，就没有不动的，当然这个动呢不是特别多。有的段子，你比如说《犹豫症》，原本子叫《犹豫王子》，到我手里头给改成《犹豫症》，那里头所有的包袱，都是我的，所有的穿插那结构，那些个语言，都跟原本子不一样，都按照马氏的路子改的。[②]

马志明对于乃父马三立开创的马氏相声进行了全面的继承，又根据自身特点进行了发挥。他在谈到自己与父亲的不同时，是这样说的：

我呢，一个是我的条件不如他，他一举手就可乐，我做不到。他眼一斜——灯下观美人，观众一看就觉得可乐。我如果

① 与“惠儿”同音。

② 出自中央人民广播电台《马氏相声回眸》采访录音。

东施效颦可就讨厌了。他的份儿到了，可以在台上磨烦，观众也不烦。我什么都不是，观众不会有那么耐心，就得加快节奏。另外我把老段子里不健康和不够幽默的东西拿掉，精华留着，我也更卖力气。[①]

这其中涉及了形象、语言、节奏等方面。

在个人形象上，马三立身材修长、面容消瘦，一对大扇风耳，那一眨一眨的小眼睛叫人看了就想笑，天生一副滑稽相貌。马三立经常以相貌自嘲：

甲 我总觉得自己这模样儿怪对不起你们老几位的。其实我小时候不这样，小时候是个大胖小，抱不动呀，人人爱。大了大了，就成这样了。小时候闹病，动手术大出血，一直就没缓起来。

乙 小时候什么病？还动手术？

甲 痔疮。

乙 小孩就得痔疮？

甲 哎，有痔（志）不在年高嘛。

马三立妙解“有志不在年高”，并非自轻自贱，而是在歪讲自嘲中表达了自己对爱戴呵护他的衣食父母的感激之情，拉近了演员与观众的距离。在这自嘲当中，是否也蕴含了几分马三立对自己虽其貌不扬但仍然受到观众喜爱的骄傲？是否也蕴含了几分他对自己滑稽相貌独占喜剧先机的得意？

作为其艺术嫡传的马志明自言相貌平平，没有马三立占尽先

① 出自《马志明：笑声背后的苦故事》，《每日新报》，2017年12月。

机的滑稽相貌，而其相声仍不逊于乃父，这就得益于马志明在语言情节上所下的真功夫、狠功夫，才得有此成就。

马三立经常为相声中的人物“开脸”，就是用语言勾勒描绘人物肖像。如《练气功》中的张二伯，“四十多岁，留小平头儿，俩小眼儿，瘪鼻子，大嘴——那嘴比我俩大，那俩胳膊比我预点儿有限，脖子比我细，大颏嘞嗉，大颏嘞嗉跟大鸭梨似的”。还有相声《赠票》中那个“六十来岁，小矬胖子，小虚糊（眯缝）眼儿，脸色红扑扑的，好像刚喝完酒似的，留着挺薄一层白头发，嘴巴儿刮得一根儿胡子也没有”，整天似蚊子叮人般地往肉皮里看女人的色迷老头的相貌，让人一看便知，这就是天津卫讲话的“老桃毛儿（老色罐）”。马三立正是比照着“老桃毛儿”勾画这个色迷老头的，那红扑扑的小脸儿恰如粉红色的桃子，那挺薄的一层白头发不由得使人们联想起那看似柔软，一旦接触皮肤便奇痒难耐的毛茸茸的桃毛儿。马三立总是借着天生的喜剧性相貌，将人物的“开脸”与个人形象搅拌在一起，你中有我，我中有你，用自己的身材对照“张二伯”，用自己的小眼睛模拟色迷老头的眼睛，用自己的形象加深观众对人物的印象。

马志明却很少给人物“开脸”，而是另辟蹊径，运用声音化装塑造人物形象，充分发挥观众的想象力，《纠纷》就是典型的例子。

在语言上，马志明较之乃父更为讲究。

首先，马志明力求语言上的准确，对传统相声段子中的口误进行了纠正，如对《白事会》中的四大门神，神荼（shū）、郁垒（lǜ）字音的纠正，孟子曰“惟送死可以当大事”的纠正。

马志明对于疏散的文字进行了梳理，对于重复的用字进行了调整，避免雷同。他对乃父马三立版本的《卖五器》进行了加工提炼，尤其对介绍“五器”来历的语言进行了反复锤炼。

马志明适应时代发展的需要，在语言节奏上，力避冗长拖沓，更加紧凑流畅。如《卖五器》中关于锡器的“楼上楼”包袱的处理，较之马三立版更加酣畅，效果更好。他有意识地设计了近似小贯口的句子，增强了相声的艺术性，使通篇作品紧凑有韵味。

马志明往往在乃父马三立相声的基础上添加情节包袱，使人物形象更加细腻丰满。他演出的《卖挂票》中加进了马喜藻看水牌子时，紧嘬几口烟头儿的表演，既符合马喜藻没被卧的形象，又为后面的情节做了伏笔。使这个形象更加真实可感，让人们相信他这个连烟头儿都不舍得扔的人，没有被卧是合情合理的，从而与其自吹自擂的行为形成鲜明反差，极具喜剧效果。

再比如他在《文章会》中添加包袱，巧妙地将根据老舍同名小说改编的电影《骆驼祥子》中的地名、人物穿插其内，与时俱进：

乙　刘四爷……噢……行了！这这这知道了！你们门口儿那牌匾字号是人和。

甲　对。

乙　掌柜是刘四爷。

甲　对。

乙　他有个闺女叫虎妞儿。

甲　对对对。

乙　你们同学有个叫祥子的……

甲　他比我高一年级。

乙　唉，走！出去。还是拉车的！

传统相声《羊上树》《武训徒》的垫话被马三立用于《扒马褂》里，马志明又将这个垫话整理加工后，打造为又一独具马氏相声神韵的相声精品《太平歌词》。甚至《纠纷》都有从马三立的一个小段中受到的灵感启发：

这件小事[1]使我联想到我父亲说过的“二人幻想拾到现钱,因如何分配而打架,后来找到巡警”的小段。二者虽然发生在不同的社会,但都属于无事生非,从而说明此类无聊之事的普遍性。其实都是不值得一提的小事,蹬鞋、踩袜子了……无非是这种事,一句话不爱听了就吵。

当时,正值提倡安定团结,抓住机遇,深化改革,扩大开放,促进发展,保持稳定。我就萌发了创作的想法……[2]

马志明从不刻意模仿父亲马三立,他继承了马氏相声总体上武戏文唱的艺术追求,又另辟蹊径,有所发展,在马三立武戏文唱的基础上文戏武唱,这就使得马氏相声在马志明那里经过了否定之否定的加工过程后,得到了发展提高,其表现力得到了扩展。

马三立虽然在自身相貌上占尽先机,但嗓音条件不是得天独厚的,所以他更多的是以“神”和“相”塑造人物,进行表演。如《艺术的魅力》中马三立对猫洗脸动作的模拟,不仅饱含童趣,而且非常传神。

马志明虽然在相貌上没有突出的特点,但不高的嗓音表演起来却韵味十足。在学唱上,马志明善于抓住被模仿者的神韵,比马三立上演了更多的学唱类节目。马志明选择低回婉转的白派大鼓加以钻研,区别白云鹏与其女弟子阎秋霞在唱腔上的不同之处,尤以模仿阎秋霞为佳,得到观众们的赞许。阎秋霞的特殊吐字,廉月儒的鼻音运用,王凤山的独特韵味,刘洪源的风趣幽默等,各曲种名家的特色都被他模仿得惟妙惟肖,甚至以假乱真,足见马志明的功力深厚。马三立与马志明根据自身条件,选择的都是扬长避短的

① 指在派出所看到民警解决纠纷。
② 出自《笑匠杂笈——马志明表演相声选集》,《纠纷》解说部分。

方式。

马志明经常选择马三立不常上演的节目，如《卖五器》《拴娃娃》，而他的《夸住宅》也有别于马三立的表演版本，省略前面岔说不同建筑物的垫话，直接夸赞捧哏家的住宅，最后的“表趟子”贯口采用的则是刘宝瑞的版本。有的段子他又会原封不动地继承，如《开粥厂》《对春联》。有的他干脆就避而不演，如《似曾相识的人》《十点钟开始》《大相面》《吃元宵》。这并非是因为马志明不会，而是这些节目已经被马三立演得出神入化，他自己再来表演未免费力不讨好，与其勉强模仿，不如在尚有余地的节目上下功夫更来得实际。这也可以看作是马志明对艺术的谨慎。

马志明身上有着比乃父更加自觉的文学意识，更加细腻的艺术处理，正所谓：子承父业有拓展。

被书法家田蕴章誉为“父子英雄”的马三立、马志明，其性格在生活中也是迥然不同的。

在记者采访后撰写的《马志明眼中的马三立》一文中，马志明眼中的父亲是这样的：

> 在马志明的心目中，马三立是一个慈祥的父亲，他平时并不多说什么，可事事他都先做到了，不论是做艺还是做人，孩子们感受到的是他身教的力量。同为相声圈中人，马志明知道老人直到晚年也没停止创作，他老是在想，我下一场给观众说什么呢？而且马三立对待演出也是极为认真的，从不糊弄一场对付过去，他认为这些观众是冲你来的，你就要好好伺候他们。老人常常有一句话挂在嘴边——“观众是演员的衣食父母”。平时走在马路上，有的小青年碰到他，直呼其名“马三立”，老人一点也不恼，他认为这是喜欢你才跟你打招呼。这就是马三立的为人。

马三立性格温和，对于命运总是逆来顺受，对于别人的欺诈总是忍气吞声，打开刘连群所著的《马三立别传》，处处可见马三立的"苦命"。这位一生处处与人为善的老人经历了太多的沧桑和无奈，莫怪乎其晚年是这样评价自己的："我是一个苦命人。"而这位苦命老人也有鲜为人知金刚怒目的时候：

有一次，壮年的马三立回家吃晚饭。顽皮的三女儿见到父亲摆在桌子上的大花生，馋涎欲滴，偷偷溜过去拿了一两个掉头就跑。这本是小孩子天性活泼的表现，没想到却使得马三立怒不可遏，一把将桌子上的菜肴全都推翻在地，然后又狠狠地在菜上踩了几脚。这一幕让马志明至今记忆犹新。平时在人前连大气都不出的父亲，为什么对家人如此暴躁和不宽容？小小年纪的马志明不会理解父亲在外面遭受了多少侮辱摧残，也不会知道父亲这一反常举动并非是对三姐的不宽容，而是他的一腔怨怒在当时能向谁发泄？敢向谁发泄？只有在一家之主的权威之下，他才能宣泄一下自己的痛苦。这是马三立的悲剧，也是普天之下所有老实人的悲剧。

这件事情给马志明留下了极深刻的印象，促使马志明在对自己家庭的态度上有意识地与马三立形成反差。他被公认为有个性的人，这种个性并非是马三立那种儒家风范的温柔敦厚，而是大有魏晋风度，爱憎分明、疾恶如仇，好似率真有血性的侠者。对于自己的家庭成员，马志明自称："我们家最民主了，谁都可以毫无顾忌地给对方提意见，对方都是有则改之无则加勉，不摆家长架子，丝毫没有封建宗法家庭观念。"他在恩爱的妻子、孝顺的儿子面前，更像是一头任劳任怨的老黄牛。

也许有朋友会问：马志明在相声中塑造的那些活灵活现、栩栩如生的小人物，是不是他本人在生活中的翻版？那些小人物使用的伎俩，是不是马志明生活中所作所为的再现？回答当然是否定的，马志明在舞台上与生活中判若两人。在相声作品中,他是集各种国民劣根性于一体的小市民;而在生活中,他怀着一片赤子之心,为人豪爽侠义又平易近人。

凡是接触过马志明的人都会发现,他个性刚强,爱憎分明,有血性、有骨气,光明磊落,凛凛然有大丈夫的坦荡胸怀,简直使人无法想象,刚刚舞台上的那个猥琐的小市民形象,竟是眼前这位谦虚长者所演绎的。可见"好的演员演的是别人,拙劣的演员演的是自己",这句话所言不假。

马志明待人真诚,平易近人,将马氏相声的相声迷奉若衣食父母,在表演中丝毫不敢懈怠。在庆祝自己从艺五十周年传统相声月的演出中,他始终一丝不苟。在第三场上演了表演动作非常大的《学跳舞》,他先是拿顶倒立,然后连着三个"虎跳子",全场观众惊呆了,一时间报以雷鸣般的掌声。马志明没有考虑自己年逾花甲,心脏不好的身体状况,全力完成了表演,来报答他心目中高高在上的"衣食父母",足见其艺德。在经济浪潮汹涌澎湃的时下,马志明仍然固守着家传百年的相声,精细打磨每一段节目,以货真价实的艺术赢得了观众的认可和推崇。相声这门艺术也正是因为有了这样的敬业精神才得以传承,才能在相声历史中留下一笔笔丰厚的"产业"。

"父子英雄"的马氏父子在艺术上既有相同的艺术追求,又有不同的艺术侧重点。他们都是根据自身特点、特长选择适合自己的表演,并发挥到极致。这也给很多年轻相声演员提供了可资借鉴的经验。正如画坛巨擘齐白石说的那样:学我者生,似我者死。

第六章　马氏相声的文化继承与传承

马氏相声源远流长，近代相声第二代传人恩培（原名恩绪）就与马家有着亲缘关系。恩培是马德禄的岳父，也是清门相声的代表人物。马家相声带有浓重的文化气息，这与其对清门相声的继承和发扬是分不开的。

马家始终以天津这方热土为根据地，在走遍大江南北，博采众长的同时，又突出了天津地域特点，非常适合天津老少爷们儿的口味，在作品中蕴含着浓浓的天津人文特点——“哏儿”。马氏相声通过一个个经典人物形象，展现了一幅幅生动的世俗众生相。

生活无处不有“哏”

天津卫方言“哏儿”具有丰富的含义，一切的莫可言状——“精言不能追其极”者，天津老少爷们儿就用“哏儿”来状之：一场相声逗得人前仰后合，天津观众准会予以评价：“太哏儿了！”两人在路边口角致使交通堵塞，后来一打听，您猜这么着？为的是蹬鞋踩袜子的鸡毛蒜皮小事，天津老少爷们儿把嘴一撇：“真够哏儿的，这值当的吗？”遇到棘手的问题一时不能解决，天津老少爷们儿把手一甩:“这回哏儿了。”至于那些暧昧的男女关系、非法的经济收入、反常的干部提拔等一切有悖于常理的事情，天津老少爷们儿总是眼睛一眨巴,不无神秘地说:“这里面有哏儿的。”……

在历史上,天津是中国北方的漕运重地、物流中心、交通枢纽,全国各地乃至世界各地的人们都来往穿梭于天津这方土地。与这些外来人成天打交道,使得天津老少爷们儿大开眼界,应付各色人等自然是游刃有余。再加上天津人性尚滑稽,精于世故,善于体察,洞悉于内而蕴藉于外,在客观与冷静背后留有一份宽容与厚道,同时又透着那么一丝狡猾,所以“哏儿”在天津方言中就派上了相当多的用场,似乎一切世态人物都能用“哏儿”来评价。天津人自身也往往带有了“哏儿”的色彩,形成了独有的人生态度——“哏儿”的人生观。

马氏相声是地道的天津特产,与天津老少爷们儿的“哏儿”有着密切联系。马氏相声的幽默当中具有天津人特有的机智甚或狡猾。这里面既有相声中人的狡黠,也有演员的睿智。

《白事会》中:

甲　我有一毛病。

乙　什么毛病?

甲　爱咂滋味儿。

乙　怎么咂滋味儿?

甲　你大哥骂老三装孙子,老三不吃亏儿,绕着弯儿说你大哥是孙子,我一想你们是哥儿仨呀,你行二呀,那哥儿俩都是孙子……

乙　那我也是孙子了?

《黄鹤楼》中:

乙　咱唱《黄鹤楼》啦，您去谁，您挑角儿吧！

甲　我先别挑。我要什么角儿，可巧你也会那一点儿，这怎么办哪？你先说，你会哪一点儿，你来。不成的你就甭管啦。

《报菜名》中：

甲　有市场您先奔市场。

乙　我奔市场。

甲　哎，您买四斤果仁儿。

乙　啊。

甲　然后我就接您，进门打开包咱就喝，这多痛快，啊？

乙　我买四斤果仁儿！

甲　啊。

乙　然后你再卖去，是怎么着？

甲　卖果仁儿干吗？

乙　一个喝酒吗，干吗买四斤果仁儿啊？

甲　少要，三斤半也行，无所谓。

这三个片段为我们清晰勾勒出小人物绕着弯儿损人、不懂装懂、爱占便宜的那透着几分狡黠的“哏儿”。

《卖挂票》中：

乙　这《奇冤报》，您去哪角儿？

甲　……《连环套》，我“窦尔敦”！

乙　那是《连环套》。我问《奇冤报》您去谁啊？

甲　……张。

乙　张别古？

甲　不是张别古，有一张别古，我还叫他哪："张别古——"

乙　我问你去谁？

甲　……第三天哪，我呀……

乙　别别，别第三天。我问你《奇冤报》你去谁？

马喜藻利用闪烁其词的手段想蒙混过关，也是狡黠性格的体现。

以上都是马氏相声中人物性格的"哏儿"，而要想刻画出人物鲜明的个性，那就需要睿智巧妙的包袱设计了。

马氏相声总是留给观众回味的余地，敢于善于让观众自己去补充上作者有意省略的部分，在恍然大悟后哑然失笑，忍俊不禁。比如马三立在相声《练气功》中描写市井小人物张二伯抢小孩苹果时设计的"你这半儿多好，没核儿"这个包袱。这样能够调动观众与演员互动的包袱在马氏相声中俯拾皆是。相声《看不惯》中"大黄"的包袱也是如此。

天津老少爷们儿喜欢含蓄隽永的包袱，将浅白直露的笑料斥之为"贫"。"贫"就是匮乏、缺少，缺少对生活本质的深刻反映，缺少历史的厚重感，天津老少爷们儿对这样匮乏的包袱不屑一顾。天津人将禁得住咀嚼的包袱称之为"杀口"，它们反映了生活的潜流，揭示了人间百态，道出了人人想说而又一时未能名状的真实感受，因而酣畅淋漓、耐人寻味。

马氏相声将天津老少爷们儿身上的"哏儿"赋予了喜剧人物，也正是因为天津老少爷们儿身上"哏儿"的特质，才使他们能够深刻体味马氏相声中那份特有的幽默与睿智。设若不是天津老少爷们儿性尚滑稽，精于世故，善于体察，洞悉于内而蕴藉于外，在客观与冷静背后留有一份宽容与厚道，同时又透着那么一丝狡猾的"哏儿”，他们怎能一下子就与马氏相声中那特有的冷面滑稽、睿智隽永，饱含丰富潜台词的包袱产生强烈共鸣？马氏相声以天津老少爷们儿为知音，天津老少爷们儿更是以马氏相声为骄傲。就在这相激相荡之中，马氏相声越发地具有天津人特有的“哏儿”了。

天津人喜欢说“哏儿”，北京人则习惯说“逗”。这一“逗”一“哏儿”，阐释了津京两地对相声风格的认知。但“哏儿”在天津卫似乎有更多的玄机，一切问题和一切令人关注的热点，在开朗豪爽的天津人看来，都有轻松、谐戏、滑稽——即“哏儿”的含义，也都似乎可以一笑了之。唯此才铸就了马氏相声“逗你玩”的文化意味，它也拓展了津门相声的世俗风情。

俗到家时自入神

薛宝琨在《说俗道雅》一书中是这样描述天津卫的“俗”的：

天津卫这地方确实“俗”：虽有文化古迹，但无名山大川；“能人”多而名士少，商贾多而学人少；爱说，却不尚清谈；爱笑，更不顾形迹；文，至于消遣游乐；武，至于健身强体；尚“小吃”却“犯恶的不食”，习“小酌”更“犯法的不做”；近首都而拒京音，远塞北而抱质朴；结交不以琴棋书画，结社却因昆黄乱弹；拍扑克以遣兴，说粗话以畅怀；“妈妈例儿”多于圣人遗训，“大白话儿”胜过治世明言……天津卫真大俗而特俗也！此或即“民性”？故经历世而不改，遭流变而不殆，殖民地不能“化”之，“文化革命”亦不曾“革”之，天津卫真是“蒸不熟、煮不烂”的“铜豌豆”也。

“俗”未必不好，世谓：不患大俗，只患浅俗；不患真俗，只患假俗；不患通俗，只患庸俗者是也。“俗”指的是民间、大众、世俗、风俗的主导倾向，由“俗”而“雅”，乃至“不俗”，要有一个漫长而自然的文化积淀或移风易俗的过程。这其中最怕的是急不可待、自作多情、半生不熟、附庸风雅的介入。“假雅”既不是“真俗”的外化，也不是“纯雅”的初级形态，而只是浅俗、假俗、庸俗的变形表现，是大俗不成的脆弱、真俗不成的矫饰、通俗不成的困惑的必然反映。

马氏相声正是天津卫的这种“大俗、真俗、通俗”“蒸不熟、煮不烂”的“铜豌豆”。

马氏相声从来不矫揉造作地标榜自己是高雅艺术，也从未在舞台上趾高气扬地说“作为相声演员可不容易”，而是始终把自己定位于一个世代得到观众呵护关照、感恩戴德的普通艺人，始终至至诚诚地伺候着自己的衣食父母。这里面没有一丝一毫的自轻自贱，而是出于对艺术负责的职业道德。这种思想直接决定了马氏相声从来不高高在上地对老百姓板起面孔说教，而是始终生活在老百姓当中，讲述着老百姓自己的喜怒哀乐。马氏相声的传承者始终生活在社会底层，始终和老百姓同呼吸共命运。他们创作表演相声，都是出于为天津老少爷们儿开心解闷，以便养家糊口的目的。在马老告别舞台的晚会现场，一句“我值吗”，换回的是观众异口同声响彻全场的回答——“值！”就在这一问一答中，我们清晰地看到了马老以及马氏相声与天津观众那份割舍不断的深厚情谊。正是天津这方大俗大雅的水土养育了马氏相声，使其得以生根、发芽，最终成长为一株在群芳争艳的中国曲艺园地中独树一帜、长开不败的艺术奇葩。

一、俗事

马氏相声的内容大多反映北方尤其是天津地区的现实生活，即俗事。

婚丧嫁娶是现实生活的一部分，同时也反映了一定的民俗。天津的丧葬历来有“大出殡”的陋习。《天津府志》卷二十六中记载，清初时“亲初殁，男妇哭奠于城隍庙、土地祠。三日送路，五日成服。绅士家遵行家祭近于奢”。到清中叶，发展到“因重出殡，致赁铺杠房林立，闾巷仪从导引，漫无限止。大家费数千金，寒素亦近千贯，虽倾家有所不惜，似非此不可为人子者”。到民国时期，“综观全国各大都市，最富为上海，排场为北京，但其婚丧大事都不如天津，奢侈浪费之巨，实为全国之冠”。冯国璋代理大总统期间，时任江苏督军的李纯出殡就是一例。1920年，李纯在江苏督军任内亡故，灵柩运回天津办丧事。“他的家属提出，殡仪的外场，要尽白货铺之一切能事，只要天津有过的排场都要有，不怕花钱。”灵柩一到天津，立即搭棚修经，远近亲族以至街坊故旧皆来挂孝守灵，每日有酒席供应。“发引时轰动天津市的情形真不亚于皇会。凡殡行街道，家家接亲招友看热闹，甚至有在沿街搭看棚的，到处万人空巷。殡过后丢男喊女，乱成一片，直至上灯后始渐恢复秩序。”[1]

曹锟嫁女的排场也是非常典型的。二十世纪二十年代，时为直系首领的曹锟和“李善人”的孙子李宝诜结为亲家，曹女为李宝诜的儿媳。当时曹锟是直鲁豫巡阅使，曹李两家不谋而合，喜事要做尽“外面儿”，夸耀乡里。迎娶前两天是女家送嫁妆，由省政府乐队前导，迤逦的妆奁大队排有一公里长，沿途轰动百姓，围观者谓之塞途，从上午出发，至日西斜始到男家。第二天是男家过催妆礼，计有雁鹅一对，牵羊带酒的绵羊各一对，绍酒两坛，条盒八对，内摆新妇上妆的衣裳及上彩轿穿的袍、裙、凤冠、玉带等物，食盒八抬，有鸡、鸭、鱼、肉及上等茶食、干鲜，用四辆卡车载送。正日迎娶，迎亲的队伍排列一里之遥。

① 出自《天津老城忆旧》，天津人民出版社1997年版。

马氏相声《白事会》(其中一个版本又名《吴佩孚出殡》,还有一个版本为《袁世凯发丧》)和《红事会》分别把当时铺张奢华的婚丧场景表现得淋漓尽致。这两段相声虽未必针对天津的真实历史,但却真实地反映了那一时代的社会现实生活与民俗,以及半封建半殖民地社会上层人群的畸形变态。

再如《开粥厂》(又名《三节会》),夸张的节礼伴随着膨胀的感情,在满足“我”的虚荣的同时,流露着世俗的贪欲,也在大起大落的对比中,表现着世俗理想的倾斜坍塌。

清代大盐商查为仁修建的水西庄是当时南北文人会聚的中心,张霖的问津阁也是天津首屈一指的园林建筑,李承鸿的寓游园内有十景,也很有名。尤其是二十世纪初至三十年代兴建的一大批小洋楼,体现了欧洲建筑的多种风格,维多利亚式、哥特式、殖民地式、安妮女王式、新艺术运动、新古典主义、新巴洛克、现代主义、折中主义等建筑风格都在天津建筑中有所体现。天津的花园住宅、里弄住宅在中国也很有特色,加上租界街区具有欧洲城市风采,使得天津享有“建筑万国博览会”之称。

《夸住宅》[①]前半部分采取俳赋的铺陈,借助文学语言引经据典,对铜雀台、阿房宫、大观园、乾清宫、卧龙岗、滕王阁等历史文化遗迹做了生动、细致的描绘,将古代劳动人民用聪明才智和辛勤汗水建造的精美建筑展现给观众。段子的后半部分详细描绘了清末民初大户人家的庭院结构、厅堂陈设,对当时的建筑风貌进行了概括性描写。这既是民间风情的写真,也是恣意夸张的谐谑雅趣。其章句的对偶排比,语势的铺张扬厉,尤其是穿插其间的俗语雅韵,都使曾经消逝的大赋在极俗的语境中还魂复生,从而在“雅”与“俗”

① 马三立将《暗八扇》中的清代行政区划部分删掉,保留了对历史遗迹或文学名著中的园林宅院的夸饰,嫁接于老的《夸住宅》中,将两段合并,化腐朽为神奇。

的对比和失落中产生文韵。

“拴娃娃”是一种古老的习俗，是旧时天津最奇特的风俗之一。它的形成与专以求子、保子为主题的天后崇拜有关。

天后宫的道士们准备了大量的泥娃娃，均是手艺人所塑，一个个活泼俊俏，神态各异。凡来求子的妇女，在许愿供奉之后，来到“娃娃山”，相中哪个小泥娃，就用一根红绒绳系在泥娃的脖颈上，偷偷带回家中，据说半夜便可投胎，十分灵验。

天津的民间唱本《拴娃娃》中具体描述了刘二姐拴娃娃时的过程和心理活动：“刘家二姐闷坐鼓楼，手托香腮一阵好发愁，思想起来过门六个月，夫妻和和美美度春秋。常言道，草留根，人留后，到老无儿事事忧，听人说送子娘娘有灵验，何不去娘娘宫里把头叩……二姐来到娃娃山里头，有群小孩推牌九，有群小孩打跟头，歪毛、淘气生来俊秀，个个都让二姐爱不够。二姐上前把个娃娃捧在手，先叫儿啊又叫肉，你只管跟妈往家走，吃喝穿戴全济你，甭问咱家底厚不厚，儿呀儿，肉呀肉，你三更半夜把胎投！”

如果以后真生了个儿子，这个泥娃就被尊为大哥，生的小孩叫老二，因此天津排行第二的人特别多。随着岁月的流逝，还要到泥人铺里去“洗娃娃”。所谓“洗”，就是由手艺人将泥娃改塑为“娃娃大哥”甚至“娃娃大爷”，给它添眼镜、毡帽、胡须、长袍马褂等。现在天津天后宫内民俗博物馆的民间习俗展室中还陈列着当年的“娃娃大哥”和“娃娃大爷”。

这样的民俗也在马氏相声《拴娃娃》中有所反映，只不过，拴娃娃的地点搬到了京西妙峰山，将京津一带的民俗一股脑儿地囊而括之。

拉洋片也叫“西洋景”或“拉大画儿”，是旧时庙会或市场上常见的一种文艺表演形式。拉洋片起源于清朝同治年间，表演时艺人将各种连环图画放在大木箱中，观众要透过箱子上的凸透镜观看，艺人则在一旁说唱解释，并且每换一次画面就敲打一次锣鼓。这种艺术形式不仅表演方式独特、道具新颖，而且唱词通俗易懂，深受老百姓的欢迎。“大金牙”“小金牙”是拉洋片艺人中的两位代表人物。而相声《拉洋片》也对此做了描摹演绎。

这些传统相声反映了当时社会的现实生活，对于研究那个时代的民俗文化有着很高的参考价值。

更有一些生活中的趣闻俗事也被马氏相声尽收其中。如“卖烤山芋的”和“拉洋车的”双双《文章会》；四兄弟赴京赶考路上《打油诗》；拉穷人垫背的《大审》；穷人过年赊面《吃饺子》；蒙事行街边《算卦》；邻居间玩笑《相面》；落魄子无奈《卖五器》；《卖黄土》小伙上当；《卖挂票》观众喝倒好；《大上寿》家人祝贺；赔本赚吆喝的《卖布头》；《局长查卫生》被蝇扰；《美容医院》出医疗事故；《大会见闻》让人哭笑不得；《八十一层楼》上功亏一篑；《学说瞎话》上演黑色幽默；电影院老头《找糖块》；《送人上火车》忙中出错；用《赠票》戏耍色迷老头；为吃大户胖子猛《追》；老头与小伙《打赌》；好心《请客》反倒开罪于人；《入学考试》中泄露卖鱼手段；啼笑皆非的《血缘之谜》；《贴膏药》弄巧成拙；《吃蒜》后观影奇遇；立竿见影的《家传秘方》；公共场所接吻被说成《病从口入》；无原则的闹剧《纠纷》；颠倒错位的《雇三轮》；始终未能成功的《扔狗》；老太太市场《买面》；不遵守交通规则导致《自食其果》；魔高一尺道高一丈的《买猫》；错位地点的《茅房话》；贪便宜路边《拔牙》；综合商店买《核桃酥》；叫人疑惑的《车中人》；妻子劝丈夫《戒烟》；串通一气行《酒令》；曲艺团长《派兵遣将》；医院《试表》等。这些俗事未必都真的发生在天津，但经过马氏相声演来，别有一番“津味儿”在其中。

二、俗人

《天津卫旧志》记载：“贵德耻争，民淳讼简，近来五方杂处，逐末者众，讼狱繁兴，习尚奢靡。”《天津县志》记载：“天津旧为军卫之区，俗尚武健。”《续天津县志》记载：“民俗尚华侈，而皆好善乐施”，“邑向五方杂处，逐末者多，踵事增华，日趋浮糜，民气强悍，虽好斗而畏法，无敢与官长抗违者。自改县以来，文风日盛，家弦户诵，以气节相高，无论贫富，见义必为，饶有古遗风。”这是对天津人性格的总体概括，因出于旧时文人之手，未必公允。但是，天津清末民初的“混混儿”确实在北方地区非常有名。

清末文人张焘所著《津门杂记》中有这样一段记载：“天津土棍之多，甲于各省。这等市井无赖游民同居伙食，称为锅伙，自谓混混，又名混星子。皆ause不畏死之徒，把持行市，扰害商民，结党成群，借端肇衅。”

天津的混混儿是当时社会发展的产物。其一，天津在历史上是一个水旱码头，著名的青帮便是在清初产生于漕运水手和船工群体中的，其中一些人就有把持行市的行为，控制着脚行等一些组织，欺侮下层劳动人民。其二，二十世纪二十年代，青帮蜕化为无恶不作的社会流氓集团后，迅速扎根于脚行、赌场、烟馆，扩大了混混儿的人数，使混混儿更加作恶多端。其三，民国时期政治腐败，天津作为半殖民地和租界林立的城市，出现了无人管理的地段，成为混混儿进一步滋生的空间。

乾隆时期举人杨一昆在其所作白话诗《天津论》中是这样描绘混混儿的：

混星子，无二鬼，
也跟着学走创。
小帽歪，衣襟敞，
提眉横目，慌里慌张。
这个说：“你这一回不够板，
过节儿全不讲。”

那个说："什么事，
我全不听你过堂腔。"
有人犯了他边界，
聚伙成群来打仗。
铁尺斧把，竿子鸟枪，
赶上房，开水砖头往下淌，
哪顾生死存亡！
打倒了，抬着去验伤。
铁锁锒铛，
套在为首的脖子上。
带到当堂，
打靴底，碍何妨；
打板子，说不解痒；
几百竹条，打不出一声嚷。
从此把名扬。

如今的天津已今非昔比，但是旧时的积习也有其顽固性。马氏相声《练气功》中，那个专门在弱者面前施展淫威，一遇到强者（"菜刀"就是强者的一种象征）就立刻暴露其不堪一击脆弱本质的混星子张二伯，他的身上隐约可见旧时混混儿的影子。而在《纠纷》中制造无原则纠纷闹剧的丁文元和王德成，他们身上虽然集中凸显了那个时代小人物的特点——深受"文革"贻害，思想空虚、文化素质不高、是非观念淡薄，但我们也不能忽视自古以来天津混混儿劣根性流毒对他们精神的戕害。这些相声也仿佛在提醒我们，彻底清除国民劣根性任重道远。

天津人爱"吹大梨"，著名作家林希在《天津话逗你玩》中是这样说的："天津人为什么要吹大梨？生存需要。乡下人用不着吹大梨，你家二亩地，我家也是二亩地，你家里一头牛，我家里也是一头牛。你说你家里有金山银山，我可以到你家里去看看，你家里有几条板凳我都知道，更何况什么金山银山。天津人就不一样，天津人在大街上遇到一起，靠的就是吹大梨，谁的大梨吹得玄，谁的大梨吹得圆，谁就能把别人镇住。镇住别人有什么好处？镇住别人，你就自己吃独食。天津城小人多，大家全抢一碗饭，你不吹着点，别人能让你多吃一口吗？可是，吹破了怎么办呢？吹破了也没关系，一走了之。天津人不像乡下人，谁也不知道谁在哪里住，绕两条胡同，人们就找不着你了，这时你再到一个新地方去吹，说不定又吹出了名堂。”

天津卫这样的“大梨”在马氏相声中不乏其人：《卖挂票》中吹嘘自己子虚乌有的声誉排场的“马喜藻”；《黄鹤楼》《汾河湾》中不懂装懂的“河北梆子演员”“马嚼官”；《钓鱼》中吹牛说大话的“二子他爸”；《老热写信》中自以为是的“仇大爷”；《文章会》中夸耀自己文章的“拉洋车者”“马山芋”；《太平歌词》中不学无术又爱吹牛的“我”；天桥把式光说不练的《十点钟开始》中的“我”；《大保镖》中的“馅儿的”；《迎春曲》中的“歌唱家”；《相声的魅力》中“不知自己吃几碗干饭”的“我”；《学跳舞》中的“舞蹈家”……

更有《大会见闻》中令人生厌的“总务科长”；《似曾相识的人》中极“左”的“曲艺团长”；《吃元宵》中蒙嘴吃的“孔夫子”；《老头醉酒》中不负责任的“医生”；《卖黄土》中卖弄风骚的“娘儿们”；浑浑噩噩的《马虎人》；《买猴儿》中的“马大哈”；官僚主义的《开会迷》；《送人上火车》中好心办错事的“街坊二哥”；《算卦》中招摇撞骗的“龚大个儿”；《赠票》中的“色迷老头”；《报菜名》中一直想骗车钱的“小市民”；《纠纷》中思想空虚、文化素质不高、是非观念淡薄的“丁文元”“王德成”；《犹豫症》中始终犹豫不定的“我”；《看热闹》中的看客“老头”；《夜来麻将声》中利用职权为非作歹的“马科长”；《看不惯》中不能用正确眼光看待新生事物的“看不惯先生”；《五味俱全》中唯利是图的“我”；《试表》中不讲职业道德的“护士”等，他们共同组成了马氏相声的人物画廊。在马氏相声中，很少有王公贵胄，随处可见的是那些我们身边似曾相识的“熟人”和“俗人”。即便是被历代帝王奉若神明的大成至圣先师孔夫子，也在马氏相声里被拉下神坛，被调侃成一个篡改元宵价目表的落魄老头，末了仍不失文人的可爱，不打自招地大喊：“这是读书人笔下留情，否则十字头上添一撇，一文钱吃你一千个。”

这些人物都给观众留下了深刻的印象，至今依然家喻户晓，脍炙人口。这得益于马氏相声始终关注着世俗生活，关注着世俗生活中的人。马三立自幼学艺，四处漂泊卖艺，饱尝人间冷暖，这样的特殊经历使得马三立能够接触到社会各色人等。马老虽然是地道的北京人，可是他对天津风土人情的体察尤为细腻精到，对社会底层小市民的生活了解颇深。他凭借敏锐的观察力、深厚的社会生活经验，为我们塑造了一个“马善人”的形象。这是一个生活在穷困潦倒之中，不愿正视现实，幻想自己是大户人家，到处吹嘘自己并不拥有的阔绰，用瞒和骗来为自己寻找精神上的慰藉的人物。他也代表了旧中国一类有着畸形思想性格的小人物。

马志明更是扎根天津社会底层，几经风雨，遍尝世态炎凉。《自食其果》垫话里塑造的爱看热闹的小市民形象，自作聪明地说车祸发生在自家孩子的身上，走进人群一看才发现是汽车轧死了一头驴。这场闹剧的外在表现是滑稽可笑的，但其背后所隐藏的主题却是异常严肃的，也是发人深省的。它对当代国人灵魂中空虚、无聊、麻木、冷漠的看客心理，进行了无情的讽刺与批判。再如《看不惯》中塑造的那个不能用正确眼光看待新生事物的小人物，他自己切身享受着时代的恩惠，但由于头脑中还残存着旧有思想的惯性，所以不能正确对待新生事物的发展。这个小人物就是中国改革开放时期出现的抱着“越穷越光荣”的思想惯性，却过着“人人奔小康”

的实际生活的一类人的典型。这些小人物为我们深刻地揭露了国民劣根性，耐人寻味。

马氏相声塑造了这么多精神面貌消极的天津人典型，是否有着丑化天津人、损毁天津形象的嫌疑呢？

非也。首先，马氏相声里塑造的这些小人物大都是国民劣根性的产物，既然是国民劣根性就具有普遍性，并非只是天津人独有的缺点。其次，如前所述，马三立和马志明对于天津老少爷们儿充满了感情，他们热爱这一方水土。他们艺术生涯中的大部分时间都是在天津舞台上度过的，为了舞台效果拉近与观众的距离，当然要选取天津老少爷们儿耳熟能详的人物进行塑造。当然，这里面也要避免对号入座导致的误会，所以马氏相声更多时候是采取自嘲的手法，将这些缺点集中到自己的身上，通过善意的讽刺，使观众听后有所反思，达到自我扬弃的目的。马氏相声在善意批评的同时也肯定了天津人乐观豪爽、急公好义的性格。如《送人上火车》中的街坊二哥虽帮了倒忙，但他主观上是出于乐于助人的好意；《纠纷》中既善意地批评了丁文元和王德成死要面子活受罪引起无原则纠纷的闹剧，同时也肯定了他们知错就改、豪爽朴实热情的一面。

这自嘲中包含有品牌意识、避免观众对号入座、含蓄地讽刺等多种功效。从喜剧美学的角度分析，自嘲处于比一般幽默更高的审美层面。透过自嘲的艺术形式，观众不仅能够以喜剧视角看待世界，也会同时以喜剧视角审视自我。当喜剧精神具备了自省特质，人们的喜剧观才能更加宽容，更具恕道，令我们生活的世界越发和谐。

三、俗语

有着初中毕业文化水平的马三立可以说是那个时代相声艺人中的秀才了，表演传统相声《八扇屏》《反八扇屏》《西江月》等文学水平较高的段子可谓游刃有余，能够将古文中的文化韵味娓娓道来，更有每场演出将同台演员特点用词牌《西江月》描摹出来的绝活，为观众所称道。《开粥厂》中随处引用的古文，将文白杂糅，俗雅对比，突出了喜剧效果。

而《吃元宵》和《歪讲三字经》中，他对《论语》和《三字经》的章句也进行了巧妙的歪批歪讲。比如《吃元宵》中：

甲　《论语(述而)》呀，不是有这么一句吗："二三子以我为隐乎？吾无隐乎尔！"那就是圣人跟徒弟说的："你们以为我有瘾了，我抽着[1]玩儿哪。"没钱怎么办呢？只好当当吧。圣人说，君子常当当[2]。

乙　那句是"君子坦荡荡"。

甲　是呀，连毯子都当了。

…………

甲　有的东西人家当铺不收，只好卖，连自己心爱的话匣子——留声机都卖了。

乙　那时候就有话匣子？

甲　怎么没有啊？要是没有话匣子，书上也没有啊。

乙　又哪本书上有啊？

甲　《论语(季氏)》不是有这么两句吗："吾闻其语矣，未见其人也。"就是我净听他说话，我没见他人，那就是话匣子。

《歪讲三字经》通篇都是对《三字经》的歪批歪讲，这些无不显露出马三立深厚的文化功底。《对春联》中，他将对联的文字雅趣化入"小老鼠偷吃热凉粉，短长虫盘绕矮高粱"的白话巧对之中，俏皮

① 指段子中前面提到的"抽白面儿"。
② 原文为"君子坦荡荡"。

风趣中尽显文字对仗工整的韵味。《起名字的艺术》中对于各大饭馆字号的妙解，更是饶有趣味。

马志明秉承家传，手不释卷，从小说、野史、话本中吸取营养。虽然他自谦文学功力很浅，但实际上他在生活中熟读《三国演义》，从这部名著中汲取文学营养。比如，他的“莽撞人”贯口文辞讲究，有别于其他版本，表现出他对艺术的严谨追求。再如，他借鉴《三国演义》中的遣词造句，将其运用到相声《卖五器》中。

马氏相声从来不以卖弄文采为能事，从不为显示自己作品的文化品位而牵强附会地将古文硬塞进相声，天津卫讲话，那叫“穷转”“牙碜”，而是将文字锤炼到“清水出芙蓉，天然去雕饰”的境界，化入家常语中，俗中见雅，雅俗共赏。

马氏相声对于天津方言的运用也达到了画龙点睛的境界。《戒烟》中那一大段独白用天津方言表演起来，凸显出天津妇女的淳朴风趣。《偏方》中“二大爷”那句“倒霉了你这人”，将“这”字发音为“jiè”，将“人”字发音为“yín”，鲜明地突出了天津方言中的齿音字，使天津老少爷们儿听起来舒服惬意。在《汽车声音》这个小段中，马三立别出心裁地用天津方言“崴了，崴了”模拟警车声音，同时反映出犯罪分子的内心独白，令人拍案叫绝。《纠纷》中通过“怎(něn)么地啦？”“轧你脚？活该！应当轧你嘴！”“拽我车？拽我车我抽你信吗？”“他那是胡吣。”“你甭闹唤啊，这儿打得起来吗？动了手吗？待会儿出去，我给你拿拿龙！我好好管管你！”这些独具天津特色的方言将人物塑造得栩栩如生、呼之欲出。

马氏相声真是奇妙，将“俗”与“雅”结合得如此天衣无缝，相得益彰。既有之乎者也抑扬顿挫地吟诵《滕王阁序》《窝窝赋》等骈体文的大雅，又有在《大相面》里抠完捧哏鼻子眼往对方嘴里送，美其名曰“尝尝咸不咸”的真俗。在马氏相声塑造的众多人物中，他们生活在俗世当中，说着俗话、办着俗事，这些俗人背后蕴含着生活的潜流，凝聚着时代的沧桑，饱含着历史的厚重感，而这就是真正的大俗大雅。正是天津特有的俗文化滋养了马氏相声大俗大雅的艺术风格，而马氏相声中的俗事、俗人、俗语也反映着天津卫的人文市井风俗。这也就难怪天津老少爷们儿对马氏相声情有独钟了。马氏相声的"俗"，正如郭沫若诗云：俗到家时自入神。

源远流长有根基

《天津卫志》载："天津近东海，故荒石芦荻处，永乐初始辟而居之，杂以闽、广、吴、楚、齐、梁之民。"天津筑城设卫之后，商贩船家云集，戍守军旅常驻，流动人口激增。通过来往于三岔河口的无数船舶，天津城接纳了漕运船民、移居商贾、垦戍军士、破产农户和外省务工人员，形成五方杂处的移民城市。1846年出版的《津门保甲图说》显示，城内和北部、东部沿河一带属于城区范围的居民中，土著居民为七百四十户，仅占全城区总户数的百分之二点二八。这表明，在天津城市人口中，移民占了绝大多数。另外，河北、山东、山西一带的农民成为天津移民的另一主流。天津与北京近在咫尺，来去方便。北京每有政治风云，往往波及天津，突出的表现就是众多宫廷逸民、民国政客寓居津门，带来官场习俗、宫廷习惯和都市娱乐方式等，逐渐形成了"寓公文化"。移民文化与天津原生文化发生混杂和碰撞，南北交融，雅俗共存，形成了天津地域民俗文化的多元化和天津社会生活的多样化。

因此，在天津这方水土上兴盛的曲艺艺术必然丰富多彩，各领风骚。无论是相声、双簧、评书、单弦、数来宝、平谷调、太平歌词、时调小曲、滑稽大鼓、梅花大鼓、联珠快书、北京琴书、北京竹板书、拆唱八角鼓、什不闲莲花落、西城板、快板书、天津快板、天津时调，还是京韵大鼓、弦子书、西河大鼓、木板大鼓、京东大鼓、乐亭大鼓、二人转、东北大鼓、山东快书、山东柳琴、山东琴书、河南道情、河南坠子、四川清音、弹词等，全国各种曲艺曲种在天津都有观众，并均有代表人物久占天津曲艺舞台，课徒授艺，形成了一定规模。

在相声历史上，具有举足轻重影响的马氏相声，就生长在天津这片曲艺沃土之上，历经四世，传承百年。

马家最早从事曲艺行业的是马诚方，也就是马三立的祖父，北京人，回族，擅说评书《水浒传》，名噪一时。其子马德禄（1882—1935），原名马恩禄，是相声前辈“八德”之一。幼年刻苦攻书，具有一定的文化素养，学艺师从春长隆。由于春长隆与恩培（原名恩绪）是至交，恩培是相声鼻祖朱绍文同辈艺人阿彦涛的徒弟。马德禄从恩培处得艺颇多，后成为恩培的女婿。春长隆、恩培都是八旗子弟落魄后才鬻艺糊口，属于清门相声，善于表演讲求幽默文雅、取笑而不庸俗的段子。马德禄长期在京津一带演出，深受观众欢迎。曾与焦德海、裕德隆、周德山、张寿臣、焦少海等共同开辟相声场地，以稳健、细致、严实、谐趣的艺术特点在同行中获得了很高的威望。1920 年前后为李德钖捧哏，颇为李所倚重，曾说“我有几块活是德禄给捧起来的”。

马德禄的相声表演注重人物刻画，语言形象、幽默。他演对口《倭瓜镖》《粥挑子》，单口《古董王》《怯跟班》《五兴楼》《君臣斗》等，都体现了自身的艺术特点。他因活路宽、捧逗俱佳，被同行称为“相声公司”。他不仅是知名的前辈艺人，也是相声艺术的组织者与教学者，晚年曾主持天津东兴市场连兴茶社的相声大会，通过言传身教，造就了不少人才，如马三立、高桂清、郭荣起、刘宝瑞、赵佩如、孙少林等均曾在那里学艺实习。马德禄擅长白沙撒字，能在地上撒双钩的“福禄寿喜”“招财进宝”“黄金万两”等。

马德禄的长子马桂元（1911—1940）毕业于天津东马路甲种商业学校，自幼耳濡目染，说学逗唱，信手拈来。他擅长表演贯口活，气口好，嘴里有功夫，单口、对口、群口，无一不精。“万人迷”李德钖看中马桂元，收之为徒。马桂元一方面跟随李德钖学艺，一方面接受父亲的家传。经过这样两位名师的亲传、调教，以及自己的刻苦钻研，年轻的马桂元在京津两地崭露头角。他继承了马家相声表演含蓄幽默、温文尔雅、冷面滑稽的传统特色，同时又有所发展。再加上他有一定的文化水平，不仅能改编，还能自编自演，特别是一些文学性较强的段子，如《反八扇屏》《文章会》等，演起来耐人寻味。他还擅长表演中篇单口相声“八大棍儿”，所说的单口《三近视》《贾行家》，对口《吃元宵》《醋点灯》《学四省》，都非常精彩，脍炙人口，为同行所折服。但不幸于 1940 年病死在天津，去世时不到三十岁。

马德禄的三儿子马三立（1914—2003）自幼读书，曾就读于天津汇文中学。家庭环境使他从小就耳濡目染，对相声艺术十分熟悉。在父兄的熏陶下，打下说学逗唱的深厚功底。初中毕业后，因家境不好，辍学说相声。

1930 年，马三立开始登台演出，拜周德山为师。周德山是马德禄的同门师兄弟，也是“相声八德”之一。马三立学艺进步很快，视野也日渐开阔。经过长期的艺术实践，形成了内紧外松、有条不紊、表演细腻、含蓄隽永的艺术风格。马三立艺术功底扎实，擅长表演贯口和文哏段子，如《夸住宅》《地理图》《吃元宵》《文章会》等。其塑造的“马善人”“马喜藻”“马嚼官”“马大哈”等人物形象，至今已成为相声中的经典，为观众所称道。

中华人民共和国成立前，马三立先后与耿宝林、刘奎珍、侯一尘、张庆森搭档。中华人民共和国成立后，他积极编演新相声，1952 年还主动申请参加赴朝慰问团。回国后，马三立加入天津广播曲艺团，致力于相声的整旧创新。后来转到天津市曲艺团。1957 年被错划为右派分子。1961 年春回团工作，与赵佩如搭档在天乐戏院演出，首场演出的是《黄鹤楼》。晚年，马三立又与王派快板创始人王凤山合作表演对口相声。王凤山去世后，他又编演了许多脍炙人口的单口相声小段。

马三立是马氏相声风格的开创者，其作品多以第一人称自嘲，具有深刻、隽永、冷幽默等鲜明特点，对于津京一带相声演员影响颇深，追慕私淑者不计其数。马三立从艺七十余载，历经相声的发展、壮大时期，是相声界的百科全书，被曲艺理论家薛宝琨誉为“津门相声的魂魄”。

马桂元之子马敬伯，1932 年生于天津，原名马景伯，自幼跟随叔父马三立生活学习，1946 年正式从艺后改名马敬伯，1949 年拜侯一尘为师。

中华人民共和国成立后，马敬伯曾任天津市红桥区相声队队长，1956 年赴长春市参加组建吉林广播曲艺团，开始与王宝童合作表演相声，并整理了大量相声资料，1957 年吉林人民出版社出版了二人合著的传统相声集《五红图》。“文革”中他被迫终止演出，下乡插队。1978 年 3 月，吉林省曲艺团恢复建制，马敬伯重返舞台，并于 1982 年担任曲艺团艺术室副主任。1983 年，吉林省戏曲学校建立曲艺科，马敬伯担任副主任、相声教师，任教期间发表了很多关于相声表演及相关理论的文章。1992 年 10 月在吉林省曲艺团退休。1997 年，应邀赴天津参加《中国传统相声集锦》的录制，留下了珍贵的资料。2013 年 2 月 26 日，马敬伯在吉林省医院病逝，享年八十一岁。

马敬伯的表演以马氏相声风格见长，擅长贯口活，代表相声节目有《开粥厂》《夸住宅》《大保镖》《白事会》等。

马三立的长子马志明，出生于 1945 年，由于出身于相声世家，自幼耳濡目染父亲及同时代相声名家的风采，受益颇多。1957 年报考天津戏曲学校工小花脸，后改“武二花”，具有深厚的戏曲武打功底。1963 年转到天津市曲艺团，正式从事相声表演。二十世纪八十年代由相声大师侯宝林代拉师弟,拜已故相声前辈朱阔泉为师。其传统相声功底深厚,深得马氏相声真髓,又与乃父马三立有所不同,形成了刻画人物细腻、学唱惟妙惟肖、文戏武唱的艺术风格。代表作品有《地理图》《太平歌词》《纠纷》《卖五器》《听曲艺》《白事会》《报菜名》等,成功塑造了《纠纷》中丁文元、王德成的形象,使其家喻户晓。

马志明之子马六甲,1981 年出生。自幼喜欢曲艺艺术,在其父马志明的悉心调教下,学习马氏相声及其他曲艺曲种。幼年便崭露头角,曾经和黄族民合作表演过传统相声《报菜名》,与其父马志明表演过群口相声《酒令》。1991 年参加全国业余曲艺演员比赛,演唱白派京韵大鼓《探晴雯》,荣获一等奖。1992 年参加"马三立杯"全国(业余)相声邀请赛,表演由郑文昆创作的《照猫驯虎》,荣获特别奖。于天津理工大学毕业后在天津消防研究所工作。2007 年 2 月10 日为其父马志明编著出版了《笑匠杂笈——马志明表演相声选集》。2007 年 11 月 24 日在天津大剧院成功策划举行了"艺海神游五十载——马志明从艺五十周年庆典"演出,并在这场晚会中与牟洋、刘威改编表演了相声剧《我来逗你玩儿》,效果火爆。之后,又担任了中国大戏院马志明传统相声月五场演出的主持。

正是:文有根基艺有源,马氏相声代代传。

津门无人不宗马

马三立是津门相声的魂魄。他舞台上的松弛而不懈怠,台风的亲和而不贫俗,语言的随意而有分寸,笔下人物的熟悉而又陌生,特别是他在许多作品中所传达的天津卫风情,以及这个城市独有的世俗品性,不仅影响了相声迷们的审美倾向,同时也影响了津门的相声艺人,使他们或多或少、或明或暗、或自觉或不自觉地都染上了"马氏"情采,又别出心裁地根据个人特点发挥变化。他们各具特色的表演也被马志明学习、借鉴、吸收、容纳，在马氏相声的传承乃至津味儿相声一脉中占有举足轻重的地位。下面略举几则以窥一斑。

一、张宝茹

二十世纪四十年代，张宝茹在天津河北鸟市声远茶社演出，是那里的一员主力干将。当时，声远茶社和连兴茶社都是名家荟萃之地，能在那里占据一方舞台并成为主演，要凭艺人的真功夫。张宝茹技艺全面，捧逗俱佳。他表演双簧时，歪扎小辫，动作表情滑稽风趣，颇受观众喜爱。他为时调大数子贴板，也就是打着竹板伴奏，能够为演员的演唱托腔保调，烘托情绪气氛，与乐队其他乐器的配合严丝合缝，甚至有很多观众是专门为听张宝茹的伴奏而来的，可见其伴奏技艺娴熟，功力深厚。

张宝茹相貌滑稽，声音独特，艺名更是与众不同——“狗尿苔”。提起张宝茹的艺名，这里面还有一段故事。相声表演艺术家田立禾与张宝茹关系非常好，一次私下里聊天，田立禾无意中说到自己从事相声表演是受到单弦名家司马静敏的启蒙老师刘君衡的鼓励。张宝茹立即接过话头：“没错，他也鼓励我。他说人家艺名‘小蘑菇’不就红了吗？你就叫‘狗尿苔’，也准红。”

张宝茹的相声具有地道的天津风味，无论是人物处理还是舞台调度都非常到位，他首演的《师傅经》更是其代表节目。其中模拟天津卫老太太的语气口吻惟妙惟肖，其特殊的嗓音模仿起乐器“说话”来更是独具特色，使人忍俊不禁，收到了非常好的舞台效果。张宝茹对于包袱的处理“稳、准、狠”，使每一个包袱都响得透，演出效果十分火爆。

张宝茹非常崇拜马氏相声，艺术上对马氏相声多有借鉴。他还结合自身条件融会贯通，创造出自己独到的包袱，如相声《吃元宵》中：

甲　孔圣人爷儿仨吃完十个元宵，放下一个老钱就走，跑堂的忙叫："老先生先别走，钱不对。"孔圣人一扭头："还找多少钱？"

这个包袱就是张宝茹独有的。

据田立禾介绍说，张宝茹有一段类似马老后来上演的《练气功》的节目，可见两位艺术上的共通之处。

二十世纪五十年代，张宝茹甘当绿叶，为马敬伯捧哏，更是近距离地接触了马氏相声。他的捧哏神完气足，很好地烘托了气氛，同时又不急不躁、不抢风头，一切从演出质量出发，一心一意地辅佐逗哏的表演，实在是难能可贵。

1956年，张宝茹加入了天津市红桥区曲艺团，与杨少奎、刘奎珍、王本林等名家同台，并由他攒底，由此可见他的实力。他常演的段子有《绕口令》《老老年》《倒扎门》《交租子》《吃元宵》《大上寿》《师傅经》《吃月饼》等，都独具特色。

现今天津电台还保存有张宝茹的《做梦》和《师傅经》两段录音。

二、冯立铎

冯立铎（1917—1981）师承马德禄的徒弟高桂清，又曾在天津相声园子与马桂元同台演出，并得其点拨。冯立铎表演的《吃元宵》就深得马桂元真传，马三立也曾向冯立铎请教过此段相声的底应当如何表演。冯立铎与马桂元合作时，还有一段小趣闻。一次，马桂元在捧哏时假装训斥冯立铎："你倒坐下了，知道凳子是什么的吗？是木头的，木能生火，也不怕烧坏了你屁股。"冯立铎也不示弱，立即反唇相讥："哦，你说木能生火，坐凳子烧屁股，那今天来这么多观众都坐在凳子上，也烧……"马桂元一听心说不好，冯立铎这是用移花接木的手法，把矛盾推给观众，似乎暗示观众马桂元有指桑骂槐的嫌疑。马桂元的反应也是极快的，立刻拦住冯立铎的话头说：“你跟各位观众老先生比？人家……”此时，马桂元想说“人家福大命大造化大，压得住”，可由于对冯立铎的诘难猝不及防，口误说成“人家福大造大料化大”，索性马桂元自己给自己翻包袱：“唉，我也乱了。”当时，老观众被这两位突如其来的现挂逗得前仰后合，舞台上的这二位演员自己也是忍俊不禁。

冯立铎活路宽泛，台风潇洒，单口小段、中篇、对口、群口无一不精，动作调度的独到处理给人以漫画般的喜感，表演风格总是带有相声独有的那种“似我不是我”的特色，在人物和演员身份之间游刃有余地自然穿梭，驾驭现场气氛的能力为同行所称道。在其演出的《抬杠铺》中，当李铁拐被老杠头质问其葫芦里面既然有灵丹妙药，为什么不把自己的腿治好的时候，他一边在脸上表现出李铁拐哑口无言的表情，一边模拟李铁拐一瘸一拐的动作，使这个包袱的效果非常强烈。二十世纪四十年代至五十年代在济南演出，享有“不听冯立铎，这辈子算白活”的口碑。其带有浓郁天津方音的相声，生活气息浓郁，包袱响脆。二十世纪六十年代，冯立铎加入天津市南开区曲艺团，曾与李洁尘合作多年，主工逗哏。代表作有《交地租》《绕口令》《王宝钏洗澡》《张广泰回家》《生意论》《赛跑》《精打细算》等。侯宝林称赞其为“相声界的一员大将”。

冯立铎在天津河北鸟市表演传统相声《大保镖》时，还闹出了一段趣闻。由于鸟市的园子是三面有观众，冯立铎背对着观众入场口逗哏，正说道：

甲　我哥哥拉了，我怎么没拉呢？

乙　你有功夫。

甲　我塞着菜瓜了。

刚说到此处，正好有一位老观众吃着菜瓜走进相声园子，观众们一见，乐得前仰后合，当冯立铎纳着闷回头瞧时，也被眼前这一幕逗笑了。那位老观众一边冲着冯立铎说“冯爷，这可没有呀”，一边自己已经乐得直不起腰了。这个突如其来的现挂令现场效果犹如山崩地裂一般。

三、赵心敏

赵心敏（1923—1984），相声演员赵伟洲的父亲。早年拜李洁尘为师，演出于天津各相声园子。中华人民共和国成立初期曾参加辽东省文工团，后到沈阳参加相声大会。1958 年回津，参加天津市和平区相声队，后并入和平区曲艺杂技团。长期与张嘉利合作。赵心敏虽然拜李洁尘为师，但他私淑马氏相声，常演的传统节目有《打灯谜》《大相面》《点痦子拔牙》《白吃猴》等。他的《打灯谜》别具特色，按照马氏相声风格处理包袱，久演不衰，至今有他与班德贵合说的《打灯谜》的录像存世。他的新节目《错误不在我身上》表演自然流畅，将一名不安心本职工作的会计形象塑造得惟妙惟肖、呼之欲出，为马志明所称道。

赵心敏与马三立的关系非常好，经常与马三立聊天谈心，深得马三立的喜爱。

赵心敏对于生死看得很乐观，其患病在家输液期间，有相声同行去看望，他还拿自己打吊瓶抓哏，演唱京剧《打登州》中“不该不该大不该，不该把我吊起来”，足见一代相声俊杰对生死的超脱淡然。

四、阎笑儒

阎笑儒（1913—1985），本名阎鸿斌，绰号“阎麻子”。早年曾拜宋玉清为师，学会《拴娃娃》《六口人》等多段相声。先在天津北开市场撂明地，并得到相声前辈李少卿的指点，后演出于天津各相声场地。二十五岁时曾到唐山、山海关一带演出，并在山海关拜马三立为师，回津后演出于南市连兴茶社，与尹寿山合作，成为主要演员。他的代表节目有《八大改行》《卖布头》《武坠子》《歪讲三字经》等，还与尹寿山兼演双簧，为“前脸儿”，善于发托卖相。两人配合默契，说学逗唱无一不精，能够达到如同一人的效果。1945 年曾到济南演出，1948 年与朱相臣合作，参加骆玉笙组织的班社赴上海、南京演出。中华人民共和国成立后参加天津市和平区曲艺团相声队，后并入和平区曲艺杂技团。

阎笑儒虽然比马三立还年长一岁，但他崇拜马氏相声艺术，诚心诚意拜马三立为师，被相声界传为佳话。阎笑儒擅长表演柳儿活，他表演的《卖布头》节奏稳健，轻松俏皮，在半说半唱中悠扬跌宕，得到内外行公认。马志明的《卖布头》便是在阎笑儒和刘化民两个版本的基础上加工整理而成的。阎笑儒的《武坠子》更是被奉为精品，影响颇深。

现今天津电台还保存有阎笑儒的《武坠子》《卖布头》《讲四书》《字意》等录音。

五、刘奎珍

刘奎珍（1912—1993）从艺时演唱太平歌词，后改说相声。二十世纪三十年代拜焦少海为师，曾和杨少奎、刘广文、佟浩如等在天津河北鸟市演出相声大会。他曾为马三立捧哏，二人赴南京等地演出，受到南方观众的好评。刘奎珍是马三立、侯宝林两位都交口称赞的一位杰出相声艺人。因其表演艺术精巧，深得马三立赞誉，二人感情至深，艺术上更是惺惺相惜。1956 年加入天津市城厢区曲艺队，是主要演员之一。其表演有着浓郁的天津风味，说学逗唱样样优秀，活路宽，包袱脆；其风格沉稳，效果炽烈，包袱奇特，耐人寻味。他一度因患喉疾而失声，但依靠自己顽强的毅力，日夜苦练，在很短的时间内即恢复演出，深得同行敬服。他思维敏捷，善于把生活中的笑料加工成相声包袱，视角独特，出人意料。他创作的《封建婚姻》《补袜子》《买手纸》《画扇面》《吃包子》《看病》等，均成为其代表作。《封建婚姻》妙语连珠，包袱不断，被相声界公认为精品。《打灯谜》中的“好”字底，就是刘奎珍与捧哏演员杨少奎在场上即兴发挥而成的一个完整作品。刘奎珍对传统相声进行加工整理，注入了新的内容和包袱，尤其在单口上独具特色，拿手节目有《古董王》《解学士》《君臣斗》《贼鬼夺刀》等，铺陈绵密，丝丝入扣。马三立晚年表演的单口小段《逗你玩》，也是出自刘奎珍的原创。

现今天津电台还保存有刘奎珍的《坐电车》和《古董王》两段录音。

以上五位演员都是久占天津相声舞台的举足轻重的人物。无论是张宝茹的滑稽火爆、冯立铎的挥洒自如、赵心敏的嘎坏俏皮，还是阎笑儒的风趣幽默、刘奎珍的内敛沉稳，他们的艺术都具有浓郁的天津地域特色，内紧外松、不急不躁，有着浑然天成的艺术效果，在不经意间抖响包袱，含蓄隽永，耐人寻味。也可以说，这些又都为马三立博采众长最终形成自己独特的马氏风格提供了素材，最终使马氏相声成为津门相声一脉的代表。

附：

刘奎珍先生二三事

马志明

刘奎珍先生是一位功力深厚的相声老艺人。他的性格耿介，不善与人交往，早在日本侵华时期，曾与我父亲合作过。后来由于某些原因未能合作到底，对此，刘先生晚年多次表示后悔，说是他的终身憾事。虽然二人不再合作,但所谓“散买卖不散交情”,几十年来,他与我父亲的关系一直很好,每次经过我家总要串串门,问候一下。虽然刘先生和我是同辈分,但他却比我父亲还要年长两岁。我敬重钦佩刘先生的为人与艺术,在他面前从来不讲相声辈分,称呼他为“刘大爷”,而刘先生却说:“别这么叫,我还得管你爸爸叫三叔了。”我却坚持地说:“您别管那个,咱爷儿俩单论。”

刘先生一生从未麻烦过任何人。每当他香烟抽完了的时候,总是用白纸卷一个小卷,用手夹着。按说,以刘先生的身份和能耐,无论叫后台哪个晚辈演员去给他买烟,都是非常容易的,可他却从不这样做。就算是有演员看他烟瘾犯了,让他烟抽,他倒风趣地说:“不想抽了,我这夹着纸卷,比画着。”

刘先生的表演功力深厚,在相声表演中,善于抓出人意料的现挂,无论在观众还是同行当中都是有口皆碑的。

一次在鸟市声远相声场子演出,那天观众踊跃,座无虚席。轮到某位演员演出,效果不好,又临近晚饭时间(将近晚上六点),不少观众一旦退场再进来就很不容易了,势必影响整体业务。此时,刘奎珍先生说:“我来吧。”只见刘先生不慌不忙地顺手抄起后台一个消防用的钩杆子,与捧哏演员轻松上场。

观众看到刘先生扛着钩杆子上台,感到莫名其妙。刘先生把钩杆子往台口墙垛子上一戳,不紧不慢地说:“今天,我伺候您一段《大保镖》。”此时,想离开的观众纷纷议论起来:“哎,都听说刘奎珍净新鲜段子,今天他上台就拿一大钩杆子,不知道为嘛。”另一个说:“没听说吗,今天演《大保镖》,兴许要在这段相声里面练钩杆子。”“哎,对,你说得有道理。二哥,先别走了。”一时之间,观众无一退场,都好奇地坐下了,等着刘先生练钩杆子。

后台的演员也纳闷了:“刘爷真要练钩杆子?经常和刘爷演出,没见过刘爷的《大保镖》里面带练钩杆子的。咱们也别说话了,等着看台上刘爷的吧。”一下子台上台下都聚精会神地看着刘先生的一举一动,到底看刘先生在《大保镖》里面的什么地方练钩杆子。

当刘先生说完“我把牛宰了”这段相声的最后一句以后,向观众鞠躬,然后拿起放在台边上的钩杆子,若无其事地下台了。前后台的人们一愣,然后爆发出一片笑声:“哦,他不练呀!”当观众发现自己“上当受骗”以后,并没有不高兴,反而以更加热烈的掌声和笑声回报给舞台上的演员。他们认为刘先生真有绝的!天津的老少爷们儿就是懂相声,他们爱戴、敬重真有本领的演员,也真捧这些演员。后台的演员们更是对刘先生赞叹不已。

刘先生一生没有授业徒弟。我虽然和他在相声辈分上是同辈,但却经常到他家问艺、讨教。相声界历来对“活”非常保守,“宁送一锭金,不教一句春”,刘先生对我却倾囊而授,毫无保留。《封建婚姻》是刘先生创作表演的拿手段子, 也是他一字一句地教授给我的。他让我用笔记录下来,然后念给他听,在段子的劲头、尺寸上面又对我进行具体指导。至今我仍然非常珍爱这段节目,因为这里面寄托了刘先生对我的深厚情谊,使我念念不忘他的教诲之情。刘先生去世的时候,仍然一如既往,不麻烦人,没有通知相声界同人。其时,我父亲因患病住院未能到场,只有我与极少的几个同行为刘奎珍先生送葬。至今已经过去十几年了,我却永远忘不了我们爷儿俩之间这一段师生之情。

第七章　马氏相声带来的思考

在不断的艺术实践过程中，马氏相声已经成为世所公认的经典范例。通过对它的欣赏分析，我们不仅能得到艺术上的享受、身心上的愉悦，还能促使我们进入深层的思考之中，思考什么才是真正的相声艺术。

喜剧背后是悲剧

相声“可溯之源虽长，可证之史甚短”，而无论是“可溯之源”还是“可证之史”，都未曾出现正襟危坐的高台教化。相声艺人把这门艺术作为养家糊口的手段，自己无非是别人的“欢喜虫”“开心果”。从他们的相声中折射出了包括艺人在内的那个时代底层人民惨淡的现实生活，如《醋点灯》《财迷回家》等。相声艺人们以自嘲的口吻、自我戏谑的姿态，甚至是自轻自贱的手段，控诉着那个时代的黑暗。这时候艺人们的自我意识还处于蒙昧状态，他们无非是想借这种自我贬低来宣泄一下郁闷的情绪，并同时博听者一笑，以此换取一顿饱饭。对此时的他们来说，求生的欲望压倒一切。

无论时代多么黑暗，都无法扑灭自尊自爱、自我觉醒的精神之火。相声艺人们饱经沧桑的人生经历,使他们在严酷的社会现实中有所觉醒。虽然他们还不能认清时代的脉络,黑暗的源头以及光明的出路,但他们已经开始有所思考,开始在自己的相声段子中对自己所处的时代现状有所讽刺。尤其是在清门相声中,尽管从表面上看,这些艺人还是保持着自嘲的口吻、自我戏谑的姿态,但讽刺的主观意识已经越来越浓,比如《卖五器》中对八国联军进北京后的烧杀抢掠及清政府丧权辱国行径的侧面反映。这种朦胧的自我意识,使他们在求温饱的同时,开始观照更为广阔的背景下自己的人生境遇。

《张寿臣笑话相声合编》中记载:《洋药方》,又名《洋方子》,单弦前辈德寿山常于说唱中针砭时弊,对同台演出的张寿臣每多启发。德寿山激赏张寿臣富有爱国心和正义感,以《洋方子》的未完成底稿相赠,并谈了有关想法。张寿臣联系个人的生活见解与爱憎情绪,重新组织结构,于二十世纪二十年代后期创作了其中"相交堂""儿症""没症""不症"等部分,改编后进行演出,以无情揭露市井小人恶劣品行为内容,使之成为一篇寓意深、难度大的贯口兼子母哏的代表作。

请看下面一段文字:

> 夫天地之间,人生以命立命,以心居心。若不将方寸置之于中正之处,倘失遗于两腋之偏,则千变万化,意狠心毒,千方百计之奸诈,实令人罕闻罕见矣。盖人心以方寸为要地,做身命之良田。故诚于中,形于外,此心不可瞒,不可昧,不可亏,不可屈。若瞒心,福田必损;若昧心,天理必伤;若亏心,身命必丧;若屈心,则寿数必夭。此所谓人心中四大纲目矣。今本堂诚修此丹为戏,偶尔编就诙谐之词,不足以供君子之丛听,实欲嘲笑小人之品行,乃济世良方,益人之圣药矣。

这是传统相声《洋药方》中的“相交堂宗旨”片段。

> 夫天地之间，人生以命立命，以心居心。

开宗明义，高屋建瓴，提出整个人生的要旨。

> 若不将方寸置之于中正之处，倘失遗于两腋之偏，则千变万化，意狠心毒，千方百计之奸诈，实令人罕闻罕见矣。

这一“中正之处”就是良心所在，它是诚之所本、善之所由，是绵延几千年炎黄子孙人之为人的道德底线。这个“罕闻罕见”饱含了多少相声艺人们的辛酸血泪史，仿佛将那些惨不忍睹的图景又展现在人们眼前。

> 盖人心以方寸为要地，做身命之良田。故诚于中，形于外，此心不可瞒，不可昧，不可亏，不可屈。若瞒心，福田必损；若昧心，天理必伤；若亏心，身命必丧；若屈心，则寿数必夭。此所谓人心中四大纲目矣。

这里的“瞒”“昧”“亏”“屈”是良心被扭曲或挤压的各种情态。虽然有些宿命的色彩，但仍可看作是人生的准则。相声艺人在这段文字中摆脱了早期的自轻自贱的姿态，而是站出来高谈阔论，已经有了些许教化的色彩。

> 今本堂诚修此丹为戏，偶尔编就诙谐之词，不足以供君子之丛听，实欲嘲笑小人之品行，乃济世良方，益人之圣药矣。

这里点明了这段相声的真谛:“今本堂诚修此丹为戏，偶尔编就诙谐之词”——以滑稽幽默的笑为手段;“不足以供君子之丛听，实欲嘲笑小人之品行”——揭露鞭挞假丑恶;“乃济世良方,益人之圣药矣”——愉悦身心,陶冶情操,唤起人们对人生的深刻感悟,从而间接影响人们的人生。同时,这也标志着相声艺人主观意识的彻底觉醒,简直就是相声艺术的自白书,与当今所谓“相声就是纯搞笑”的理念截然不同。

在喜剧中,“庄”与“谐”辩证统一于一体。没有深刻反映生活本质的内容和思想,喜剧就失去了灵魂;没有诙谐可笑的形式,喜剧也不能成为具有独特审美效果的真正喜剧。就是说,假如相声艺人从相声中跳出来居高临下地教化众生,片面强调相声的教化功能,那么相声也就将走向灭亡。而这段《洋药方》巧妙运用“相交堂宗旨”这个荒诞诙谐的形式,将严肃的人生准则镶嵌其中,将幽默的形式与严肃的主题完美结合,寓庄于谐,让我们不得不佩服相声艺人高超精湛的艺术构思。

马家从马桂元那里就擅长表演这段节目，马三立更是在其兄马桂元的严格要求下对这段相声心存敬畏。由于马氏昆仲皆是比较有文化的一代相声演员,他们对于此段“宗旨”的理解更加透彻深刻,表演起来也就不仅知其然而且知其所以然,胸有成竹,游刃有余。如今,马志明每次提起这段节目的时候,总是非常赞叹开头的“宗旨”,认为其值得反复咀嚼玩味,称得起是相声特别是马氏相声的自白书。马氏相声也正是本着仰视君子观众的角度,以滑稽幽默的笑为手段揭露鞭挞假恶丑,来创作和表演相声的,正所谓“不足以供君子之丛听,实欲嘲笑小人之品行”。

《洋药方》这段相声的韵味还在于其中体现着喜剧艺术的特征。英国哲学家霍布斯的“突然荣耀说”指出,“笑的情感只是在见到旁人的弱点或是自己过去的弱点时，突然念到自己某优点所引起的突然荣耀的感觉”,“人们都不喜欢受人嘲笑,因为受嘲笑就是受轻视”。

甲　这人有病没病打我眼前一过,我就一目了然!

乙　哦！能看出来?

甲　当然啦!

乙　哦,那行!

甲　啊。

乙　既然您能看出来太好了。

甲　啊。

乙　这么着,今儿来的人也不少……

甲　啊。

乙　你给看看,哪位有这种病?

甲　哦哦,往哪儿看哪?

乙　台底下。

甲　就往这儿看?

乙　啊。

…………

甲　我打这边儿看啊!

乙　看!

甲　看一圈儿啊!

乙　唉!

…………

甲　嘿！也别说,这儿还真有一个!

乙　谁?

甲　你!

乙　哎,我就知道他得说我。

上面这一段中，逗哏演员找了一圈，最终将患者锁定为捧哏演员，将观众置于“荣耀的地位”来嘲笑捧哏演员，从而拉开了这段相声与观众的距离，巧妙地避免了观众的对号入座，这正是相声艺术睿智幽默的地方。

鲁迅在《答〈戏〉周刊编者信》中说：“我的一切小说中，指明着某处的却少得很。中国人几乎都是爱护故乡，奚落别处的大英雄，阿Q也很有这脾气。那时我想，假如写一篇暴露小说，指定事情是出在某处的罢，那么，某处人恨得不共戴天，非某处人却无异隔岸观火，彼此都不反省……”“果戈理作《巡按使》，使演员直接对看客道：‘你们笑自己！’我的方法是在使读者摸不着在写自己以外的谁，一下子就推诿掉，变成旁观者，而疑心到像是写自己，又像是写一切人，由此开出反省的道路。”

而上面提到的《洋药方》中寻找病人那一段，正暗合鲁迅的这一创作思路。逗哏演员在捧哏演员的引导下，将寻找患者的视线投向观众，此时是“在使读者摸不着在写自己以外的谁”；而在逗哏演员锁定捧哏演员是患者的时候，即是“一下子就推诿掉，变成旁观者”；当听完这段相声，观众反复玩味的时候，正是“而疑心到像是写自己，又像是写一切人，由此开出反省的道路”。当我们以此为模板来观照马氏相声其他作品对自嘲手法的广泛运用时，便会发现有许多类似的情况。

薛宝琨在《相声的语言风格》一文中说：“词汇是语言中最敏感、活跃和富有生命力的成分。相声的词汇多采取通俗、大众化的口语，一些典雅、书面的文言只用来穿插、映衬，甚至只是作为组织包袱的一种手段。在通俗的词语中，就带着北方城市‘底层’那种浓郁的生活气息、鲜明的爱憎倾向和形象表达语意的方式，这就是人们常说的‘熟语’。”《洋药方》这段相声中的熟语贯口列举了“没品行”

“没良心”“没厚诚”“没人味儿”“没德行”“没材料”“没准性”“没王法”“没见证”“没蔼和”“没谦恭”等不下一百种熟语(《洋药方》的表演版本很多,这里尚未包括以“不”字、“一”字、“假”字为首,以“儿”字、“心”字、“子”字为尾的所谓“病症”,统共罗列的熟语多达数百种),堪称熟语荟萃,凸显了汉语的丰富多彩。这些熟语同时又是时代的反映,是对市井百态的生动描摹,为我们展现了一个鲜活的社会,可以让我们观风俗、知得失。

《洋药方》这段相声真是“奇哉!妙哉!奇妙而绝伦哉!”之所以称“奇”,是因为它以移花接木的手法将源自人心的种种病态罗织甚详,使我们感到那个黑暗世界的不可救药;之所以说“妙”,是因为它把这震撼人心的国人痛楚,以看似随意的挥洒自如的手法铺陈出来,仿佛还有述说不尽的举一反三;称其“奇妙而绝伦”,在于它一方面充斥着谑而不虐的轻松笔调,一方面饱含着寓庄于谐的深刻感情。真所谓:“喜剧背后是悲剧。”

当我们在探索相声发展道路上感到迷茫的时候,不妨凝神注目于这些传统相声精品,细心品味每一个细节,也许从中我们会豁然开朗地发现前途。

相声也应塑典型——相声与文学初探

相声作为一门表演艺术,固然有其独特的魅力。它与文学虽然是两种不同的艺术形式,但都是以语言为载体,也就有着千丝万缕的联系,甚至存在一些共性。而小说作为众多文学形式中的一个代表,与相声之间存在的共性尤其突出。笔者在这里抽去相声的表演元素暂且不谈,仅就相声演出脚本与小说的共性谈一谈自己的肤浅认识。这里选取了相声与小说中两个具有典范意义的样本——马氏相声与鲁迅小说,将其作为对象进行分析和比较,试图找出它们之间的异同,从而揭示相声的文学性。

在这里,我们为什么要单单把马氏相声拿出来做分析对象呢?

首先,在相声艺术之林中,独具特色的马氏相声传承百年,已历四世(第一代马德禄,第二代马桂元、马三立,第三代马敬伯、马志明,第四代马六甲)。经过几代马氏相声表演者的实践摸索,博采众长,马氏相声逐渐丰富完善,形成了别具一格的艺术风格、意蕴深厚的文化品位,在群芳争艳的中国曲艺园地中独树一帜、历久弥新,成为一株长开不败的艺术奇葩。马氏相声具有突出的个性特征,同时也保有津京一带相声的传统艺术追求,因而以马氏相声为分析对象极具代表性。

其次,马氏相声之所以能够实现艺术常青,原因是它深深植根于民众当中,深受大众文化的滋养,有着取之不尽、用之不竭的艺术源泉。就马氏相声表演者对于相声原作的二度创作来说,虽然有些段子是以已有的民间传说为基础,但是他们在创作时坚持着马氏相声独特的艺术追求,进行主题提炼,对情节加以丰富,并适当添加包袱,就有如歌德创作《浮士德》,罗贯中创作《三国演义》,吴承恩创作《西游记》,施耐庵创作《水浒传》一样,同样也是一种创作。马氏相声把传统相声作为自己的土壤,从中汲取营养,同时发挥自身特点,追求深刻的思想深度,塑造鲜活的人物形象,并将这些特色始终贯穿于节目之中,使他们表演的相声作品都打上了鲜明的“马氏烙印”,有如一部部有声小说。由于马三立是马氏相声真正意义上的树立者,马志明是马氏相声集大成者,所以这里主要以马三立、马志明的相声为代表来进行分析。

而鲁迅的小说可以说是我国小说界的一座高峰,其代表性和典型性不言而喻。

借用李泽厚《美学论集》中的一句话,马氏相声与鲁迅小说都是——“一定本质必然的规律性获得充分发展或突出暴露的事物或现象”,因而我们对二者进行分析可以达到事半功倍的效果。

一、典型人物深刻的思想性

文学“这门艺术主要以内容的理性深度取胜”①。优秀的文学作品，尤其是许多优秀的小说作品，都塑造了经久不灭的艺术形象——典型人物。而典型人物的塑造,往往具有深刻的思想内容。正如李泽厚在《美学论集》的《典型初探》一文中说的那样:“对以人物为反映对象的艺术来说，就是要求在具有个性特征的形体外貌的塑造中,传达出人的内在的本质必然的东西,而这就是具有一定社会内容的人的精神、品格。也正因为它传达出了这种具有一定社会内容和社会意义的精神、品格(‘神’),这种艺术形象才具有一定的普遍性和代表性。”正是这人物背后的“普遍性和代表性”给欣赏者留下深刻的印象,促使欣赏者去思考、玩味,使作品不朽。

鲁迅的笔下创造出了很多经典的艺术形象,如“孔乙己”“祥林嫂”“华老栓”“闰土”“阿Q”等。鲁迅通过对这些形象的刻画,深刻揭露了国民的劣根性,如愚昧、麻木、看客心理、小市民习气、精神胜利法等,用鲁迅自己的话来说,就是“写出一个现代的我们国人的魂灵来”②。在这方面,鲁迅小说中的典型人物所承载的深刻思想性同时又具有极强的代表性,这也是为众多评论家所称道的。正如李泽厚在《美学论集》的《典型初探》一文中说的那样:

> 作为阿Q这个艺术典型的基本特征——即以“阿Q精神”为名的“精神胜利法”,便是一定历史社会条件和阶级斗争的形势下的特定产物……通过这个以“精神胜利法”为典型特征的农民形象的塑造，极为深刻地反映了当时整个中国社会

---

① 出自李泽厚《美学论集》,《略论艺术种类》一文。

② 出自鲁迅《集外集》,《俄文译本〈阿Q正传〉序及著者自叙传略》一文。

和中国革命的最根本的问题和最本质的方面：农民有自发的强烈反抗的要求，但仍然没有觉醒，不但没有先进思想来指导他们，而且旧社会的统治思想仍牢固地压在他们的头上，锁住他们的灵魂。中国农村迫切需要一个根本性的革命变革，资产阶级民主革命没能实现这个变革，所以失败了。这就正是当时社会矛盾的焦点，是个千真万确的巨大的历史课题，而这也正是阿Q的典型性之所在。

马氏相声中有没有这样能表达作者深刻思想的典型人物呢？

不难发现，几乎每一段马氏相声中都塑造了一个鲜活的人物形象。正如法国著名喜剧作家莫里哀在《伪君子》的序言中所说的："一本正经的教训，即使最尖锐，往往不及讽刺有力量；规劝大多数人，没有比描画他们的过失更见效的了。恶习变成人们的笑柄，对恶习就是重大的致命打击。"马氏相声中塑造的人物，便是这段话的最好注脚。他们共同组成了马氏相声的人物画廊。

马氏相声中塑造的典型人物，是否可以看作是对鲁迅"写出一个现代的我们国人的魂灵来"的继续呢？马氏相声对这些国民劣根性进行的绝妙讽刺和鞭挞，与鲁迅小说的思想性有没有相似的地方呢？

《开粥厂》这段相声在中华人民共和国成立前就有了（具体年代有待考证），其中的马善人是一个生活在穷困潦倒之中的小市民，他不能正视现实，幻想自己出身于大户人家，到处吹嘘自己并不拥有的阔绰，用瞒和骗来寻找精神上的慰藉。他先是为自己找寻祖上荣耀的根据，这与《阿Q正传》中的阿Q非要说自己是未庄大财主赵太爷的本家，借以抬高自己身价的伎俩十分相似。

再有，鲁迅小说中展现了不同的视角，其中"看与被看"的视角极具特色。阿Q到城里去看杀革命党，而后来未庄的人又去看阿Q

被杀头，整篇小说写的就是看与被看。作品通过这些看客的麻木冷漠，揭露了当时国民的愚昧不觉悟，深刻地批判了国民劣根性。

人们看到阿Q被处死，不对阿Q产生同情怜悯，却埋怨枪毙阿Q不如杀阿Q的头热闹，这是何等的冷漠与麻木！而受害者阿Q自身更是愚昧到了极点，当他就要被无辜枪决时，他并没有想到反抗，更没有去控诉这黑暗的社会，而是只想要借助唱戏文博得看客们的喜爱。这种不觉悟的程度简直令人毛骨悚然！鲁迅小说的深刻性也就在于此。

马氏相声《自食其果》中“捧哏的父亲”搬梯子上房看火情，这与阿Q跑到城里看杀革命党，以及那帮看客围观枪决阿Q的心理何其相似！“捧哏的父亲”借机挑拨，让吵架双方动起手来，为的是看更大的热闹，这与看客们为提升处决的观赏性让阿Q唱戏的心理何其相似！“捧哏的父亲”为了挤进人群看车祸现场，扯谎车祸的受害者是自家的孩子，这与阿Q想要博得看客们的喜爱来唱戏文的心理又是何其相似！“捧哏的父亲”的形象不正是鲁迅笔下无聊、麻木、冷漠、不觉悟的看客吗？从某种意义上说，其深刻性在于发扬了鲁迅作品的匕首、投枪作用，听来发人深省、回味无穷。

作为相声演员的马氏相声表演者，马三立和马志明并不一定具有鲁迅那样的思想高度。但经典艺术形象，都是艺术家在“对历史和现实生活的逻辑了解和理论认识常常自觉或不自觉地渗透到以后的形象思维中并构成艺术家整个感受和感性的内容和基础”[①]之上创造出来的，都是艺术家“对社会生活的形形色色的形象、事件、人物能够有长期的、经常的、反复的、是非得失的推究、考虑和判断（尽管这种推究和考虑不一定每次都能提到很高或很明确的理论高度），能够对这些对象、事物的性质、价值和意义有胸有成竹

① 出自李泽厚《美学论集》，《试论形象思维》一文。

的了解、熟悉和评价，只有在这基础上，艺术家才有可能去十分敏锐地(有时是似乎根本未经考虑灵感式的‘一味妙悟’)观察、感受、体验、选择、提炼和集中，去进行……形象思维的本质化的运动过程(捕捉有意义的形象和使形象的意义步步加深)”①。

假如说作为文学家兼思想家的鲁迅更多的是非常自觉地明确地进行着这种艺术创作，“揭出病苦，引起疗救的注意”(《南腔北调集·我怎么做起小说来》)；而长期生活在市民底层，饱经人世沧桑的马三立、马志明就更多的是自发地不明确地(不是绝对地)，主观上以票房效果为目的，客观上却是“一味妙悟”地塑造了具有深刻思想性的人物。无论是什么原因，马氏相声与鲁迅小说中塑造的典型人物的深刻的思想性是殊途同归，经久不灭的。

二、在塑造人物的手法上

艺术作品不仅要有深刻的思想内容，还要有高超的表现手法，只有内容和形式完美地结合，才是成功的作品，两者缺一不可。

鲁迅对于小说的艺术手法有所总结，并且用自己的小说创作实践着这些理论，其作品已经成为我国现代白话小说中的典范，影响深远。在这里，我们不妨借用鲁迅的理论对马氏相声进行分析。

1.“杂取种种，合成一个”

鲁迅亲言：“人物的模特儿也一样，没有专用过一个人，往往嘴在浙江，脸在北京，衣服在山西，是一个拼凑起来的脚色。”②“杂取种种，合成一个”是鲁迅小说的典型化手法，这在马氏相声中得到了淋漓尽致的运用。马氏相声里的马大学问、马喜藻、马善人等都是国民劣根性的集中反映，虽然往往以第一人称出现，但他们绝非演员本人，而是运用自嘲的艺术表现手法，是“杂取种种，合成一

---

① 出自李泽厚《美学论集》,《试论形象思维》一文。
② 出自鲁迅《南腔北调集》,《我怎么做起小说来》一文。

个”的典型形象。像《开粥厂》中的马善人，并非就是生活中的马三立本人，他是旧中国思想畸形的一类小人物典型。其实，马善人就在我们身边，甚至就藏在我们自己的灵魂深处。鲁迅在《答〈戏〉周刊编者信》中说道：“果戈理作《巡按使》，使演员直接对看客道：‘你们笑自己！’我的方法是在使读者摸不着在写自己以外的谁，一下子就推诿掉，变成旁观者，而疑心到像是写自己，又像是写一切人，由此开出反省的道路。”马氏相声总是以第一人称自嘲，正暗合了鲁迅的这一观点。演员在舞台上的自嘲正是使观众成为旁观者，却又疑心到像是在讽刺自己，从而反复玩味，达到对自身的扬弃。

2.“画眼睛”

所谓“画眼睛”，就是选取那些能够揭示人物本质和具有典型意义的细节，用极俭省的笔墨来勾勒人物的性格特征。正如鲁迅所言：“总之是，要极俭省的画出一个人的特点，最好是画他的眼睛。我以为这话是极对的，倘若画了全副的头发，即使细得逼真，也毫无意思。”[①]而马氏相声在塑造人物上也多采用“画眼睛”的白描手法，如《开粥厂》中的马善人为了表明自己的善，举的那个“虱子典”。

有时候，马三立对人物的刻画惜墨如金，如《老热写信》中的仇大爷：“这仇大爷比我小几岁，我见面也管他叫‘仇大爷’，他也答应：‘唉。’”一个“唉”字，把一个自以为是、瞧不起人的小人物刻画得入木三分，真是做到了鲁迅所推崇的：“几乎无须描写外貌，只要以语气，声音，就不独将他们的思想和感情，便是面目和身体也表示着。”[②]

再如马志明创作的《纠纷》中丁文元、王德成这两个人物的形象早已深入人心，经久不衰，所采用的是实写的手法；而对于相声

① 出自鲁迅《南腔北调集》，《我怎么做起小说来》一文。

② 出自鲁迅《集外集》，《〈穷人〉小引》一文。

中的民警，采用的则是虚写的手法。通过民警的语言画龙点睛地勾勒出一个既有政策性又有幽默感的民警形象。整个段子在人物塑造上可谓虚实结合，详略得当。

3.谋篇布局简洁明快，通过典型环境来塑造典型性格

所谓典型，正如李泽厚在《美学论集》的《典型初探》一文中说的那样："它把一般事物中的共性与个性、本质与现象、必然与偶然作为矛盾双方鲜明对立起来，亦即把一般事物中的这种矛盾激化起来和发展起来，并在这对立和激化中，将共性——本质——必然这一矛盾的主导方面确立起来（在一般事物那里则不一定如此），并舍弃与这一方面完全无关的许多纯粹个性的、现象的、偶然的东西，以求得这一方面的明确和突出。"

鲁迅恰恰是把人物放在特定的典型环境下，对其性格进行塑造，将"这种矛盾激化起来和发展起来，并在这对立和激化中，将共性——本质——必然这一矛盾的主导方面确立起来"，从多个侧面展现人物的灵魂世界，比如他正是通过"优胜记略""续优胜记略""恋爱的悲剧""生计问题""从中兴到末路""革命""不准革命"和"大团圆"八个特定的典型环境来塑造阿Q的。

马氏相声也是如此，在情节交代上，完全为塑造人物服务，谋篇布局简洁明快。同样以《开粥厂》为例，马三立选取的典型环境包括光荣的祖先、阔绰的庭院、丰厚的家资（养鱼缸、木头钟、牛皮、象牙条案）、大方的施舍（"三节"的施舍）等，通过这一系列的吹嘘来揭示马善人的本质。

再如马志明在对传统相声《大保镖》进行改编时，选取搬梯子上楼、扔刀避雨、保镖中杀牛等典型情节，来塑造"天桥的把式——光说不练"、毫无本领的江湖骗子形象。他删去了原来版本中冗长拖沓甚至前后矛盾的情节，又本着"去其糟粕，取其精华"的原则，巧妙地将"枪趟子"的贯口保留，又不与人物形象矛盾。看似信手拈来，却充

分展示了马氏相声娴熟的写作技巧和精湛的艺术构思。

又如《犹豫症》将“我”这个人物放到——食堂买饭犹豫不决、为祝贺父亲和岳父同一天生日左右为难、为到底签不签合同拿不定主意——的具体境遇中，从而展现人物性格，刻画人物形象，通过这三个由小到大的事件层层递进，如同杨柳青年画般反复着色，使人物形象具有层次感、立体感。

4.追求“言有尽而意无穷”的含蓄深远意境

我国文学史上向来推崇“状难写之景如在目前，含不尽之意见于言外”的传统。而作为传统文学的研究者、继承者，鲁迅在他的小说创作中对于“含不尽之意见于言外”的运用，更是潜移默化，水到渠成。关于鲁迅小说整体意境的渲染营造，以及小说结尾深远的哲理韵味论述颇多，笔者在此不赘述。

让我们来看看马氏相声在这方面的表现：

在包袱的设计上，马氏相声总是留有回味的余地，让观众自己去补充作者有意省略的部分，在“突然发现后”恍然大悟，忍俊不禁，哑然失笑，比如马三立在相声《练气功》中描写张二伯抢小孩苹果时所设计的包袱。也许这就是马氏相声深受广大观众欢迎的原因之一。

而马志明作为马氏相声的集大成者，更是深得此中三昧，比如《看不惯》中“大黄”的包袱。而这段作品的结尾，更是马氏相声追求含蓄深远意境的具体表现。

那么，马氏相声和鲁迅小说的这种相似性，有没有理论基础呢？是笔者主观臆断、牵强附会，还是两者之间确实存在某种联系呢？笔者认为，成功的艺术作品都有相似的地方，而作为同样以现实主义为基调、浪漫主义为神韵的马氏相声和鲁迅小说，这种相似性就更是情理之中的。

作为讽刺艺术的马氏相声，在讽刺手法上，与鲁迅的小说以及杂文都有着惊人的相似之处,值得我们关注。

马氏相声往往让人物自己的言行前后自相矛盾,以达到“以子之矛,攻子之盾”的效果。像《开粥厂》中那个“今天早晨起来把棉袄卖了,喝的豆腐脑”,却放言要到处施舍的马善人;《卖挂票》中那个没被卧却声言红遍大江南北的京剧老板马喜藻等,都获得了强烈的艺术效果。而鲁迅也是这方面的高手,这方面的例子举不胜举,笔者不再赘述。

在语言运用上,马氏相声辛辣、犀利,擅长冷幽默,与表演者睿智的形象相匹配,从而形成了马氏相声和谐统一的整体风格。这与鲁迅的文风也有很多相似的地方。

我们在看到马氏相声与鲁迅作品相似性的同时,也应看到二者之间的区别。作为相声演员的马三立、马志明并没有达到鲁迅那样的自觉性。由于相声这种艺术形式必须以逗笑作为手段,再深刻的思想也需要通过笑这个形式来表达,从而在客观上造成了马氏相声的整体风格是滑稽中蕴藏着崇高。而鲁迅的文学作品可以说是崇高中夹带着滑稽。正如曲艺理论家薛宝琨所说的那样:“由于他们(鲁迅先生和马三立、马志明)各自不同的文化和视点,各有不同的风格和手法,仅以讽刺为论,鲁迅先生就是愤怒的‘讥刺’,而马氏相声则是曲折的‘婉讽’,于是更有喜剧效果,更富‘中和’精神。”

相声更宜“相声化”——与喜剧小品区别初探

相声与小品是两种不同的表演形式。尽管马三立开创的马氏相声多以第一人称出现,具有鲜明的个性特点,但究其实质仍属相声范畴,其突出的“相声味儿”占据主导地位。笔者曾向老师王佩元先生请教:《扒马褂》中逗哏的是故意说大话难为腻缝的,还是他的个性就是爱吹牛呢?王老师说:“这就是相声乃至一切艺术的丰富性、多义性所在了。整段节目说明一个道理——不能授人以柄,人往往因为私欲被自己弄得利令智昏,什么时候放下了,就清醒了。腻缝明显带有相声独具的表演特质——'两家间儿',他既是剧中人物,又是旁观的批判者。"这话道出了相声区别于戏剧的关键所在。

区分相声与喜剧小品的差异,更有益于深刻认识马氏相声的奥秘。下面笔者试谈之。

相声这门中国民族艺术产生于清末,至今已有一百多年的历史。它包罗广泛,内容丰富,相声艺人中流传着一句艺谚,叫"万象归春",指的是生活中的万事万物都能作为相声的题材而加以反映。

而小品作为独立的表演形式,出现较晚。北京电影学院导演系教授侯克明在谈到中国小品的时候曾经说道:"小品本来是训练话剧演员的一种方法,最早由苏联的斯坦尼斯拉夫斯基创造,用来训练演员。我国是二十世纪五十年代引进斯坦尼表演体系时开始在戏剧、电影学院表演训练中采用。其实小品从来没有作为一个完整的表演形式出现,它只是作为训练演员和演员在联欢的时候、互相交流的时候演一下,因为以前并没有这样的小品晚会,只是演员在训练和互相交流以及联欢的时候用的。"1983 年,中央电视台的首届春节联欢晚会上,小品首次在电视上亮相。编导为了热闹凑趣,赶排了小品《虎妞阿 Q 逛北京厂甸》,表演者是斯琴高娃和严顺开。一个泼辣俏皮,一个憨傻滑稽,取得了极好的喜剧效果。虽然仅仅作为一个小插曲,但现场效果和对观众的吸引力使小品受到了大家的重视。

那一年的春节联欢晚会上,还有王景愚表演的哑剧小品《吃鸡》。这场哑剧是无实物表演,这种表演形式是为了训练演员集中注意力,这种小品并不太适合在大众面前表演,因为当时多数观众对这样的表演难以理解。在小品这门新兴的表演形式的形成过程中,演员陈佩斯起了重要的作用,他把电视中的小品逐渐变成了喜剧小品。要知道，小品其实有很多种，但是在春节联欢晚会上表演的话，自然是喜剧更合适，可以说陈佩斯摸准了电视晚会的特征。同时，他在小品当中大量地引入了语言。斯坦尼斯拉夫斯基在训练演员的时候台词是很少的，基本不说话，但是这样的小品让普通观众较难理解。而陈佩斯逐渐在表演中加大台词的作用，使观众能够理解。应该说，春节联欢晚会小品节目的发展是从王景愚开始，由陈佩斯完成的，从而确立了电视晚会小品的样式。其特点简单地说就是喜剧性、有台词，不仅仅是动作的喜剧，还包括台词的喜剧。所以，虽然小品种类很多，但其中喜剧小品与相声的关系似乎更为密切，因此这里着重探讨喜剧小品与相声的关系。

很多从事喜剧小品表演的演员来自相声、电影和戏曲等艺术形式。他们自身的表演经历、受到的表演训练、掌握的表演手段都被带进这个刚刚诞生的新的表演形式当中，使得喜剧小品表演具有丰富性、多样性的特点，进而汲取各方面的营养，不断发展完善。

相声属于曲艺，而喜剧小品属于戏剧。但由于相声尤其是故事性的相声与喜剧小品都是以语言为载体的表演形式，又都属于以逗人发笑为目的的表演形式，二者之间难免经常出现交叉模糊的状态，使得很多观众感到难以分辨，我们就在这里谈一谈二者的差异。由于语言文字游戏类的相声与喜剧小品的区别非常明显，本文忽略不谈，而着重谈一谈故事性的相声与喜剧小品的区别。

首先，让我们来看看曲艺和戏剧的区别：

> 如同音乐用节奏与旋律表现情绪，舞蹈用形体动作展示思想，曲艺作为一门表演艺术，是用“口语说唱”来叙述故事、塑造人物、表达思想感情并反映社会生活的，正如戏曲艺术的本质特点是“以歌舞演故事”，曲艺艺术的本质特征当是“以口语说唱故事”。这是曲艺有别于其他艺术门类的本质属性。因

为主要的艺术手段是"口语说唱",所以曲艺的艺术形式相对地比较简单:由一人或几人说演;或者由一人或几人演唱,辅以小型乐队(往往是三五件乐器)伴奏。又因为是以口头语言进行说唱,所以其表演方式是以第三人称的叙述为主,间以第一人称的模拟代言。这样,在舞台表演上便体现出"一人多角""跳出跳入""一人一台大戏"的特点。从而与戏曲、话剧、影视等表演艺术的"角色扮演式表演"大异其趣,即所谓"说法中现身"与"现身中说法"之别。①

具体到相声艺术来说,侯宝林等人所著的《相声溯源》中这样写道:"相声是'说'的艺术,属于'以词叙事'的说唱艺术,而有别于'以身代事',进入角色的戏剧艺术。这种表演方式密切了演员和观众之间的关系,缩短了舞台上下的距离。演员直接跟观众交流感情,在观众的配合、默契之下进行演出,获得艺术效果。从这个意义上说,相声表演是演员和观众一起的集体抒情。从观众角度来说,他们不是站在演员的对面或旁边,消极、客观地鉴赏舞台演出,而是身临其境地跟演员一起创造艺术形象,尽管他们并不登台。这就是相声艺术的'说法中之现身',不同于戏剧艺术的'现身中之说法'。"

这样看来,相声与戏剧的主要区别就是"相声艺术的'说法中之现身',不同于戏剧艺术的'现身中之说法'"。假如这种传统说法还是不容易分辨相声与喜剧小品的话,我们不妨借用小说叙事的三种不同视角来进一步深化解读。

小说的叙事角度有全知全能视角、限制视角和纯客观视角三种。全知全能视角又称零度焦点叙事。叙事者无固定视

① 出自《曲艺的本质特征及其艺术构成要素》,作者佚名。

> 角，并像一个全知全能的上帝，洞察一切。作者可以不时变换叙事角度，一会儿写A 君如何想如何做，一会儿写 B 君怎么想怎么做。这种视角常出现于中长篇小说中。纯客观视角又称外焦点叙事。叙事者像一台摄像机那样，只客观记录事情的表象，不去追溯事情的历史背景，不涉及任何人的心理活动，叙事者也不抛头露面，评头论足，抒发胸臆。这种叙事角度在新闻作品中较为常见，对刻画人物形象表现力度不够。限制视角又称内焦点叙事。它是以小说当中的人物视角展开叙事的。它的叙述要受到叙事者视域的限制，即只能叙述他自己的所见所闻、所感所想，不能叙述别人看到或听到而他自己没有看到或听到的事情，更不能介入别人的内心世界。①

笔者认为，曲艺表演接近于全知全能视角，而戏剧表演更接近于限制视角。

相声表演“以第三人称的叙述为主，间以第一人称的模拟代言。这样，在舞台表演上便体现出‘一人多角’‘跳出跳入’‘一人一台大戏’的特点”。而在有些相声节目中，演员一上台就是带着人物上场的，如《卖五器》《欢迎批评》等。这样的相声节目如何与喜剧小品区分呢？笔者认为，这时就要看演员是站在一个全知全能的视角来表演，还是以限制视角来表演。相声《卖五器》中的甲虽然是带着人物上场，但他是采取全知全能视角来表演节目的，演员可以自由出入于不同人物之间。逗哏演员时而是卖五器的小人物，时而是瓦德西将军，时而是李鸿章中堂，时而又是内务大臣，这样游走于不同人物之间，“以第三人称的叙述为主，间以第一人称的模拟代言”，“一人多角”，“跳入跳出”。这段节目不仅有故事中不同人物之

① 出自《怎样让小小说更有小说味》，作者佚名。

间的跳入跳出，还有相声演员与故事中人物之间的跳入跳出，也就是鲁迅所说的“二丑艺术”，如：

乙　破羹匙儿呀？

甲　破羹匙儿啊，它上面要是素白的，我要心疼我是黄瓜！

乙　还有什么哪？

甲　那上边——

甲乙　还有花儿哪！

乙　我就知道这句！

甲　你怎么说了？

乙　我不说你也得说！

甲　这我的词儿，你说了我怎么办？

喜剧小品则很少有这种情况出现。一般来说，喜剧小品中的人物自始至终都是一致的，不同人物之间很少有跳入跳出。

说到相声与喜剧小品不同的地方，还有一点就是是否进行戏剧化装、使用戏剧道具。这里所说的戏剧化装是指采用接近生活真实的实物化装，比如从塑造人物出发，给演员粘贴假胡子、假头发。戏剧道具是指采用接近生活真实的实物道具，比如逼真的布景、道具。而相声表演多是使用相声舞台上的简单道具，比如场面桌、大褂、手绢、扇子、钱板等，采用写意性的化装、道具，点到为止。

相声表演几乎不进行戏剧化装，相声演员在表演不同人物的时候，通常选用变换形体动作、嗓音、神态等来突出人物特点。比如，故事中需要一位老大娘出现，而演员却是男性，这种情况下，相声演员通过模仿老年妇女的形体动作、嗓音、神态等特征，来塑造这个人物，这就是前文提到的“以第一人称的模拟代言”。而喜剧小品多是采取戏剧化装的手段，也就是让这位男演员除了模仿老年妇女的形体动作、嗓音、神态等外，还要穿上老年妇女的服装，戴女人的假发，这就是“角色扮演式表演”。以喜剧小品《手拉手》为例，从某种意义上来说，这个节目的表演形式与男女相声非常接近，舞台上一男一女，一来一往的幽默语言使观众不时发出开心的大笑。尽管看上去与子母哏相声十分接近，但是终究还是喜剧小品。因为它不仅采用了戏剧的布景——公园座椅，而且两位主人公也采用了戏剧化装——男主人公头戴瓜皮帽，手中还要拿一只女式高跟鞋当作戏剧道具。

相声在需要介绍节目中的时间、地点、周围场景时，通常使用语言描述，而喜剧小品就更多地借助戏剧道具、布景来表现了。

相声与喜剧小品在塑造人物上面还有一个不同。戏剧中的布莱希特演剧方法推崇“间离效果”，又称“陌生化效果”，要求演员与角色保持一定的距离，不要把二者融为一体，演员要高于角色，驾驭角色，表演角色。而斯坦尼斯拉夫斯基体系要求演员不要模仿形象，而是要“成为形象”，即生活在形象之中。

相比戏剧中的布莱希特体系，相声艺术反映了我国人民传统的欣赏习惯，更强调相声演员的首要地位，突出相声演员高于角色、驾驭角色、统领角色的地位。即便是以第一人称表演相声，在表演中，相声演员与观众依然能始终清醒地意识到相声中的人物并非就是演员本人，这一点在马氏相声中表现得尤为充分。相声演员通常将表演相声称为“使活”，“活”指的是相声节目，而“使”字就非常传神地说明了相声演员对于相声节目主导、统领、驾驭的地位。

通过上述分析，我们可以发现相声与喜剧小品有以下区别：

一、相声是“说法中现身”，喜剧小品是“现身中说法”。相声的表演方式是以第三人称的叙述为主，间以第一人称的模拟代言。这样，在舞台表演上，便体现出一人多角、跳出跳入、一人一台大戏的特点；而喜剧小品是角色扮演式表演。

二、塑造人物手法方面：

1.相声多以全知全能视角进行不同人物的跳入跳出，尤其是相声演员与节目中人物身份之间的跳入跳出；而喜剧小品在塑造人物手法上，多以限制视角进行人物塑造，几乎没有喜剧小品演员与喜剧小品中人物身份的跳入跳出。

2.相声多利用相声舞台上的简单道具进行写意性的化装和道具运用，而喜剧小品多使用接近生活真实的实物化装、接近生活真实的实物道具。相声需要介绍节目中的时间、地点、周围场景时，通常采用语言描述，而喜剧小品就更多地借助戏剧道具、布景来表现了。

3.相比于喜剧小品，相声在塑造人物时更强调演员的主导作用，突出相声演员高于角色、驾驭角色、统领角色的地位。

了解了上述几点，我们便可以更清晰地划分相声与喜剧小品了。但是，这里还存在着一个问题，那就是事物并非是绝对的，一般的定义总是难以涵盖个别现象，对于相声与喜剧小品的交叉案例，我们就要更为细致地加以分析了，而对于它们的定性——到底算相声还是算喜剧小品？是化装相声还是无实物表演的喜剧小品？就要看其中的相声元素与喜剧小品元素哪个更多了。甚至有时还要考虑到表演这个节目的演员是经常以相声演员身份出现，还是更多地以喜剧小品演员身份出现。因为在相声与喜剧小品出现交叉的情况下，相声元素与喜剧小品元素势均力敌，这个时候观众往往会把表演者的身份作为区分的标准：节目是由经常以相声演员身份出现的演员来表演，观众们就更容易把这样的节目划入化装相声的行列；而由经常以喜剧小品演员身份出现的演员来表演，观众们便更容易把这样的节目划入无实物表演的喜剧小品的行列。比如相声《追溯》，虽然其中相声元素与喜剧小品元素旗鼓相当，但由于是常贵田、常宝华这两位相声演员表演的，很少有观众把他们划入无实物表演的喜剧小品行列。

相声的表演形式看似简单，但正是由于形式简单，其发挥的余地就更为广阔，能够容纳各类艺术元素，可以说是“简约而不简单”。为了保持相声艺术独有的特色，保住相声的“根”，曲艺理论家薛宝琨说过：“一定要使相声艺术相声化，绝不能使相声艺术戏剧化。”马氏相声始终“移步不换形”，坚守着“相声味儿”。

传统技巧的继承

马氏相声在对传统相声全面深刻继承的基础上，逐渐形成自身的艺术特色，这些作品始终闪烁着传统相声精华的光芒，投射着浓浓的文化底蕴。近代相声艺术具有百年历史，其中人才辈出、群星荟萃，他们来自五行八作、三教九流，每个人的阅历、文化背景以及性格等因素，造就了各自不同的表演风格。他们所取得的成就无不为后辈相声演员代代相传，继承发展，构成了相声艺术的宝库。因此，相声表演艺术既有对我国民族文艺形式的借鉴，又有相声艺人们的个性发挥。马氏相声中的表演技巧便取自这座宝库，又独具特色，有所发挥。

马氏相声艺术风格的开创者马三立、集大成者马志明在他们数十年的舞台实践中，上演的多是对口相声。这并不是因其不精于单口相声、群口相声等其他表演形式，而是对于专业演员来说，毕竟术业有专攻，马氏父子还是把更多的心血放在了对对口相声的钻研上，使得他们的对口相声表演水平达到了空前的高度。

对口相声按照甲乙二人说表内容所起作用的轻重和语言风格的不同，可分为一头沉、子母哏、贯口活、倒口活、柳儿活、腿子活。

马氏相声以一头沉和贯口活为主，集中展现了表演者出众的语言驾驭能力，驰骋着智慧与才情。马氏相声不仅传承着传统相声的艺术形式，并且在自身的艺术实践过程中，丰富完善着这些形式。

传统相声在内部结构上大致分为垫话、正活以及底三个部分。

所谓垫话，就是开场白。马氏相声历来重视垫话的运用，上得台来总是以一段娓娓道来的垫话开场，唠家常般地拉近演员与观众的距离。而在垫话的内容上，又总是贴近相声主题，介绍人物，交代背景，暗示主题，渲染气氛，其中往往有点睛之笔，提纲挈领、先声夺人。比如《开粥厂》中"放虱子"的垫话，上来就点明了马善人的伪善，后面情节的进展都是在这个基调上铺排推衍的。再如《文章会》"门外煮烤"版本的垫话，也是如此。这些垫话将观众一下子带到这段相声的语境当中，使得后面的情节顺理成章，水到渠成。这些都来自于马氏相声自觉的文学意识。

相声艺人认为垫话和正活之间应该有一个过渡，谓之"瓢把儿"，专门连接垫话和正活，为正活进行充分的铺垫。比如《练气功》中由要叉事故到张二伯其人其事的过渡；《报菜名》中由"磨蔓儿"①到要请乙吃饭的过渡，这些都是瓢把儿。

相声段子的瓢把儿讲究水到渠成，不能硬山搁檩、突兀牵强。

如《拴娃娃》中：

甲　这值当的吗？着急干吗？咱就说啊，老黄家有钱。

乙　哎，你就说有钱就得了。

马志明就用这一句简练的话，把相声从探讨朋友之间的交际自然过渡到乙家拴娃娃的故事上。

所谓正活，就是正文。它是一段相声的主体，相声主题主要通过它来体现。马氏相声注重内容的现实性、主题的深刻性，在正活中塑造个性鲜明的人物形象。

① 对口相声垫话，内容为对捧哏姓氏的调侃。

所谓底，就是相声的结尾。它不同于底包袱，底包袱是相声结尾的笑料而已，而底是演员（或作者）对主题的最后评价，是人物的下场，故事的结局，是人物性格的点睛之笔，是对整段相声的揭示与总结。它往往也是正活的最后一个层次，相声界之所以将底从正活中分离出来，使其与垫话和正活并列，大抵是着眼于演出效果的缘故。确实，从演出效果的角度去看，底是相当重要的，它或是比任何一个包袱和一般笑料都"响"，或是比任何一段表演都精彩，使整段相声在高潮中戛然而止。马氏相声的底一贯追求回味无穷，它既是一段节目的煞尾，又是引起观众无限遐想的开端。《太平歌词》《五味俱全》《看不惯》《纠纷》等相声的底都留给人无尽的回味。

马氏相声总是按照"凤头、猪肚、豹尾"的章法搭建相声结构。垫话处如凤头，峻拔、挺秀，笔墨清晰、精练、奇俏；正活处如猪肚，充实、饱满，使情节冲突向纵深发展，层层递进，推向高潮，同时刻意求工，充分展现人物性格，深刻生动地体现思想主题；结尾的底如豹尾，简洁、明快，戛然而止，响亮有力，富有余韵。马氏相声以文学入相声，这也正是其过人之处。

相声术语将笑料形象地称为"包袱"，包袱的结构设置大致分为两步。第一步，装包袱和系包袱。相声演员通常所说的铺平垫稳以及三番四抖中的"三番"，指的就是这一步。第二步，抖包袱，也就是三番四抖中的"四抖"。

薛宝琨在《侯宝林评传》中这样论述：

> ……三番四抖也与我们民族叙事艺术的结构方式相互吻合。情节的起承转合——故事的发生、发展、高潮、解决，也基本是一波未平一波又起，终达高潮的"三番四抖"的过程。相声把它的结构方式概括为"垫话——瓢把儿——正活——结底"四个部分，基本和包袱的"铺平——垫高——抖落"的"填、系、抖"

过程一致。相声和民族喜剧大多都在高潮中结底,因为,“底”既是笑潮的高峰,也是作者对主题和人物的最后评价,相声反映生活的目的在此刻已经完全达到,就不需要有类似西洋的“尾声”作为赘疣了。所以,一段相声也可以作为一个包袱理解;或者,包袱理应是结构相声篇什的重要参照,从而形成“大包袱”环套“小包袱”,笑料有致、节奏有序、“横看成岭侧成峰”的生动局面。传统相声中无论是以故事性取胜的单口,还是以叙述为主的“一头沉”形式,它们的结构方式都可以做“铺平垫稳”和“三番四抖”的包袱观。在“垫话”中或铺垫情绪埋下伏线或巧设玄机推出人物;在“瓢把儿”中或承接“肩膀”接结“正活”或与此同时系牢扣子;而“正活”恰是骨干段落的“三番四抖”过程。以“包袱美学”构思相声,不止于星点散落的小包袱算计,而是从情节结构和喜剧矛盾蕴含上挖掘,这几乎是相声创作日益进化、相声与文学结缘的一种生动表现和发展趋势。

马氏相声就是在三番四抖的铺排渲染中突出人物个性,塑造鲜明人物形象的。

如《十点钟开始》中:

一番:甲要当科学家。
二番:甲要当军事家。
三番:甲要当文学家。
四抖:甲表示“我不定哪天的十点钟开始”。

再如《太平歌词》中采用了不止“三番”,而是“四番”:

一番:演唱《韩信算卦》。

二番：演唱《秦琼观阵》。

三番：演唱《太公卖面》。

四番：瞎编歪唱。

五抖：甲说自己“编上来就不易”。

严格来说，这段相声的第四番中还包含着“小三番四抖”，这里就不再详述了。

大部分相声小段限于篇幅的原因，一般只用“一番”铺垫渲染就直接“二抖”，如《追》中：

一番：交代下班时候马路上车水马龙，有一个胖子追瘦子。

二抖：胖子责怪瘦子“调完级了，不请客”。

这种结构是比较普遍的，但是也有比较复杂的结构。有的相声在“三番”结构中又包含着更小的三番四抖，这个“小三番四抖”隶属于“大三番”中的“一番”，如《犹豫症》中：

一番：买饭时的犹豫。

- 小一番：甲为是否买炒芹菜犹豫。
- 小二番：甲为是否买烩豆腐犹豫。
- 小三番：甲为是否买鸡蛋炒蒜毫犹豫。
- 小四抖：菜全卖完了。

二番：甲为八月十五那天去岳父还是去父亲家的生日聚会犹豫。

三番：甲为是否签约犹豫。

四抖：甲："该拍板的那也得好好地，研究研究。"乙："哦？还是犹豫呀！"

这些"小三番四抖"里也还可以包含更小的三番四抖，这里就不再赘述了。

再如《卖五器》中：

一番：铜器的来历（两根茶壶梁）。
二番：铁器的来历（半拉马掌）。
三番：瓷器的来历（半拉调羹脑袋）。
四番：锡器的来历（锡璃纸）。
五番：木器的来历。
六抖：半拉锅盖。

"半拉锅盖"看似是对吹嘘木器来历的否定，是对第五番的"抖"，但是我们返回头来再看看甲前面的言行，"铜、铁、瓷、锡、木"这五器看似互不相干，其实有着内在联系。"铁器比铜器值钱，瓷器比铁器值钱，锡器比瓷器值钱，木器比锡器值钱"，它们组成了一个价值链条。以此类推的结论是"木器最值钱"，而"半拉锅盖"对木器价值的否定，就是对"铜、铁、瓷、锡、木"这五器的否定，也就是对吹嘘摆阔的甲的全盘否定。这"六抖"既是对"第五番"的"抖"，也是对整段相声的"抖"。

马氏相声对于传统的三番四抖的运用可谓出神入化，姿态横生，既保留有传统的模式，又进行了大胆的尝试突破，不仅继承传统，还有所发展丰富。

马氏相声尤其是马志明的作品还特别善于运用"楼上楼"的手法组织包袱。严格来说，"楼上楼" 是三番四抖变换出来的一种形式，它们之间的区别在于，三番四抖中不一定每一番都要有包袱，观众不一定每次都要发笑；而“楼上楼”却要求在每一层递进中都必须有包袱，让人发笑，类似于修辞格里的顶真手法。

如《卖五器》中：

乙　什么锡器？

甲　一张烟卷儿纸！

乙　哎好！锡璃纸！

甲　要光锡纸我要心疼我是萝卜！

乙　还有什么？

甲　还一烟卷儿头哪！

乙　烟头儿哇？

甲　多半截儿！

乙　多半截儿也是烟头儿。

甲　前门的！

乙　走！我说你贫不贫哪你？

这段表演将“烟卷儿纸”“烟卷儿头”“前门的”几个包袱接连不断地抖出来，前一个包袱又是后一个包袱的铺垫，在包袱中翻包袱，反复渲染加强喜剧效果，犹如连珠炮似的使笑料此起彼伏，给观众以一泻千里的听觉冲击，制造强烈的喜剧效果。

再如《核桃酥》中，核桃酥被压到地里却没碎，这已经产生了笑料，但马志明在此基础上又设计了用挺长挺细的江米条把核桃酥撬出来的底，形成“楼上楼”的效果，又掀起一个喜剧的高潮，而后整段节目在高潮中戛然而止，叫人笑得痛快淋漓，笑后回味无穷。

相声演员通常所说的铺平垫稳，要求在观众不知不觉或似知似觉中，将笑料巧妙而合情合理地用假象掩盖起来，然后反复渲染、铺陈，甚至不惜将类似的情节，相同的语言、动作等，一而再、再而三地予以强调，从而将观众的注意力引离笑料，为后来的意料之外创造条件。

如果说三番四抖是形式要求，那么铺平垫稳就是对“三番”的内容要求，这“三番”的渲染铺垫类似于文学作品中的伏笔。铺平垫稳中的“平”是指自然流畅、不露痕迹，“稳”是指丝丝入扣、合乎逻辑。只有自然流畅、不露痕迹，又丝丝入扣、合乎逻辑的铺垫，才是铺平垫稳。

薛宝琨在《侯宝林评传》中这样论述：

“铺平垫稳”是指包袱“填”“系”“抖”的过程。“填包袱”就是将笑料的种子巧妙地藏进包袱皮儿里让观众不知不觉又似知似觉。这就是似有若无若还若往扑朔迷离的障眼法，越是熨帖自然不留痕迹越是“填”得瓷实巧妙。但“障眼法”总是具有欲盖弥彰的效果，它反倒因此而调动了观众的期待和注意。“填包袱”和戏剧制造悬念、评书使用“扣子”的手法形似而实不同，前者是在冲突情势的紧张对峙中，而相声则在轻松随意的谈话里，其“不知”和“似知”几乎重合得无影无踪。“系包袱”即所谓“垫稳”——实际是“垫高”，以令笑料的种子在系紧的包袱口袋里生根发芽迅速成长。如果说“填包袱”是意在掩盖矛盾的真相使观众不知不觉，那么“系包袱”则是渲染矛盾的假象使观众似知似觉，从而拉开“意料之外”和“情理之中”的距离。观众按照演员有意设定的偶然逻辑推演，而演员则依据事情的必然真相揭露矛盾，于是，两者因在反差对比下失调跌落从而产生包袱。系包袱的奥妙在于渲染假象掩盖真相使矛盾造成“双义推演”的可能，观众期待的“谜面”和演员设计的“谜底”以越行越远的两条线发展，于是产生了南辕北辙的喜剧效果。

马氏相声的铺平垫稳在内外行中得到一致公认,堪称典范。在具体运用上,时而渲染铺陈、制造反差,时而层层渲染、丝丝入扣。

如《开粥厂》中:

一番:马善人摆阔,在五月节施舍。

二番:在八月节施舍。

三番:在春节施舍。

四抖:甲:“今儿早晨把棉袄卖了,吃的豆腐脑儿。”乙:“啊?您不是开粥厂吗?”甲:“嗐,打算这么舍,还没发财哪!”乙:“没发财呀!”

刚才还吹嘘自己富甲一方的马善人,到最后戳穿了自己的牛皮——“今儿早晨把棉袄卖了,吃的豆腐脑儿”,与前面的三次铺垫形成强烈反差,制造了喜剧效果。

再比如《大保镖》中:

甲　就看我这口刀,那是行上就下,行左就右,上下翻飞,刀山相仿。净见刀不见人,刀都淋湿了,我身上连个雨点儿都没有。

乙　喔,你在院里练刀?

甲　我在屋里避雨。

在这里捧哏演员的“喔,你在院里练刀”属于“反垫”,主要是为后面逗哏演员抖响“我在屋里避雨”这个包袱进行渲染铺陈,制造反差,故意突出逗哏演员练刀时所处的位置,为后面抖包袱做铺垫。

根据与作品主题、人物、情节有无直接关系，相声的包袱又分为三类：“肉中噱”和“外插花”以及相互统一、相互结合的“肉中噱”加“外插花”。马氏相声力避与作品主题、人物、情节没有直接关系的“外插花”，力求所有包袱都要为主题服务，经常采用“肉中噱”深化突出主题，利用相互统一、相互结合的，有微妙联系的“肉中噱”加“外插花”进行旁敲侧击。

其中“肉中噱”是指与作品主题、人物、情节有直接关系的包袱，如《夜来麻将声》中：

乙　今儿个观众来得不少。

甲　嗯，行，够手儿了。

乙　够手儿了？这回该我们俩来了。

甲　来呀！来几圈都行。

乙　我们俩往这儿一站，大伙儿就看出来了！

甲　位置很清楚。

乙　唉。

甲　他是上家儿，我是下家儿。

乙　我们这门儿艺术啊，讲究四个字。

甲　对！四个字！

乙　说学逗唱。

甲　不，吃碰杠和。

乙　走！外边溜达去！

甲　怎么啦？怎么啦？我说得不对也没关系呀！咱们研究啊！别这模样儿啊！您看他俩眼瞪得跟二饼似的！

乙　你掉到麻将堆儿里头啦你？这场是相声。

这就是为了突出马科长赌博成瘾而安排的包袱。

相互统一、相互结合的“肉中噱”加“外插花”，同时具有“肉中噱”和“外插花”的特点，很难定义为某一种包袱类型。

如《五味俱全》中征婚启事的包袱，在整段《五味俱全》中看似“外插花”，却又是“肉中噱”。

再如《拴娃娃》中，“黄门马氏”这个包袱似乎与主题无关，但又是从相声中人物拴娃娃过程的一个环节中挖掘出来的包袱。

马氏相声深得文学要义，在“肉中噱”与“外插花”的咸与淡、正与闲中掌控相声节奏，生发笑料。

这里顺便介绍一下现挂。所谓现挂[①]，是指演员在演出中现场抓哏、即兴创作的包袱。

如刘连群在《马三立别传》中记载的一个马三立的现挂：

> 还有剧场里卖糕点、糖堆以及报纸的，在池座间自由来去也干扰演出。卖报的手托一摞各色报纸，名字都搭在外面，就站在台根底下卖，把观众视线都挡住了，三立也不着急（急也没用），反而帮着吆喝：“快买呀，赶紧买，他的报纸便宜，早存的，别人卖四个子儿，他卖两个子儿，老报纸……”“早存的”“老报纸”还有人买吗？连卖报者也忍不住笑掩口而去……

相声艺人将相声的表演技巧总结为“迟疾顿错、蹬褊踹卖、顶刨撞盖”的口诀，代代相传，虽然不是科学的划分，但浓缩了传统相声表演技巧的精华。马氏相声对此也是全面继承，并且有所拓展和深化。

一、迟疾顿错

1.迟：指演员在语言节奏上故意放慢速度，以便留出时间展现

① 现挂分为演员根据现场演出情况事先设计和针对演出中突发事件临时发挥两种。

人物心理变化的技巧。

如《太平歌词》中：

乙　接着往下唱！

甲　（唱）那庄公啊闲游出趟城南，瞧见了有一个老太太，（白）你看……这你就没有！

逗哏演员为了表现出“我”黔驴技穷又强词夺理时的尴尬，在“你看”后面故意放慢速度，然后才说“这你就没有”。

再如《酒令》中：

乙　你回来回来，跑什么？过来，我问清了，你的生日算什么节？

丙　这是……圣诞节。

演员丙在“这是”后面故意放慢速度（为狡辩寻找理由），然后才说出来“圣诞节”。

2.疾：指演员为了使后面的包袱不至于提前露底影响效果，在语言节奏上故意加快速度，抢在观众反应过来之前将台词一次性说完。

如《果团》中：

甲　我媳妇根本没言语。

乙　唉，那就完了。

甲　我儿子过来了，“爸爸您热热乎乎吃点儿多好。”

由于前面演员已经多次铺垫，逗哏的媳妇总是学说捧哏的话，观众已经有所察觉,在结尾的时候,当逗哏说出“我儿子过来了”,观众已经差不多能推断出逗哏下面的话,这里如果逗哏演员没有紧接着说“爸爸您热热乎乎吃点儿多好”,那么这个包袱就会因观众提前反应过来而影响效果,所以这里不能拖沓、停顿,而是要赶在观众整体反应过来之前抖包袱。这里所使用的技巧就是“疾”。

3.顿:指演员在语言节奏上故意打断原有节奏,停顿一下,留给观众一个反应的时间。很多时候实际上起到的是强调的作用。经常使用在“吃了吐”里。

“吃了吐”是相声术语,即先认可、后反驳,相当于欲擒故纵的手法。为了制造喜剧效果,先顺着对方思路承认——吃,稍微停顿一下,给观众一个反应的时间,然后再质问对方——吐,以此来加强语言效果。

如《拴娃娃》中:

乙　没错儿!我舅舅是马三立,就是他父亲。我舅舅是他父亲,我们哥儿俩表兄弟儿,要不我们家的事儿他怎么都知道哪!啊,说吧。

甲　“我——黄门……”干脆,咱不提什么“氏”了。

甲在“黄门”后面一顿,给观众一个反应的时间。

再如《数来宝》中:

甲　人家都给,你怎么不给呀?

乙　哎,对啦!我就不给。

甲　没你这样儿的!

乙　我就这样儿!

甲　没你这么轴的!

乙　我就这么轴！

甲　没你这么拧的！

乙　我就这么拧！

甲　没你这么不是玩意儿的！

乙　我就这么不是玩意儿……你才不是玩意儿哪！怎么说话哪？

这里捧哏演员使用的就是“吃了吐”。“我就这么不是玩意儿”是顺着逗哏演员思路承认——吃，稍微停顿一下，给观众一个反应的时间，然后：“你才不是玩意儿哪！怎么说话哪？”再质问对方——吐。

4.错：指演员在表演相声时故意说错台词，制造喜剧效果。

如《地理图》中：

甲　我经常地出口……

乙　嗯？

甲　出国！

再如《大保镖》中：

甲　当时我是骑着扁担抱着牛。

乙　好样的——不不不，不像话！那叫抱着牛骑着扁……嗐！我这也错了。骑着牛抱着扁担。

甲　喔，对！我举起扁担，大喝一声：“好贼呀，好贼！”

乙　是！

甲　“我放下武器，你饶我不死！哇呀呀呀……”

乙　好厉害——不不不，行了！别哇呀了！

以上都是一般意义上的“错”的使用，基本上是单纯为了组织包袱，形式大于内容。

也有形式和内容结合得非常好，为塑造人物服务的“错”，如《汾河湾》中：

甲　唱戏，你们这儿有笼头吗？

乙　笼头？没有，套驴拉煤去了，等它回来再给您套上。

甲　什么呀？外行。唱戏穿的戴的那个笼头。

乙　那叫笼头呀？

甲　那叫？

乙　那叫行头！

甲　我说行头怕你不懂！

这里逗哏演员为了凸显甲的不懂装懂，故意将戏曲术语说错，这个包袱的设计不单纯是为了搞笑而搞笑，而是为了塑造人物服务的。

让我们再看一看马氏相声《卖挂票》中的这个包袱：

甲　我心里这个痛快！扮戏呀！实尔敦。我刚要打花脸儿呀，这时……

乙　那叫打花脸儿呀？那叫勾脸儿。

甲　啊，是啊，我说勾脸儿怕你不懂！

这里运用的“错”，是逗哏演员故意将京剧术语说错，来凸显马喜藻这个人物不懂装懂的真实嘴脸。如果到此为止的话，那我们说，马三立只能算一个能够很好地继承传统相声技巧的演员。而高超的艺术家善于在继承的同时发展创新，马三立在这方面可以说是名副其实的相声泰斗。就在这个传统相声里司空见惯的包袱中，马三立又开掘出了独具个人艺术特色的“马氏包袱”，不愧为一代相声宗师。

甲　我说勾脸儿怕你不懂！

乙　噢，是怕我不懂。

甲　我当然知道了，我刚要勾捻儿……是勾眼儿，是勾捻儿？

乙　勾脸儿！

这里，马三立使用了“楼上楼”的技巧，将传统相声技巧“错”加以发展变化。马三立在传统的“我说勾脸儿怕你不懂”的强词夺理之后，加了一句“勾捻儿……是勾眼儿”，与前面自吹自擂自相矛盾的疑问，抽撤盘桓，使得马喜藻这个人物自己将其不懂装懂的真实嘴脸彻底暴露无遗，这样就越发加强了喜剧效果，将这个传统技巧挖掘得更深，使这个传统包袱响得更透，也给人以回味无穷的艺术享受。

这种“错”的手法在《似曾相识的人》和《五味俱全》中均有运用。马氏相声善于在包袱设计上进行深层开掘，使用自相矛盾的语言，以子之矛攻子之盾，来使人物的本质昭然若揭，使得马氏相声独具特色。

二、蹬谝踹卖

“蹬谝踹卖”是指对口相声和群口相声中捧哏演员采用的相声技巧。

1.蹬：指捧哏演员以反问的口吻间接表达对逗哏演员所叙述内容的否定。

如《文章会》中：

甲　要尿尿炕。

乙　哦,还尿尿炕啊?这像话吗?

再如《开粥厂》中:

甲　外有八斤半一个的河螃蟹,大个儿团脐,活的!肥呀。

乙　噢……啊?这螃蟹悬啦,八斤半?

甲　唉,定做的。

乙　唉……啊?螃蟹还有定做的?

甲　不是定做的,定……捞的!

乙　哪儿捞去呀?

在这里捧哏演员使用的都是"蹬",对逗哏演员的叙述表示质疑。

2.谝:指捧哏演员显示相对于逗哏演员的优越性,主要表现在神情的表演上,对于逗哏演员采取不屑的态度。

如《太平歌词》中,捧哏演员在神情上的表演就以"谝"为主。

乙　嗬!你可真有胆量,会的人多了!

甲　谁?谁?你指出来,哪位?

乙　指出来干吗?我就会。

3.踹:指捧哏演员对逗哏演员所叙述的内容进行直接的嘲讽、揭露和打击。

如《文章会》("抄等雇问"版)中,捧哏演员使用的就是"踹"的技巧。

甲 就是他！康有为康圣人！到前孙公园来啦！

乙 上车厂子来啦！

…………

甲 我们刘校长迎接。

乙 唉，刘四爷出来啦。

…………

甲 基本功啊！这是基本功。先练地理，地理熟了，跑！

乙 唉，对，地理不熟拉不了车呀！

…………

甲 还不如我这个哪！

乙 这诸葛亮也得拉车去！

再如《三字经》中：

甲 "著六官，存治体"，唉，对了，他就是做官，"著六官"。"习相远"，"习相远"的媳妇知道不知道？

乙 谁呀？

甲 "昔孟母"。

乙 啊？

甲 "昔孟母"。

乙 行了，别讲了，别讲了。

甲 他们两口子……

乙 别讲了，停这儿吧！停这儿吧啊！别往下讲了，不听了啊！

甲 怎不让说完这点儿呀？

乙 你别说了，不像人话！你还讲哪？胡说八道，想嘛说嘛，这怎么听啊？"习相远"？

甲　啊。

乙　各位听啊，姓习呀叫相远。

甲　人名啊。

乙　他媳妇呢叫“昔孟母”。

甲　啊，两口子呀。

乙　“昔孟母”是谁呢？就是孟子的母亲。

甲　嗯，对呀！对对对！

乙　孟母三择邻，教子有方。

甲　对啦，就是她。

乙　孟子姓什么？姓孟。可是孟子的爸爸姓习，叫“习相远”，你听这像人话不像？你还给我往下讲哪？

甲　他是……

乙　啊？他是什么呀？他爸爸姓习，他姓孟，这还说什么？啊？

这些都是捧哏演员对逗哏演员叙述内容的揭露和诘难。

很多时候“蹬褊踹卖”又是杂糅在一起的。就拿上面这段《三字经》来说，就杂糅了“蹬”“褊”“踹”三个技巧。“孟子姓什么？姓孟。可是孟子的爸爸姓习，叫‘习相远’，你听这像人话不像？”这句运用了“蹬”和“踹”。而捧哏演员在对逗哏演员的歪讲进行否定的同时，又是在“褊”，即显示学问，表现出自己在知识方面相对于逗哏演员的优越性。

4.卖：指捧哏演员协助逗哏演员烘托气氛，制造假象，来获得喜剧效果的技巧。也指捧哏演员卖弄自身技巧。

如《卖布头》在接近底的表演中，捧哏演员那神完气足的表演——“瞧本！看利！别让了！赔了！”——就属于“卖”。类似的还有《拉洋片》中捧哏演员的“不贵！头年五块六，我都没赶上看！”

再如《大保镖》中：

甲　把式把式……
乙　啊！
甲　全凭架势……
乙　对！
甲　没有架势……
乙　嗯！
甲　（变怯口）不算把式！
乙　（变怯口）不错！
甲　光说不练……
乙　怎么样？
甲　那叫嘴把式。
乙　是！
甲　光练不说……
乙　还怎么样？
甲　那叫傻把式！

这一段捧哏演员的表演同样是“卖”。

又如《大审》中：

甲　走！稀里哗啦，稀里哗啦。
乙　好么，我这蹚着镣哪，稀里哗啦的。
甲　这是上房屋里太太小姐正打牌哪，打麻将一洗牌，就这声音。
乙　叫我赶上了。
甲　稀里哗啦，稀里哗啦。

乙　正洗牌哪。

其中，捧哏演员的“正洗牌哪”的表演，也属于“卖”的表演范畴。《绕口令》《对坐数来宝》等段子，为捧哏演员提供了足够的空间来卖弄自身技巧，表演绕口令、数来宝，来烘托逗哏演员，制造对比，增强喜剧效果。

三、顶刨撞盖

“顶刨撞盖”主要是指演员在表演中的禁忌，但如能巧妙运用，也可成为为段子服务的表演技巧。

1.顶：指捧哏演员只顾生硬地背台词，不给逗哏演员和观众以喘息和反应的时间，在表演上给人以不够舒展和不自然的感觉。而在表现人物穷追不舍提问时，“顶”又可作为表演技巧来使用，如《扒马褂》中，捧哏演员质问逗哏演员说谎话的理由时，不给逗哏演员以喘息的机会。再如《八扇屏》的底，逗哏演员对捧哏演员的道歉语言采用顶真的方式予以质问：

乙　你说了半天啊，我不言语就算得了。

甲　得了，得了你还不吃去。

乙　你听哎。

甲　我听你唱。

乙　你瞧哎。

甲　我瞧你练。

乙　哟！

甲　幺哇，翻过来是个六。

乙　嗬。

甲　喝，你带汤儿扒拉吧。

乙　别价，别价。

甲　别借过得去吗?

乙　算了算了。

甲　蒜辣吃韭菜。

乙　我说我算了。

甲　你甭算了,你属猴儿的。

乙　我不好。

甲　你不好请大夫瞧哇。

乙　谁让我小。

甲　小我没欺负你呀。

乙　我岁数小。

甲　还没满月哪。

乙　啊,我呀。

2.刨:指在表演过程中,演员提前把后面的台词说出来,泄露了包袱,造成包袱不响,影响了演出效果(和“刨底”类似)。还有一种有意而为之的“刨”,即先把结果告诉观众,再以“缝”的方法,形象地描述喜剧性的过程。比如马三立的《精打细算》中,“捡行”包袱的运用就是情节上化用了“刨”。先解释什么是“捡行”,然后逐一列举“捡行”的所作所为,剖析阐释,制造笑料。其中“老远看见一张纸,准知道就是纸,走过去也得拿脚蹚一下。许它不是,不许咱不瞧瞧”,更是艺高人胆大地将包袱谜底事先“刨透”而出人意料地斜刺里生发出来“许它不是,不许咱不瞧瞧”的包袱,活灵活现地勾画了一个不知勤俭节约,总想天上掉馅饼的小人物心态。此即是对“刨”这一手法的着意妙用,相声术语称之为“先刨后使”。

3.撞:指在对口或群口相声表演过程中,由于演员表演失误,两个或多名演员同时说出各自的台词,也表现为演员在表演心理、节奏掌握上互相抵牾,节奏混乱。作为表演技巧则是指有意采取的对撞手段。

“对托”即是对“撞”的化用，也可理解为制造声势和效果的故意设计和安排。对托指在对口或群口相声中，相声演员为了制造喜剧效果，事先设计好两个或两个以上的演员同时说台词。比如《五官争谦》中众多演员同时开口说话，《卖五器》中捧逗同时说“上面还有花呢”，都是“对托”。

4.盖：指在对口或群口相声表演过程中，除了在翻包袱时或有特殊要求外，捧哏演员的音量一般都要略低于逗哏演员的音量，否则就属于“盖”；在不该用高音量的时候，用大调门翻包袱导致影响包袱效果的也属于“盖”；在演员出现口误的时候，另一位演员替对方及时匡正补台也叫“盖”。

马氏相声从人物出发，对“盖”又进行了重新诠释，如《对春联》中：

甲 他那个叫什么体儿？

乙 颜体。天津劝业场那块匾，华世奎写的，现在还那儿挂着哪。

甲 哎，我学！我按那个练。

乙 是呀？

甲 我有呀，我有那个……什么呀……那个……

乙 你有什么呀？

甲 就那个……（两手不断左右相拍）

乙 你有贴饽饽呀是怎么着？

甲 就那个……黑底儿白字儿那个……就这么一本儿那个……折子。

乙 什么？

甲 ……折子。

乙　折子？那叫折子？他连“帖”都不知道！

甲　“帖”，我知道，我说“帖”我怕你不懂。

当捧哏演员刚刚说出“他连‘帖’”三个字时，逗哏演员马上说道“‘帖’，我知道”，盖过捧哏演员，展现了马大学问不懂装懂、强词夺理的形象。

再如《卖挂票》中：

甲　头天，《连环套》！“插刀”“盗钩”唱全了。“坐寨”“盗马”“拜山”“插刀”“盗钩”，我，窦尔敦！张君秋让他来这个行吗？

乙　这他来不了，人家是青衣……

甲　噢！噢！完啦！

张君秋本来是青衣名家，扮演的是女性角色，使用小嗓演唱；而花脸行当塑造的是性格刚烈的男性角色，用大嗓演唱，风格迥异。京剧界能跨此二行当演出的演员十分鲜见，即便有之，也是《胭粉计》中花脸司马懿在阵前见诸葛亮时以小嗓唱的西皮导板、慢板，而青衣反串花脸表演全部《连环套》者难见。甲故意用花脸行当刁难张君秋，且不容乙申辩，用“噢！噢！”的起哄语气盖过乙“人家是青衣”的台词，展示了马喜藻的市侩嘴脸。

在具体运用上，这几种技巧又是相互交错，你中有我、我中有你的关系。技巧是深化主题的手段，内容是艺术形式的灵魂，马氏相声就是始终遵循着这一艺术规律进行艺术实践的。它既保存了相声特殊的表演形式，又在自觉的文学意识观照下突破了以单纯搞笑为目的的误区，一切技巧都为塑造个性鲜明的人物服务，将文学与相声完美地结合在一起。

参考书目

《侯宝林评传》,薛宝琨著,中国社会出版社,2005 年 7 月版。

《天津话逗你玩》,林希著,天津人民出版社,2007 年 1 月版。

《鲁迅论稿》,王国绶著,天津社会科学院出版社,1999 年 4 月版。

《美学论集》,李泽厚著,上海文艺出版社,1980 年 7 月版。

《笑匠杂笈——马志明表演相声选集》,马六甲编著,天津教育出版社,2007 年 1 月版。

《解读天津六百年》,张利民主编,天津社会科学院出版社,2003 年 8 月版。

《民国天津社会生活史》,周俊旗主编,天津社会科学院出版社,2004 年 4 月版。

后记

志明先生是当今相声大家,大半生的风霜、坎坷,形成了他倔强耿介、坚韧不屈、疾恶如仇、爱憎分明的性格。他的一生伴随着苦辣酸甜,性格决定命运,命运铸造性格,性格与命运的互生造就了千差万别的人生。志明先生是不幸的,在他青春年少、英姿勃发之时遭到了“文革”的摧残;志明先生又是幸运的,已过古稀之年,他享誉神州大地乃至海外华人界,这也许就是人生,这也许就是命运。没有磨砺哪里来的收获?没有辛酸哪里来的甘甜?体会志明先生的从艺历程,让我这等后生晚辈更加感悟到了人生的曲折艰辛,更加领悟到了人生的精髓真谛。

志明先生把自己对人生的感悟,对人心的考量,对人品的评判,都浓缩到自己的相声当中,那里面有小市民的狡猾,有小人物的市侩,有小丑的滑稽,这些写的是谁呢?表演的又是谁呢?其中的滋味又有谁能体会呢?其中的妙趣谁又能领悟呢?这一段段相声,凝聚了多少马家人的辛酸苦辣,浓缩了多少马氏家族的喜怒哀乐。

志明先生不是政治人物,没有引领过重大的历史事件;志明先生不是相声旗手,没有振臂一呼的姿态;志明先生为人低调,没有喊出什么轰轰烈烈的口号……而这就是马志明先生,他始终坚守着相声,坚守着自己的个性,坚守着那九死不悔的执着。

我和马志明先生结识是在2001年。那年的7月,我写了一段对口相声,充其量也就是传统相声大拼盘,把一些传统相声包袱罗列起来,相声的底直接借用的是志明先生表演的《论拳》中“日本人划拳”的结尾。那时候,作为一名年轻的相声迷,我脑海里印象最深刻的就是志明先生的相声。7月20日,我抱着试试看的想法,将我写的这段相声附上一封简短的信,邮寄给天津市曲艺团,希望能转交到马志明先生手上。令我没想到的是,我竟然在7月24日收到了志明先生的回信。

收到心中崇敬已久的相声名家的回信,看到那平易近人的言语,我欣喜若狂,很冒昧地按照信上的电话号码拨通了电话,那边传来了熟悉的声音:“我是马志明。”我已经不记得第一次通话的具体内容了,只有“少马爷”那亲切的声音还记忆犹新。也许是缘分,让我有了更近距离了解志明先生的机会,并就马氏相声艺术问题经常求教于他。

有朋友说,马氏相声最大的特点就是大音希声,我赞同这位朋友的高论,但好奇心促使我想弄清楚这大音之中的每一个音符。随着日积月累,我将自己对马氏相声的心得逐渐整理成文字,并有幸被收录到《笑匠杂笈——马志明表演相声选集》一书中。

也是通过这个机缘,我有幸认识了曲艺理论家薛宝琨先生,并成为先生的入室弟子,得以进行深造。薛先生不仅从宏观上对我进行指导,在微观上也对我的文字进行修改。先生年逾古稀,视力不佳,却仍然经常不顾劳累,伏案批改我写的文章,并时常对我谆谆教导,使我受益匪浅,先生对后辈的培养提携之情,让我感动不已。本书就是我跟随先生学习深造的成果。先生为人淡泊名利,我无以为报,谨以此书答谢恩师对我的知遇教诲之恩。

在此书的撰写过程中,我还有幸得到了田立禾先生、李鹏伟先生、佟守本先生、梁文逸老师、叶学和先生的大力支持和帮助,在此一并感谢。

此书初稿完成于2008年，而能付梓出版却在十二年后的今天,恩师不在,感慨万千。唯有继续努力,方不负吾师在天之灵。